中专房地产经济与管理 物业管理专业教学丛书

物业管理统计

山东省建筑工程学校	冷　静	主编
	王　霞　胡雪梅	副主编
山东省统计局	李长良	参编
山东省农村投资公司	王　润	
上海市房地产学校	叶庶骏	主审

中国建筑工业出版社

图书在版编目（CIP）数据

物业管理统计/王霞，胡雪梅编．—北京：中国建筑工业出版社，2000.9

（中专房地产经济与管理 物业管理专业教学丛书）

ISBN 7-112-04203-8

Ⅰ.物… Ⅱ.①王… ②胡… Ⅲ.物业管理-经济统计 Ⅳ.F293.33

中国版本图书馆 CIP 数据核字（2000）第 30076 号

本书是中等专业学校物业管理专业的专业课教材。主要介绍物业管理统计的基本理论、基本知识和基本技能。包括统计原理；物业管理指标体系；物业管理统计的职能与机构；对物业管理前期工作、经营、资金管理、机电设备的运行保养维修、空调和电力系统管理、供暖给排水管理、保安与消防等的统计；以及计算机在物业管理统计中的应用等内容。

本书可作为房地产管理、物业管理中专教材，也可供房地产公司、物业管理公司干部培训用。

中专房地产经济与管理 物业管理专业教学丛书

物 业 管 理 统 计

山东省建筑工程学校 冷 静 主编
　　　　　　　　　　王 霞 胡雪梅 副主编
山 东 省 统 计 局 李长良
山东省农村投资公司 王 润 　　参编
上 海 市 房 地 产 学 校 叶庶骏 主审

中国建筑工业出版社出版、发行（北京西郊百万庄）
新 华 书 店 经 销
北京建筑工业印刷厂印刷

＊

开本：787×1092 毫米 1/16 印张：13 字数：315 千字
2000 年 12 月第一版　　2004 年 1 月第三次印刷
印数：4,501—5,500 册　　定价：**18.40** 元
ISBN 7-112-04203-8
G·331（9684）

版权所有　翻印必究
如有印装质量问题，可寄本社退换
（邮政编码 100037）

出 版 说 明

为适应全国建设类中等专业学校房地产经济与管理专业和物业管理专业的教学需要，由建设部中等专业学校房地产管理专业指导委员会组织编写、评审、推荐出版了"中专房地产经济与管理、物业管理专业教学丛书"一套，即《物业管理》、《房地产金融》、《城市土地管理》、《房地产综合开发》、《房地产投资项目分析》、《房地产市场营销》、《房地产经纪人与管理》、《房地产经济学》、《房地产法规》、《城市房地产行政管理》共10册。以上10本教材已于1997年出版。本次新增《房地产测绘》、《园林与绿化》、《物业管理统计》、《物业档案管理》等四本教材。

该套教学丛书的编写采用了国家颁发的现行法规和有关文件、规定，内容符合《中等专业学校房地产经济与管理专业教育标准》、《中等专业学校物业管理专业教育标准》和《普通中等专业学校房地产经济与管理专业培养方案》及《普通中等专业学校物业管理专业培养方案》的要求，理论联系实际，取材适当，反映了当前房地产管理和物业管理的先进水平。

该套教学丛书本着深化中专教育教学改革的要求，注重能力的培养，具有可读性和可操作性等特点。适用于普通中等专业学校房地产经济与管理专业和物业管理专业的教学，也能满足职工中专、电视函授中专、职业高中、中专自学考试、专业证书和岗位培训等各类中专层次相应专业的使用要求。

该套教学丛书在编写和审定过程中，得到了天津市房地产管理学校、广州市土地房产管理学校、江苏省城镇建设学校、上海市房地产管理学校和四川省建筑工程学校等单位及有关专家的大力支持和帮助，并经高级讲师张怡朋、温小明、高级经济师剂正德、高级讲师吴延广、袁建新等人的认真审阅及提出了具体的修改意见和建议，在此一并表示感谢。请各校师生和广大读者在使用过程中提出宝贵意见，以便今后进一步修改。

建设部人事教育劳动司
2000年6月18日

前　言

《物业管理统计》是根据建设部中等专业学校物业管理专业教学计划和教学大纲而编写，并经过建筑与房地产经济管理专业指导委员会审查通过的统编教材。

本书以统计原理和管理理论为指导，结合物业管理统计工作实际，针对中等专业学校学生的学习特点，旨在提高物业管理统计理论的易掌握性和物业管理统计实践的可操作性。

本书第一、第二、第七章由冷静同志编写；第三、六、九章由胡雪梅同志编写；第四、五、八章由王霞同志编写；第十章由山东省农村投资公司王润同志、山东省统计局李长良同志合编。本书承蒙上海市房地产学校高级讲师叶庶骏先生评审。在编写过程中，得到了中建八局安装公司、山东省建委注册中心及房地产协会、财政学院、经济学院、红盾物业管理中心、电建物业管理公司等单位的大力帮助，在此一并表示感谢。由于本书编写时间紧迫，编写人员水平有限，难免会有不足之处，敬请有关专家学者批评指正。

目 录

第一章 绪论 1
第一节 统计的含义及特点 1
第二节 统计的任务和内容 2
第三节 统计整理 5
第四节 统计分析 9
第五节 统计指标 15
第六节 平均指标 20
第七节 标志变动度 27
第八节 统计指数 31
第九节 物业管理统计 35
第十节 物业管理企业统计指标体系 42

第二章 物业管理统计的职能与机构 47
第一节 物业管理统计的职能 47
第二节 物业管理统计的机构 51
第三节 物业管理统计的范围 54
第四节 物业管理统计的资料来源 56

第三章 物业管理前期工作统计 58
第一节 物业的接管验收工作统计 58
第二节 房地产权属登记统计 70
第三节 物业管理公司的招投标 73

第四章 物业经营统计 78
第一节 物业经营统计的意义 78
第二节 物业经营统计的内容与特点 78
第三节 物业经营的经济效益统计 79

第五章 物业管理资金统计 89
第一节 物业管理资金来源统计 89
第二节 物业管理资金使用统计 106
第三节 物业管理资金筹措统计 113
第四节 物业管理经费统计 122

第六章 电梯的运行、保养和维护统计 126
第一节 电梯设备的运行统计 126
第二节 电梯保养维修统计 132

第七章 物业空调和电力系统管理统计 139
第一节 空调系统管理和维修统计 139
第二节 制冷机操作规程统计 141

  第三节 供电系统管理与操作统计 …………………………………………… 144
第八章 物业供暖、给排水系统管理统计 ………………………………………… 147
  第一节 物业供暖设备的运行和维修统计 ………………………………… 147
  第二节 给排水设备的管理与维修统计 …………………………………… 160
  附录1 城市房屋便器水箱应用监督管理办法 ………………………… 165
  附录2 城市区域锅炉供热管理办法 …………………………………… 167
第九章 物业管理安全工作统计 ……………………………………………………… 170
  第一节 物业管理安全工作统计的重要性 ……………………………… 170
  第二节 物业管理治安工作统计 ………………………………………… 171
  第三节 物业管理消防工作统计 ………………………………………… 179
第十章 计算机在物业管理统计中的应用 ………………………………………… 190
  第一节 计算机在物业管理统计中应用的意义 ………………………… 190
  第二节 物业管理统计系统实例 ………………………………………… 194
参考文献 …………………………………………………………………………………… 201

第一章 绪 论

在社会主义市场经济条件下，要从瞬息万变的客观世界迅速、准确地获取和处理统计信息——这一社会经济信息的主体，离不开统计这一重要的管理手段。

第一节 统计的含义及特点

一、统计的含义

"统计"一词有三种含义，即统计工作、统计资料和统计学。

统计工作是指对社会经济现象数量方面进行搜集、整理和分析工作的总称，它是一种社会调查研究活动；统计资料是统计部门或单位进行统计工作所搜集、整理、编制的各种统计数据资料的总称；统计学是关于统计过程的理论和方法的科学。统计的三种含义具有密切的联系：统计工作是人们的统计实践，是主观反映客观的认识过程，统计资料是统计工作的成果，统计工作与统计资料是过程与成果的关系；统计学是统计工作经验的总结和概括，反之，统计学所阐述的理论和方法又是指导统计工作的原则和方法，因此，统计学和统计工作之间存在着理论和实践的辩证关系。

二、统计的特点

统计的特点可以归纳为以下五个方面：

（一）数量性

统计的认识能力首先表现在，它以准确的和无可争辩的事实为基础，同时这些事实是以数字加以表现的，因而具有简短性和明显性。数量性这一特点，是统计学区别于其他实质性的社会科学（如政治经济学）的一个显著特点。

统计的数量性特点是，用大量数字资料综合说明事物的规模、水平、结构、比例关系、差别程度、普遍程度、发展程度、平均规模和水平、平均速度等。例如，国家建设部主办的1998《中国建筑业年鉴》发表的建筑业的主要经济指标：全国建筑业总产值84528亿元，其中建筑业增加值20169亿元，占总产值的32.86%，全年创造利润1244亿元，人均利润641元/人，全年上缴税金3639亿元，人均利税1873元/人。这些统计数字表明了当前我国建筑业经济发展的基本情况。

值得注意的是，统计不单纯研究社会现象的数量方面，而是在质与量的密切联系中，研究现象的数量方面。唯物辩证法的质与量的辩证统一关系是：没有质量就没有数量；没有数量也就没有质量；量变可以引起质变；质变又能促进新的量变。这种质与量相互关系的哲学观点，是统计学研究社会现象数量关系的准则。

（二）总体性

统计研究社会现象的数量方面所指的是总体的数量方面。从总体上研究社会现象的数量方面,是统计学区别于其他社会科学的又一个主要特点。

社会现象是各种社会规律相互交错作用的结果,它呈现出一种复杂多变的情景。统计对社会现象总体数量方面的调查研究,用的是综合方法,而不是对单个事物的研究。但是,其研究过程是从个体到总体,即必须对足够大量的个体(这些个体都表现为一定的差别、变异)进行登记、整理和综合,使它过渡到总体的数量方面,从而把握社会现象的总规模、总水平及其变化发展的总趋势。比如,了解市场物价情况,统计着眼于整个物价指数的变动,而不是某一种商品的变动。对物价进行统计必须从了解每种有关商品(即代表规格品)的价格变动开始,经过一系列的统计工作过程,达到对物价总体数量变动的认识。

(三)具体性

统计研究的数量方面,是指社会现象的具体关系,而不是指抽象的数量关系,这是它不同于数学的重要特点。

任何社会现象都是质量和数量的统一。一定的质规定一定的量,一定的量表现一定的质。因此,必须对社会现象质的规定性有了正确认识后,才能统计它们的数量。数学研究抽象的数量关系和空间形式,而统计则反映一定时间、地点条件下具体社会现象的数量特征。它是从定性认识开始,进而进行定量研究的。比如,只有对工资、利润的科学概念有确切的了解,才能正确地对工资、利润进行统计。

统计研究社会现象的具体性特点,把它和研究抽象数量关系的数学区别开来,但要注意,统计在研究数量关系时,也要遵守数学表明的客观现象量变的规律,并在许多方面运用数学方法。

(四)社会性

统计研究社会现象时与研究自然技术现象有所区别。

统计对自然技术现象(如天文、物理、生物、水文等现象)的研究,是就其变化发展的固有规律而进行的,在自然技术现象的变化过程中,通常表现为随机现象。而统计研究的对象是人类社会活动的过程和结果,人类的社会活动都是人们有意识有目的的活动,各种活动都贯穿着人与人之间的关系,除了随机现象而外,还存在着确定性的现象,即必然要出现的现象。所以,统计在研究社会现象时,还必须注意正确处理好这些涉及到人与人之间关系的社会矛盾。

(五)广泛性

统计学研究的数量方面非常广泛,指全部社会现象的数量方面。广泛性这一特点,可区别于研究某一特定领域的其他社会科学(如政治学、经济学、社会学、法学等)。

统计学研究的领域包括整个社会,它既研究生产关系,也研究上层建筑以及经济基础和上层建筑之间的关系;此外,还研究生产、流通、分配、消费等社会再生产的全过程以及社会政治、经济、军事、法律、文化、教育等全部社会现象的数量方面。

第二节 统计的任务和内容

一、统计工作的任务

统计工作在经济建设中的重要性是不言而喻的。开始施行于1984年,并于1996年修订过的《中华人民共和国统计法》明确规定："统计的基本任务是对国家经济和社会发展情况进行统计调查、统计分析，提供统计资料和统计咨询意见，实行统计监督。"

这里所指的统计，主要是指国家、政府部门的统计工作，对象是国民经济和社会发展现象。针对这个情况，其任务主要包括四个方面。

首先是进行统计调查。统计调查，是根据统计工作的目的和要求，运用一套科学的指标体系，编制统一的统计分类标准，用科学的方法对有关的现象搜集统计资料的工作过程，并且要保证资料的客观性和准确性。

其次是进行统计分析。就是说，对搜集到的统计资料，经过汇总、分析和加工整理，进行定量与定性的分析，揭示现象发展变化情况及变化趋势与规律，为有关部门制定计划、方针、政策提供依据，为有关的管理与决策提供建议。

第三是提供统计资料和统计咨询意见，就是将统计调查、整理与分析的结果，提供给有关部门和社会公众，并给予统计咨询。

最后是实行统计监督。它是指统计部门根据统计调查与统计分析的结果，对国民经济与社会发展现象进行监测；检查国家政策与计划的实施情况；考核经济效益；揭露矛盾与问题；提出建议来引起领导机关及有关部门的重视，以便采取措施，及时加以纠正与改进。

上述统计工作的各项任务，前三项又称为统计服务。统计服务的具体内容又可归结为信息和咨询，统计工作通过搜集、整理和分析研究全面系统的统计资料来发挥它的服务作用。过去，我们更多地强调统计服务，而不强调统计监督，实际上，统计服务和统计监督是保证统计在社会主义现代化建设中发挥作用不可分割的两个方面。在社会主义市场经济的运行中，统计监督会越发显示出其重要性。我们不仅要对微观经济进行统计监督，更主要的是要对宏观经济进行统计监督。这种监督作用，是通过准确地反映社会主义经济建设的实际过程和结果，反映各地区、各部门、各单位执行党的方针政策情况，并通过对国家计划执行情况的检查来实现的。

二、统计工作的内容

统计工作是对社会进行调查研究以认识其本质和规律性的一种工作，这种调查研究的过程是我们对客观事物的一种认识过程。就一次统计活动来讲，一个完整的认识过程一般可分为统计调查、统计整理和统计分析三个阶段。

统计调查就是根据一定的目的，通过科学的调查方法，搜集社会经济现象实际资料的活动，主要有统计调查方案的设计等。此为统计工作过程的第一阶段，是认识客观经济现象的起点，也是统计整理和统计分析的基础。

（一）统计调查分类

1. 按调查的组织形式分类

统计调查分为统计报表制度和专门调查。统计报表制度是按国家统一规定的表式、报送程序、报送时间，自下而上定期上报统计资料的一种调查方法。这是我国取得国民经济统计资料的基本形式。专门调查是为了一定目的，研究某些专门问题所组织的一种调查方式。专门调查有普查、重点调查、典型调查、抽样调查等。其中重点调查和典型调查有时也可通过报表来取得资料。

2. 按调查对象包含的范围分类

统计调查分为全面调查和非全面调查。全面调查是对构成调查对象总体的所有单位一一进行调查。例如，人口普查要对全国每个人的状况进行登记，每一个国有大型工业企业的定期向指定机关上报等等。全面调查能够掌握比较全面的、完整的统计资料，了解总体单位的全貌，但它需要花费较多的人力、物力和财力，操作比较困难。非全面调查是抽取被研究对象中的一部分单位进行调查。例如，职工家庭收支情况调查，我们就抽查其中的一部分职工家庭，比较细致地进行调查；对有些破坏性产品的质量检验，如炮弹质量、火柴质量的好坏等，不可能进行全面调查，只有采用非全面调查。重点调查、抽样调查、典型调查及非全面统计报表等均属非全面调查。非全面调查的调查单位少，可以用较少的时间和人力，调查较多的内容，并能推算和说明全面情况，收到事半功倍之效，其缺点是掌握的材料不够齐全。

3. 按登记事物的连续性分类

统计调查分为经常调查和一时调查。经常调查是指随着调查对象的变化，连续不断地进行调查登记，以了解事物在一定时期内发展变化的全部过程。一时调查是指隔一段较长的时间对事物的变化进行一次调查，用以了解事物在一定时点上的状态。

4. 按搜集资料的方式分类

统计调查分为直接观察法、报告法和采访法。直接观察法是由调查人员到现场对被调查对象进行直接点数和计量。报告法就是报告单位利用原始记录和核算资料作基础，向有关单位提供统计资料。我国现行的统计报表制度就是采用报告法搜集资料逐级上报的。采访法具体又分为询问法和通讯法。询问法是按调查项目的要求向被调查者询问，将询问结果计入表内；通讯法一般是由统计工作机构将调查表格邮寄给被调查者，然后被调查者将填答好的调查表寄回。

（二）统计调查方案设计

为了使统计调查按目的顺利进行，在组织调查之前，必须首先设计一个周密的调查方案。具体如下：

1. 确定调查目的。
2. 确定调查对象和调查单位。
3. 确定调查项目。在具体拟订调查项目时需要注意下列几个问题：

（1）调查项目要少而精，只列入为实现调查所必需的项目，否则会造成调查工作的浪费。

（2）本着需要和可能的原则，只列能够得到确定答案的项目。有些项目，被调查者说不清楚或无法回答则不要列入。凡列入的调查项目，涵义要具体明确，使人一看就懂，理解一致；有些项目根据需要可加注释，规定统一标准等。

（3）调查项目之间尽可能保持联系，以便相互核对时能起到校验作用。在一次调查中，各个项目之间保持有一定的联系，在两次或历次调查中项目之间尽可能保持联系，使其具有可比性。

（4）有的项目可拟订为"选择式"。例如"文化程度"就可分为"大学毕业"、"大学肄业或在校学生"、"高中"、"初中"、"小学"几栏，被调查者根据实际情况圈划。

4. 确定调查时间和调查期限。
5. 制定调查的组织实施计划。

(三) 统计报表制度

统计报表制度，是对统计报表的一系列规定所形成的一项必须遵守的制度。它是我国重要的管理制度之一。按照法律规定，执行统计报表是各地方、各部门、各单位必须向国家履行的一种义务。

统计报表制度的基本内容有：报表内容和指标体系的确定、报表表式的设计、报表的实施范围、报送程序和报送日期、填表说明、统计目录等。

1. 报表内容和指标体系的确定。报表内容和指标体系的确定，要以反映国民经济和社会主义建设发展情况及生产经营活动的主要情况为出发点，并有充分的科学依据，避免繁琐，做到精练适用。同时，统计报表的指标体系要相互衔接、互为通用。

2. 报表表式的设计。表式是指统计报表的具体格式，包括填报的指标项目和其他内容。每张表都要把指标内容按一定规格形式安排，力求简明清晰，具体写明表名、表号、报告期别、填表单位、报送日期、报送方式、单位负责人及填表人签署等。

3. 报表的实施范围。也就是填报范围，必须指明每一张报表应该由哪些单位（编报单位）来填报，又必须指明汇总时应该包括哪些单位（指编报单位）。这样，既可避免填报单位的遗漏，又可在填表范围发生变动时，易于调整统计资料，保证不同时期或不同地区的统计资料具有可比性。

4. 报表的报送程序和报送日期。报表的报送程序，包括填报单位填报报表的份数、方式和受表单位，而且要规定报送日期。一般地说，基本统计报表要同时报送当地统计部门和上级业务主管部门汇总。

5. 填表说明。为了对报表的指标项目有统一的理解，保证报表的质量，必须对报表编制填表说明。具体应说明：填表的方法、指标的解释、指标的计算方法及有关注意事项。

指标解释是一项重要内容，它具体解释指标的概念、计算范围、计算方法以及其他有关问题，使各填报单位对此有统一的认识和理解。指标的概念要简明清晰，计算范围要科学具体。只有这样，统计人员才能正确理解、掌握和填制报表。

6. 统计目录。统计目录是指统计报表中主栏项目的一览表。大体可分为两类：一类是主栏中填报的统计分组用的目录，如工业部门分类目录等；另一类是主栏中填报的具体项目的目录，如工业产品目录等。统计目录并非一成不变，随着计划管理的改善和生产技术的发展，要适时地进行修订和补充。

第三节　统　计　整　理

统计整理是对调查来的大量统计资料加工整理、汇总、列表的过程。它是统计工作过程的第二阶段，处于统计工作的中间环节，起着承前启后的作用。我们搜集的资料，有的是第一手原始资料，有的是由别人已经初步整理过的原始资料，然后根据统计研究的目的和任务进行加工或再加工，完成统计分组、统计汇总、编制统计报表这三方面的工作。

一、统　计　分　组

通过统计分组，可以划分统计资料的类型，揭示资料所属现象的内部结构，分析它们之间的依存关系。选择分组标志是获得正确结论的前提。要选择最能反映被研究现象本质特征的标志作为分组标志。由于总体单位的标志有品质标志和数量标志两种,因此,分组标志也有品质标志和数量标志两种。品质标志一般不能用数量表示,它表明事物质的属性。统计在进行分组时,根据采用的分组标志的多少不同,可以分为简单分组和复合分组。简单分组又称单一分组,就是对被研究现象总体只按一个标志进行的分组。复合分组就是对同一总体选择两个或两个以上标志来进行分组。

二、统 计 汇 总

在保证统计资料的完整性、及时性、准确性的前提下,将资料整理汇总。统计资料汇总方法从技术复杂程度看,有手工汇总、电子计算机汇总和卫星遥感技术应用汇总等。

手工汇总就是汇总过程全部采用手工进行。常用方法有以下四种:

1. 划记法。就是用划"正"或"卌"等记号,计算各组和总体单位数的方法。此法简便易行,但容易出错,它只适合于总体单位不太多的情况。

2. 过录法。根据统计汇总表中分组的要求,先把各单位的实际统计资料过录到预先设计好的表格上,计算出结果,然后将计算结果过录到正式的统计汇总表上。此法的优点是汇总的内容多,便于校对检查;缺点是工作量大,费时费力。

3. 折叠法。将各个调查表中需要汇总的项目和数值折在边上,一张一张重叠起来,进行汇总计算。此法一般在报表汇总时用,因而避免了过录,省时省力。但在实际工作中要细致,并应随时检查。

4. 卡片法。在总体单位多、复合分组多时,卡片法是手工汇总中较好的方法。此法是利用特制的摘录卡片作为分组计数的工具,其汇总步骤是:(1) 将作为分组的部门、类别等标志按顺序编号,在调查的相应项内加注号码;(2) 将调查表上各项分组编号和标志值一一摘录在卡片上,每一张卡片代表一张调查表;(3) 将卡片按分组标志编号排队分组;(4) 计算和加总,即将各组卡片张数,记入汇总,记入调查表的相应组内,最后计算总计数。下面是一张工业普查时所用的摘录卡片。

工业普查卡片

经济类别	经营情况	工业部门编号	主管系统编号	地区编号	大中小型编号	工人数编号	劳动编号
		企 业 编 号					
		工人总数	生产工人数	原动机能力(千瓦)	发电机能力(千瓦)	电动机能力(千瓦)	能力总和(千瓦)

电子计算机汇总是在20世纪中叶发展起来的进行资料汇总的方式。计算机给统计工作带来的好处是有目共睹的。高速度、大容量的计算机的使用,使得统计收集的数据量迅速扩大,一项全国性的调查经常能集中几十亿甚至几百亿字符的数据量。国家统计局处理的常规统计任务也有10亿字符以上,这么大的工作量用手工处理是难以想像的。所以,随着现代化的发展,电子计算机必将越来越广泛地应用到统计工作上来。电子计算机进行统计汇总工作具有显著的优点:速度快、精度高,具有逻辑运算、自动工作和储存资料的功能。通过计算机汇总,能建立数据库储存。现在我国的宏观经济数据库及其应用系统,已经为

党中央、国务院进行经济决策服务,以后逐步扩展到为全社会提供服务,为改善经济信息状况作贡献。

三、统　计　表

统计表是统计用数字说话的一种最常用的形式。把统计调查得来的数字资料,经过汇总整理后,得出一些系统化的统计资料,将其按一定顺序填列在一定的表格内,这个表格就是统计表。

(一) 统计表的内容

统计表从内容上看,是由主词和宾词两部分组成。主词是统计表所要说明的总体及其分组;宾词是用来说明总体的统计指标。通常情况,表的主词排列在表的左方,列于横栏;表的宾词排列在表的右方,列于纵栏。但有时为了更好地编排表的内容,也可以将主宾词更换位置或合并排列。

(二) 统计表的构成

统计表从构成要素上看,包括以下几个部分:

1. 总标题

总标题就是统计表的名称,简要说明全表的内容,一般都写在表的上端中央。

2. 分标题

分标题(又叫做标目),就是指总体名称或分类名称,即说明总体和各种项目。分横标题(横标目)写在表的左方、纵栏标题(纵标目)写在表的上方。

3. 纵、横栏

纵、横栏的组成及表中的数字。

4. 附注和说明

另外还应有必要的附注和说明,用以注明资料的来源。现以表1-1为例说明统计表的结构。

1998年全国建筑业总产值统计表　　　　　表1-1

项目		建筑业总产值		纵栏标题
		产　值　(亿元)	比　重　(%)	(纵栏指标)
横行标题 (横标目)	国有经济	34189	40.5	数字资料
	其　他	50339	59.5	
		85428	100	

主词栏　　　　　　　　　　　宾词栏

由表1-1可知,全国建筑业总产值代表总体;横行标题是对总体进行的分组(即主词);其他各栏是反映总体规模和说明总体数量特征的统计指标(即宾词指标)

(三) 统计表按照总体分组不同分为三类

1. 简单表

表的主词未经任何分组的统计表称为简单表。简单表的主词一般按时间顺序排列，或按总体各单位名称排列。通常是对调查来的原始资料初步整理所采用的形式。如表1-1即为按总体各单位名称排列的简单表。

2. 分组表

表的主词按照某一标志进行分组的统计表称为分组表。利用分组表揭示不同类型现象的特征，说明现象内部的结构，分析现象之间的相互关系等。如表1-2所示。

1998年某公司所属两厂自行车合格品数量表 表1-2

厂 别	合 格 品 数 量 （辆）
甲 厂	5000
乙 厂	7000
合 计	12000

3. 复合表

表的主词按照两个或两个以上标志进行复合分组的统计表称为复合表。如表1-3所示：

1998年某地区建筑业净产值和职工人数统计表 表1-3

项	目		净产值（万元）	职工人数（人）
国 有		大	9750	13800
		中	8600	45000
		小	4200	10050
集 体		大	7300	10400
		中	5200	7500
		小	4400	4500

复合表能更深刻更详细地反映客观现象，但使用复合表应恰如其分，并不是分组越细越好。因为复合表中进行一次分组，组数将成倍增加，分组太细反而不利于研究现象的特征。

（四）统计表按宾词指标进行设计

宾词指标的设计与统计表内容的繁简关系很大。大致有两种设计方式：一种是简单设计，将宾词指标平行配置，一一排列；另一种是复合设计，把各个指标结合起来，作层叠配置，分层排列。

（五）注意事项

统计表在表述资料时应力求做到简明、清晰、准确、醒目，便于人们阅读、比较和分析。编制时应注意：

1. 统计表标题

统计表的标题（包括总标题和分标题）应十分简明地概括所要反映的内容。总标题应标明资料所属的地区和时间；纵横各栏的排列要注意表述资料的逻辑系统，反映现象的内在联系。

2. 表中主词各行和宾词各栏，一般应按先局部后整体的原则排列，即先列各个项目，后列总体。若无必要列出所要项目时，就要先列总体，后列其中一部分重要项目。

3. 表中必须注明数字资料的计量单位。当全表只有一种计量单位时就写在表的右上方。若有多种计算单位时，横行的计算单位，可以专设"计量单位"一栏；纵栏的计量单位，要与纵栏标目写在一起，用小字标写。

4. 表中数字上下位置要对齐。遇有相同数字应照写，不能用"同上"、"同左"字样。无数字的空格，用符号"—"表示；当缺乏某项资料时，用符号"……"表示，以免使人误为漏项，表内还应列出合计数，便于核对和运用。

5. 统计表的表式，一般是开口式，即表的左右两端不画纵线，表的上下通常用粗线封口。对于栏数较多的统计表，通常加以编号。主词栏和计量单位栏用甲乙等文字标明；宾词栏各栏，用（1）、（2）、（3）等标明栏号。

6. 必要时，统计表应加以注解，连同数字的资料来源等一般都写在表的下端。

第四节 统 计 分 析

一、统计分析的种类

在统计分析阶段运用的方法主要分为综合指标法、动态数列法、因素分析法、平衡分析法、抽样分析法、相关分析法。

（一）综合指标法

综合指标法是用统计指标去概括和分析现象总体的数量特征和数量关系的方法。

综合指标又可分为三类：总量指标、相对指标和平均指标。这三种指标作为统一的综合指标，可以看作统计整理的结果，同时又是进行统计分析的重要工具，利用综合指标法进行统计分析时，要根据所研究问题的目的不同，对它们进行不同的加工和应用，借助于统计指标，通过综合分析表现和揭示经济现象的数量方面。（此种分析方法详见本章第五节统计指标）

（二）动态数列分析法

动态数列分析法，是把不同时间上同一总量指标的数值，按时间先后顺序排列形成时间数列，来反映现象在不同时间上所达到的总量及其发展变化的过程。

动态数列按其排列统计指标的形式和作用不同可以分为绝对数时间序列、相对数时间序列和平均数时间序列三种，其中，绝对数时间序列是基本数列，其他两种序列均为绝对数时间序列的派生数列。（详见本节 二、统计动态分析）

（三）因素分析法

因素分析就是将所分析的现象分解为各个要素，通过分析，对原现象变动的原因进行解释。

因素分析按其所解释的统计指标的不同可以分为对总量指标进行的因素分析、对平均指标进行的因素分析以及对比重指标、比例指标和强度指标等相对指标进行的因素分析；按解释对象复杂程度不同，可以分为对简单总体的因素分析和对复杂总体的因素分析；按其认识深浅程度不同，又可以分为平行因素分析和递进因素分析。

1. 平行因素分析

平行因素分析就是通过处于同一层次上的"因素指标"来对"待解释指标"进行分析。例如，对于关系式：

产品利润额 = 产品销售量 × 产品销售价格 × 产品利润率

当进行因素分析时，产品销售量、产品销售价格、产品利润率相对于产品的利润额来讲是属于同一层次上的因素指标，得用它们对产品利润额的变动进行解释。

2. 递进因素分析

递进因素分析是通过处于不同层次上的"因素指标"来对"待解释指标"进行解释。例如在图1-1"树"型结构中：

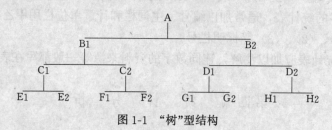

图1-1 "树"型结构

B1和B2是第一层次的"因素指标"，来对A进行解释；C1、C2、D1、D2是第二层次的"因素指标"，分别对B1、B2进行解释；E1、E2、F1、F2、G1、G2、H1、H2是第三层次的"因素指标"，分别对C1、C2、D1、D2进行解释；通过这样一层一层的递进分析，就可以揭示影响A的深层次原因。

平行因素分析和递进因素分析是相互联系的，只有在进行因素分析时，确定了同一层次上的主要因素之后，才有可能继续进行下一层次的因素分析。由此可见，递进因素分析是平行因素分析的深化，而平行因素分析是递进因素分析的基础。

（四）平衡分析法

平衡分析就是要经常地对经济运行过程中各种平衡关系进行分析研究，及时发现薄弱环节和比例不协调、不平衡的原因，以便采取措施，进行调整，求得新的平衡，使生产及经营活动得以协调、持续发展。经济活动的平衡关系表现为各种各样的比例关系。

例如在生产要素之间的平衡关系、生产要素与生产量之间的平衡关系、生产量与销售量的平衡关系都表现为一定的比例关系。综合平衡分析，一方面要找出这些内在的比例关系数据，另一方面要搜集资料，用实际统计比例数据与客观存在的比例数据相比较，以判定实际比例与应保持的比例的一致性程度。

需要指出的是：所谓平衡是事物存在和发展的条件。但是平衡又是相对的，不平衡才是绝对的。事物发展了，情况变了，原来的平衡被打破，平衡变为不平衡，这就需要重新组织平衡。

（五）抽样分析法

所谓抽样推断分析，就是对现象总体（这样的总体称为全及总体，简称总体）的各个单位随机抽选其中部分单位组成样本，并利用样本的有关数据，对某种指标（如样本的平均数、样本成数、样本方差等）进行计算，然后利用这些指标对总体相应的指标进行估计的统计分析。

抽样调查省时、省力、省财、省物，是科学有效的统计分析方法。《统计法》中特别强调了该种方法的主体作用。

(六) 相关分析法

相关分析是用以分析社会经济现象间的依存关系,其目的就是从现象的复杂关系中消除非本质的偶然影响,从而找出现象间相互依存的形式和密切程度以及依存关系变动的规律性。

相关分析的分析内容,首先是确定现象之间有无关系并确定相关关系的表现形式,选择适当的数学模型,然后测定变量估计值的可靠程度,计算相关系数,观察其相关程度是直线相关还是曲线相关。

二、统计动态分析

统计动态分析是一种对比分析方法,它是把不同时间上同一现象的数值,按时间的先后顺序排列形成的时间数列进行动态对比,来反映现象在不同时间上所达到的总量及其发展变化规律的分析方法。统计动态分析有:绝对数时间数列(又称总量指标时间数列)分析、平均数时间数列分析、相对数时间数列分析。

(一) 统计动态分析的概念

1. 绝对数时间数列分析

把同一总量指标(指绝对数指标)在不同时间上的数值,按时间顺序排列而形成的时间序列进行分析,是绝对数时间数列分析。由于总量指标有时期指标与时点指标之分,所以,由此类指标组成的时间数列也分为时期数列和时间数列。如表1-4中(1)、(2)、(4)、(5)栏所示。

1990～1995 全国城镇职工情况时间数列表　　　　　表1-4

年　序	年末人口数万人(1)	比上年末增长数万人(2)	全年人口自然增长率‰(3)	年末全国城镇职工万人(4)	全国城镇职工工资总额亿元(5)	职工平均工资元(6)
1990	114333	—	—	13989	2960	2135
1991	115823	1490	12.98	14397	3350	2360
1992	117171	1348	11.60	14790	3890	2666
1993	118517	1346	11.85	15040	4770	3198
1994	119850	1333	11.21	15100	6650	4413
1995	121121	1271	10.55	14900	8100	5500

(1) 时期数列

时期数列中的每个总量指标数值,都是现象在一段时期内(如一年或一个月)发展过程中的绝对数之和,如表1-4第(5)栏。

(2) 时点数列

时点数列中的每个总量指标数值,都是现象在某一时刻(如年末或月末)所达到的绝对数水平值,如表1-4中第(1)、(2)、(4)栏。

(3) 绝对数时间数列的特点

1）时期数列中的指标数值可以累加，累加的结果有意义，它表示更长时期内现象的总量；而时点数列中的指标数值不可累加，累加的结果无实际意义。

2）时期数列中的指标数值的大小与计算的时间长短有关；而时点数列中指标数值的大小与时间间隔长短无关。

3）时期数列中的指标数值通常是经过连续登记取得的；而时点数列中的指标数值一般是一次性登记取得的。

2. 相对数时间数列分析

把同一相对指标在不同时间上的数值，按时间顺序排列而形成的时间序列进行分析，是相对数时间数列分析。例如，将历年的人均国民生产总值、人口出生率、自然增长率等指标排成的时间序列就属于相对数时间数列。如表1-4第（3）栏所示。相对数时间数列中的指标数值不能相加，相加结果无意义。

3. 平均数时间数列分析

将同一平均指标在不同时间上的数值，按时间顺序排列而形成的时间序列进行分析，是平均数时间数列分析。例如，按职工历年平均工资排列的时间序列就属于平均数时间数列，见表1-4第（6）栏。平均数时间数列中的指标数值不能相加，相加结果无实际意义。

（二）统计动态分析方法

统计动态分析方法包括水平分析、速度分析、趋势变动分析和季节变动分析。

1. 水平分析

水平分析有发展水平、平均发展水平、增长量和平均增长量分析。

(1) 发展水平

发展水平一般指总量指标，它可以是相对指标，如建筑工程产值占建筑业总产值的比重、流动资金周转次数等；也可以是平均指标，如劳动生产率、单位产品成本等。发展水平是动态分析的基础指标。

(2) 平均发展水平

平均发展水平是对时间序列中各个指标数值加以平均所得的平均数，又称序时平均数。它表明现象在一段时间内达到的一般水平。序时平均数属于动态平均数。序时平均数与静态平均数既有共同之处，也有区别。共同之处是：两者都是将现象的个别数量差别平均化，概括出了现象在数量上达到的一般水平。两者的区别是：序时平均数是将现象在不同时间上的数量差异平均了，从动态上说明现象在一段时间内发展变化达到的一般水平；而静态平均数则是将总体单位在同一时间内某个标志值的数量差异平均化了，反映的是总体在某个具体时间条件下达到的一般水平。

(3) 增长量

增长量是时间数列中两个发展水平之差，它反映某种现象在一定时期内数量增长的绝对水平，其计算公式为：

$$增长量 = 报告期水平 - 基期水平$$

由于计算增长量时采用的基期不同，故有环比增长量与定基增长量之分。

1) 环比增长量

环比增长量也叫逐期增长量，是报告期水平与前一期水平数之差，表明现象本期比上一期增加的绝对数量。用符号表示为：

$$\Delta a_i = a_i - a_{i-1} \qquad (i=1,2,\cdots,n)$$

2）定基增长量

定基增长量也叫累计增长量或累积增长量，是报告期水平与某一固定时期水平数之差，表明现象在一定时期内总的增长数量。用符号表示为：

$$\Delta a_i = a_i - a_0 \qquad (i=1,2,\cdots,n)$$

环比增长量与定基增长量的关系是：某一时期内各个环比增长量之和等于该时期的定基增长量，即：

$$(a_1-a_0)+(a_2-a_1)+\cdots+(a_n-a_{n-1})=a_n-a_0$$

（4）平均增长量

平均增长量是指时间序列中环比增长量的平均数，一般采用算术平均数的计算公式。它表明现象在一段时期内各个发展时期的增减量水平。

$$平均增长量 = \frac{环比增长量之和}{环比增长量个数} = \frac{定基增长量}{时间序列项数}$$

2．速度分析

速度分析有：增长速度、发展速度、平均发展速度、平均增长速度和增长1％绝对值分析。

（1）增长速度

增长速度可分为：环比增长速度和定基增长速度，环比增长速度与定基增长速度之间不能直接进行换算，均需转化为相应的发展速度换算后再从计算结果中减去100％，转换为增长速度。

（2）发展速度

发展速度分为环比发展速度和定基发展速度。

1）环比发展速度

环比发展速度是报告期水平与前一期水平数之比，表明现象逐期发展的程度。用符号表示为：

$$a_i \div a_{i-1}(i=1,2,3,\cdots,n) \quad 即 \quad a_1 \div a_0 \quad a_2 \div a_1 \quad \cdots \quad a_{n-1} \div a_{n-2} \quad a_n \div a_{n-1}$$

2）定基发展速度

定基发展速度是报告期水平与某一固定时期水平数之比，表明现象在一段时期内总的发展程度，又称为"总速度"。用符号表示为：

$$a_i \div a_0(i=1,2,3,\cdots,n) \quad 即 \quad a_1 \div a_0 \quad a_2 \div a_0 \quad \cdots \quad a_{n-1} \div a_0 \quad a_n \div a_0$$

环比发展速度与定基发展速度有如下的数值关系：

某段时期内各环比发展速度的连乘积等于该时期内的定基发展速度，即：

$$a_1 \div a_0 \times a_2 \div a_1 \times \cdots \times a_{n-1} \div a_{n-2} \times a_n \div a_{n-1} = a_n \div a_0$$

相邻的两个定基发展速度之商，等于相应的环比发展速度，即：

$$a_i \div a_0 \div a_{i-1} \div a_0 = a_i \div a_{i-1}$$

（3）平均发展速度

平均发展速度是对若干个环比发展速度计算的一种序时平均数。它表明现象在一个较长时期内逐期平均发展的程度。平均发展速度在经济统计工作中是一个应用比较广泛的重要指标，它在对现象的发展作趋势速度预测和制定长远发展规划中均起着重要的作用。

$$\text{平均发展速度} = \frac{\text{环比发展速度之和}}{\text{环比发展速度个数}} = \frac{\text{定基发展速度}}{\text{时间序列项数}}$$

增长速度、发展速度和平均发展速度三者之间呈下列关系：

$$\text{增长速度} = （\text{增长量} \div \text{基期水平}）\times 100\% = \text{发展速度} - 100\%$$

$$\text{环比增长速度} = （\text{环比增长量} \div \text{前一期水平}）\times 100\% = \text{环比发展速度} - 100\%$$

$$\text{定基增长速度} = （\text{定基增长量} \div \text{最初水平}）\times 100\% = \text{定基发展速度} - 100\%$$

（4）平均增长速度

$$\text{平均增长速度} = \text{平均发展速度} - 100\%$$

（5）增长1%绝对值

为了反映增长速度的实际效果，有时需要计算每增长1%的绝对值指标。必须指出，增长1%的绝对值通常是指增长量与增长速度之比，无论是在环比情况下还是在定基情况下，其结果都是用100去除基期水平数求得。

$$\text{增长1\%的绝对值} = \frac{\text{增长量}}{\text{增长速度} \times 100} = \frac{a_i - a_0}{((a_i - a_0)/a_0) \times 100} = \frac{a_0}{100}$$

3. 趋势变动、季节变动分析

除以上统计动态分析方法外，还有长期趋势测定、季节变动测定等分析方法。

（1）长期趋势测定

长期趋势测定包括：间隔扩大法、移动平均法和最小二乘法。

1）间隔扩大法

间隔扩大法（亦称时距扩大法），就是将原来间隔较小的时间数列加工整理为间隔较大的时间数列，以显现出现象变动的总趋势。

例：某企业1998年各月销售收入资料如表1-5所示。若以月为间隔，其销售收入变动趋势不甚明显，但按季扩大其间隔，则递增的趋势就较明显了。同样，如果按月平均，也可看出同样的趋势。

某企业1998年销售收入情况表　　　　　　　　表1-5

月　　份	1	2	3	4	5	6	7	8	9	10	11	12
销售收入（万元）	48.0	40.0	50.0	48.5	56.8	55.8	59.2	60.7	63.7	69.8	68.7	77.8
扩大间隔为季的销售收入(万元)		138.0			161.1			183.6			216.3	
平均月销售收入（万元）		46.0			53.7			61.2			72.1	

2）移动平均法

移动平均法（亦称MA法），就是采用逐期递移的办法，分别计算一系列移动的序时平均数，形成一个新的派生序时平均数时间数列，将偶然因素引起的变动削弱，使基本的发展趋势得以显现。

3）最小二乘法

最小二乘法是建立趋势方程，分析长期趋势较为常用的方法即：实际观测值 y 与预测值 $\hat{y}$ 离差的平方和为最小，即 $\Sigma(y-\hat{y})^2 = $ 最小值；各个实测值 y 与预测值 $\hat{y}$ 的离差之和等于0，即 $\Sigma(y-\hat{y}) = 0$。

（2）季节变动测定

所谓季节变动，是指短期的、周期性的规律变动。季节变动测定包括：不考虑长期趋势按月、季平均测定；考虑长期趋势剔除其影响再求季节变动。例如，一年的4个季度或是12个月的周期变动，也可以是一个月内的上、中、下旬周期性变动，或是一个星期内，从周初到周末每天的周期性变动。凡是掌握了长时间、短时距的统计资料，如果存在着这种周期变动的现象，都称为季节变动现象。所谓长时间，指的是至少要有3个周期以上的资料。所谓短时距，指的是一年内的短时间单位的资料，如果是按年度的历史资料，是不能计算季节变动的。

第五节 统 计 指 标

统计指标主要是指总量指标、相对指标、平均指标和标志变异指标。

一、总 量 指 标

（一）总量指标的概念

总量指标是反映社会经济现象在一定时间、地点、条件下的总规模或总水平的统计指标。总量指标也称为绝对指标或绝对数。其表现形式是绝对数，但与数学中的绝对数不同，它不是抽象的绝对数，是一个有名数。例如，1998年山东省房地产利润总额为5689亿元。有时总量也表现为总量之间的绝对差数。

（二）总量指标的计算

总量指标的计算决不是一个简单加总的技术问题，而是一个理论问题和实际问题。首先，必须注意现象的同类性，即不同种类的实物总量指标的数值不能加总，只有同类现象才能计算总量。例如，计算建筑业产品产量时，不能简单地把建筑工程、安装工程等相加；又如，不能把房屋竣工面积和新开工面积混合加总。其次，必须明确每项总量指标的统计含义。例如，在计算建筑业总产值、净产值和增加值时，只有明确这些指标的社会经济范畴，然后才能正确计算这些总量指标。最后，必须做到计量单位一致，即同类现象的总量指标的数值，其计量单位必须一致才能加总；否则，在统计汇总时，先要换算成统一的计量单位。因此，有必要对计量单位作进一步深入的认识。总量指标的计量单位，是根据事物的性质和研究的任务来决定的，主要分为实物单位、货币单位和劳动单位。

1. 实物计量单位

实物单位是根据事物的属性和特点而采用的计量单位。实物单位包括：

（1）自然单位

自然单位是根据被研究现象的自然属性来计算其数量的单位，例如，人口以"人"为单位、楼房以"栋"为单位、房屋以"间"为单位、塔吊以"台"为单位等。

（2）度量衡单位

度量衡单位是根据度量衡制度规定的计量单位来计算的。例如，水泥以"公斤"或"吨"为单位、竣工面积以"平方米"为单位、木材以"立方米"为单位、电机容量以"千瓦"为单位等；另外，也有的是为了更准确地反映客观事物的数量，如施工工程面积不是以"个"为单位，而是以"平方米"为单位。

（3）双重或多重单位

双重或多重单位是采用两种或两种以上计量单位来表明某一种事物数量的。例如，起重机以"吨/台"等为单位；船舶以"吨/马力/艘"、高炉生产能力以"吨/立方米/座/年"为单位，属于多重计量单位。

(4) 复合单位

复合单位是采用两种单位结合在一起表明某一事物的数量。例如，货运量以"吨公里"、发电量以"万千瓦时（度）"等为计量单位。值得注意的是，在实物单位中，有时需要把性质相似的各种实物单位折算成标准实物单位。例如，各种牌号的推土机，因其马力不相同，如采用混合台数表示，不能确切反映实际情况，必须将其换算为统一的标准单位，即标准台，一般以15匹马力折合为一台来计算其标准实物量。

2. 货币单位

货币单位是用货币作为价值尺度来计算社会物质财富或劳动成果的价值量的计量单位。按货币单位计算的总量指标在统计研究中应用十分广泛。例如，利用货币单位可以计算建筑业总产值、净产值及增加值，可以计算成本、利润、税金、固定资产、流动资金、国民收入等指标。货币单位有现行价格和不变价格之分。现行价格是各个时期的实际价格；不变价格是在综合不同产品产量并反映它们的总变动时，为消除不同时期价格变动的影响所采用的固定价格。

3. 劳动单位

劳动单位是用时间表示的计量单位，也是一种复杂单位。例如，工时、工日、台时等。工时是工人人数与劳动时数的乘积；台时是设备台数与工作时数的乘积。如果把生产各种产品所耗费的劳动量加总，就是劳动消耗总量。劳动单位主要用于编制和检查基层企业生产作业计划，并为实行劳动定额管理提供依据。

二、相　对　指　标

(一) 相对指标的概念

社会经济现象是相互联系的。为了分析现象总体的数量关系，就要将有关的指标加以比较，这就需要运用相对指标。相对指标又称为相对数，它是两个有联系的指标数值对比的结果。用来对比的两个数，既可以是绝对数也可以是平均数和相对数。例如，人口密度是人口数与土地面积两个绝对数之比等等。相对指标的特点是把两个对比的具体数值概括化或抽象化了，使人们对事物有一个清晰的概念。

(二) 相对指标的表现形式

相对指标的表现形式有两种：一种是有名数，另一种是无名数。有名数是将对比的分子指标和分母指标的计量单位结合使用，以表明事物的密度、普遍程度和强度等。如人均住房面积用 m^2/人，人均产值用万元/人等。

无名数是一种抽象化的数值，一般分为系数、倍数、成数、百分数、千分数等。

1. 系数和倍数

系数或倍数是将对比的基数作为1。两个数对比，其分子与分母数值相差不多时，可用系数形式表示，如固定资产磨损系数、工资等级系数、结构比例系数等。反之，分子与分母数值相差很大时，则常用倍数，如我国1998年工程结算利润为5793071万元，是1988年总收入的33倍。

2. 成数

成数是将对比的基数作为10。例如，计算机产量增加一成，即增长十分之一。这里的成数是对十分数的一种习惯叫法。

3. 百分数

百分数是将对比的基数作为100。它是相对指标中最常用的一种表现形式。当相对指标中的分子数值和分母数值较为接近时，采用百分数较为合适。百分之一用"1%"表示。

4. 千分数

千分数是将对比的基数作为1000。它适用于对比的分子数值比分母数值小得多的情况。如人口出生率、人口自然增长率等多用千分数表示。千分之一用"1‰"表示。

（三）相对指标的种类和计算方法

相对指标由于研究目的和任务的不同，对比基础的不同，通常分为：计划完成相对指标、结构相对指标、比较相对指标、强度相对指标和动态相对指标。现将各种相对指标的计算方法和作用介绍如下：

1. 计划完成相对指标的计算

计划完成相对指标是用来检查、监督计划执行情况的相对指标，通常以百分数表示，又称计划完成百分比。其计算公式为：

$$计划完成相对数 = \frac{实际完成数}{计划完成数} \times 100\%$$

用这个公式计算出来的相对数，表示计划的完成程度，而子项数值减母项数值的差额（正或负）表明执行计划的绝对效果。

在实际应用上，因计划指标既有可能是总量指标，也有可能是相对指标或平均指标，所以在具体计算时，要根据情况采用不同的方法：

（1）根据总量指标计算计划完成相对数

设某企业某月计划完成建筑业增加值为200万元，实际完成220万元，则：

$$增加值计划完成相对数 = \frac{220}{200} \times 100\% = 110\%$$

$$超额的绝对值 = 220 - 200 = 20（万元）$$

计算结果表明该企业超额10%完成增加值计划，超产20万元。

（2）根据相对指标计算计划完成相对数

在经济管理中，有些计划任务是以本年计划数比上年实际数提高或降低多少的相对数表示的，如劳动生产率提高率、成本降低率、原材料利用率降低率等等。例如，某企业生产某产品，本年度计划单位成本降低6%，实际降低7.6%，则：

$$成本降低率计划完成相对数 = \frac{1-7.6\%}{1-6\%} \times 100\% = 98.29\%$$

计算结果表明，实际成本降低率比计划成本降低率多完成1.71%（=1-98.29%）。

（3）根据平均指标计算计划完成相对数

其计算公式为：

$$计划完成相对数 = \frac{实际平均指标}{计划平均指标} \times 100\%$$

这些公式可以用来检查单位成本计划完成情况、平均工资计划完成情况等等。

设某企业生产某类产品,计划每人每月平均产量为50件,实际每人每月平均产量为60件,则:

$$\text{劳动生产率计划完成相对数} = \frac{60}{50} \times 100\% = 120\%$$

计划结果表明,该企业实际劳动生产率超额20%(=120%-100%)完成了计划任务。

2. 结构相对指标的计算

结构相对指标其总体是在同一性质基础上,由各种有差异的部分所组成的。结构相对指标就是利用分组法,将总体区分为不同性质(即差异)的各部分,以部分数值与总体数值对比而得出比重或比率,来反映总体内部组成状况的综合指标。其计算公式为:

$$\text{结构相对数值} = \frac{\text{总体部分数值}}{\text{总体全部数值}} \times 100\%$$

结构相对数一般用百分数、小数或成数表示,各组比重总和等于100%或1。其分子和分母可以同是总体单位数,也可以同是总体的标志数值,当然分子的数值仅是分母数值的一部分。

3. 比较相对指标的计算

比较相对指标又称类比相对数,是将两个同类指标做静态对比得出的综合指标,表明同类现象在不同条件(如各国各地各单位)下的数量对比关系。其计算公式为:

$$\text{比较相对数} = \frac{\text{某条件下的某类指标数值}}{\text{另一条件下的同类指标数值}} \times 100\%$$

式中,分子与分母现象所属统计指标的含义、口径、计算方法和计量单位等必须一致。比较相对指标一般用百分数或倍数表示。例如某年有甲乙两个建材企业同时生产一种性能相同的建筑材料,甲企业工人劳动生产率为19307元/人,乙企业为27994元/人,则:

$$\text{两企业劳动生产率比较相对数} = \frac{19307}{27994} \times 100\% = 69\%$$

计算结果说明甲企业劳动生产率比乙企业低31%(=1-69%)。

计算比较相对数时,作为比较基数的分母可取不同的对象。一般有两种情况:

(1) 比较标准是一般对象

上例中,分子与分母概括为甲、乙两个单位,这时既可以用甲比乙,即劳动生产率之比为69%,也可以用乙比甲,即劳动生产率之比为145%或乙是甲的1.45倍。就是说,这种情况下的分子与分母的位置可以互换。

(2) 比较标准(基数)典型化

例如,将本单位产品的质量、成本、单耗等各项技术经济指标都和国家规定的水平比较,和同行业的先进水平比较,和国外先进水平比较等,这时,分子与分母的位置不能互换。

比较相对数可以用总量指标进行对比,也可以用相对指标或平均指标进行对比。但由于总量指标易受总体范围的影响,因而,计算比较相对数时,更多地采用相对指标或平均指标。

利用比较相对数,其作用主要是对事物发展在不同地区、不同部门、不同单位或不同个人之间进行比较分析,以反映现象之间的差别程度或比例关系。另外,计算比较标准典型化的比较相对数,还可以找出工作中的差距,从而为提高企业的生产水平和管理水平提供依据。

4. 强度相对指标的计算

强度相对数是两个性质不同、但有一定联系的总量指标对比的结果，是用来表明现象的强度、密度和普遍程度的综合指标。其计算公式为：

$$强度相对数 = \frac{某一总量指标数值}{另一有联系而性质不同的总量指标数值}$$

例如，我国 1992 年底和 1993 年底的人口数分别为 117171 万人和 118517 万人，1993 年国民收入总额 24882 亿元，原煤产量 11.41 亿 t，钢产量 8868 万 t，布产量 181.8 亿 m，则：

$$人口密度 = \frac{118517 \text{ 万人}}{960 \text{ 万 km}^2} = 117844 \text{ （人/km}^2\text{）}$$

$$1993 \text{ 年平均人口数} = \frac{117171 + 118517}{2} = 117844 \text{ （万人）}$$

$$每人平均的国民收入 = \frac{248820000 \text{ 万元}}{117844 \text{ 万人}} = 2111.4 \text{ （元/人）}$$

$$每人平均的原煤产量 = \frac{114100 \text{ 万 t}}{117844 \text{ 万人}} = 0.968 \text{ （t/人）}$$

$$每人平均的钢产量 = \frac{8868 \text{ 万 t}}{117844 \text{ 万人}} = 0.075 \text{ （t/人）}$$

$$每人平均的布产量 = \frac{1818000 \text{ 万 m}}{117844 \text{ 万人}} = 15.4 \text{ （m/人）}$$

以上所计算的人口密度及各种人均指标，都是强度相对数，强度相对数的数值有两种表示方法：

一般用复名数表示，如上例中的"人/km^2""t/人""m/人"。

少数用百分数或千分数表示，如流通费用率、产值利润率用百分数表示；人口自然增长率、工伤事故率则用千分数表示。应该指出，强度相对数虽有"平均"的含义，但它不是同质总体的标志总量与总体单位之比，所以不是平均数。

5. 动态相对指标的计算

动态相对数是同类指标在不同时期上的对比，其计算公式为：

$$动态相对数 = \frac{报告期水平}{基期水平} \times 100\%$$

式中，作为对比标准的时间叫做基期，而同基期比较的时期叫做报告期，有时也称为计算期。动态相对数的计算结果用百分数或倍数表示。

（四）正确运用相对指标的原则

1. 可比性原则

可比性是计算相对数的最重要条件。所谓可比性，主要指对比的两个指标（即分子与分母）在经济内容上要具有内在联系，在总体范围及指标口径上要求一致或相适应。另外，还要注意计算方法、计算价格的可比，例如，工业总产值是按工厂法计算，还是按部门法或国民经济法计算；是采用同一不变价格，还是不同的不变价格，或者是采用现行价格计算等方面，在不同空间和时间的对比中要取得一致。如果不一致时，就需要进行调整和换算。这样的对比才能符合统计分析研究的要求，对比的结果才能正确地反映社会经济现象的实质。

2. 指标结合运用原则

相对数具有抽象化的特点,从而掩盖了现象间绝对量的差别。为了全面分析问题,运用相对数时,必须与计算相对数所依据的绝对水平联系起来考察,要看到相对数背后所隐藏的总量指标数值,这样才能使我们对客观事物有正确的认识。结合运用的方法有两种:一是计算分子与分母的绝对差额;二是计算每增长百分之一的绝对值。例如,统计我国历年手表产量发展对比情况,如表1-6。

我国手表产量发展情况　　　　　　　　　　　　　　表 1-6

年　　份	1978	1979	1981	1982	1991	1992
手表产量（万只）	1351.1	1707.0	2872.4	3301.0	7995.5	8610.5
发展速度（%）	100	126.3	100	114.9	100	113.4
增长量（万只）	—	355.9	—	428.6	—	1015.0
增长1%绝对值（万只）	—	13.5	—	28.7	—	76.0

表1-6列出了我国手表产量在三个不同阶段的发展速度差异。从发展速度看,1979年是1978年的126.3%,发展速度较快,而80、90年代的发展速度都较小,我们可以结合绝对数说明全面情况。1979年比1978年,虽然速度较快,但一年只增产355.9万只,每1%的增长速度仅增产13.5万只;而1992年较1991年,虽然速度较低,但一年增产1015万只手表,每增长1%的绝对值,是76万只手表。

由此可见,大的相对数背后的绝对数值可能很小,而小的相对数背后的绝对数值可能很大,即同样的相对数背后所隐藏的绝对数可能不同。因此,我们不能只凭相对数大小判断事物,只有将相对数和绝对数结合起来运用,才能对事物做出正确的评价。

3. 多种相对指标结合运用原则

一种相对指标只说明一方面的情况,若把各种相对指标联系起来研究问题,就能较全面的说明客观事物的情况及其发展的规律性。例如,要评价一个建筑企业的生产情况,既要利用生产计划的完成情况指标,也要分析生产发展的动态指标,以及与先进单位的比较指标,把这几个相对指标结合起来运用。又如,研究生产计划的完成情况,就要全面分析产量产值计划、品种计划、劳动生产率计划、成本计划、利润计划等方面的完成情况,这样才能正确判断企业生产工作的好坏。

4. 据实而定原则

在比较两个相对指标时,是否适宜相除再求一个指标,应视情况而定。若除出来有实际意义,则除;若不宜相除,只宜相减求差数,用百分点（即百分比中相当于百分之一的单位）表示之。

第六节　平　均　指　标

一、平均指标的概念

平均指标又称平均数,是统计中十分重要的综合指标。平均指标是指在同质总体内,将各单位某一数量标志的差异抽象化，用以反映总体在具体条件下的一般水平。简言之，平均指标是说明同质总体内某一数量标志一般水平的综合指标。如职工的平均工资，商品的平均价格，粮食的单位面积产量等。

二、平均指标的分类

在统计中常用的平均指标有算术平均数、调和平均数、几何平均数、众数和中位数等。其中，算术平均数、调和平均数、几何平均数等是根据分布数列中各单位的标志值计算而来的，称作数值平均数；众数和中位数等是根据分布数列中某些标志值所处的位置来决定的，称作位置平均数。各种平均指标的计算方法不同，指标的含义、应用场合也有所不同，但它们都是总体各单位数量标志值一般水平的代表值。现分述如下：

（一）算术平均数

1. 算术平均数的基本公式

算术平均数是分析一般水平和典型特征最基本的指标，是统计中计算平均数最常用的办法。其公式为：

$$算术平均数 = 总体标志总量 \div 总体单位总数$$

在以上公式中，分子总体标志总量和分母总体单位总数在经济内容上有着从属关系，即分子数值是各分母单位特征的总和，两者在总体范围上是一致的，这也是平均数和强度相对数的区别所在。强度相对数虽然也是两个有联系的总量指标之比，但它并不存在各标志值与各单位的对应问题。

在许多被研究的总体中，总体的标志总量就等于总体各单位某一数量标志值的总和。例如各个职工工资的总和就形成工资总额，而算术平均数的计算方法恰与社会经济现象之间的这种数量关系相适应，因此算术平均数的基本公式得到广泛应用。

2. 简单算术平均数和加权算术平均数

算术平均数由于掌握的资料不同，可分为简单算术平均数和加权算术平均数两种。

（1）算术平均数

如果掌握的资料是总体各单位的标志值，而且没有经过分组，则可先将各单位的标志值相加得出标志总量，然后再除以总体单位数，这种计算平均数的方法称为简单算术平均数。其公式为：

$$\overline{X} = \frac{X_1 + X_2 + \cdots X_n}{n} = \frac{\sum X}{n}$$

其中：$\overline{X}$表示算术平均数；X_1，X_2，…，X_n为各个变量；n表示变量个数。

（2）加权算术平均数

如果掌握的资料是经过分组整理编成了单项数列或组距数列，并且每组次数不同时，就应采用加权算术平均数的方法计算算术平均数。具体方法是：将各组标志值分别乘以相应的频数求得各组的标志总量，并加总得到总体标志总量；将各组的频数加总，得到总体单位总数；用总体标志总量除以总体单位总数，即得算术平均数。其公式如下：

$$\overline{X} = \frac{X_1 f_1 + X_2 f_2 + \cdots + X_n f_n}{f_1 + f_2 + \cdots + f_n} = \frac{\sum Xf}{\sum f}$$

需要指出，次数所以具有权数作用，就是因为各组次数不等。如果各组次数完全相同，则 f 对各组变量发生同等的影响，它不再起权衡轻重的作用，这样加权算术平均数就等于前述简单算术平均数。可见简单算术平均数实际上是加权算术平均数的一种特例。即：

当 $f_1=f_2=\cdots=f_n$ 时则：

$$\overline{X}=\frac{\sum Xf}{\sum f}=\frac{f\sum X}{nf}=\frac{\sum X}{n}$$

变量数列的权数有两种形式：一种是以绝对数表示，称频率数或次数；一种是以比重表示，称频数，同总体资料，用这两种权数所计算的加权算数平均数完全相同。

权数采用频率的形式计算时，表现为：

$$\overline{X}=\sum X\frac{f}{\sum f}$$

用频率计算的公式和直接用次数计算的公式在内容上是相等的，即

$$\frac{\sum Xf}{\sum f}=\sum X\frac{f}{\sum f}$$

综上，加权算数平均数与简单算术平均数不同之处在于：加权算术平均数受到两个因素的影响，即变量值大小和系数多少的影响；而简单算术平均数只反映变量值大小这一因素的影响。另外算术平均数与总体单位的乘积等于总体各单位标志值的总和。

简单算术平均数：$\overline{X}\cdot n=\sum X$

加权算术平均数：$\overline{X}\cdot\sum f=\sum Xf$

各个变量值与算术平均数离差之和等于零。

简单算术平均数：$\sum(X-\overline{X})=\sum X-n\overline{X}=\sum X-\sum\overline{X}=0$

加权算术平均数：$\sum(X-\overline{X})f=\sum Xf-\overline{X}\sum f=\sum Xf-\sum\overline{X}f=0$

各个变量值与算术平均数离差平方之和等于最小值。

简单算术平均数：$\sum(X-\overline{X})^2=\min$

加权算术平均数：$\sum(X-\overline{X})^2f=\min$

算术平均数有如下特点：它极易受极端值的影响，使 $\overline{X}$ 的代表性变小；当组距数列为开口时，由于组中点不易确定，$\overline{X}$ 的代表性不可靠。

(二) 调和平均数

调和平均数又称"倒数平均数"，它是各个变量值倒数的算术平均数的倒数。具体计算方法如下：

先计算各个变量值的倒数，即：

$$\frac{1}{X}$$

再计算上述各个变量值倒数的算术平均数，即：

$$\frac{\sum 1/X}{n}$$

之后再计算这种算术平均数的倒数，即：

$$\overline{X}_h = \frac{n}{\sum 1/X}$$

式中 $\overline{X}_h$——调和平均数。

由于所得资料的具体内容不同，调和平均数也有简单调和平均数（如上式）和加权调和平均数两种。加权调和平均数形式为：

$$\overline{X}_h = \frac{\sum f}{\sum 1/X \cdot f}$$

在我们的现实生活中，直接用调和平均数的地方很少遇到，而在统计中经常用到的仅是一种特定权数的加权调和平均数。一般是把它作为算术平均数的变形来使用的，而且两者计算的结果相同，仅是计算的过程不同而已。有以下数学关系式成立：

$$\overline{X} = \frac{\sum Xf}{\sum f} = \frac{\sum Xf}{\sum 1/X \cdot Xf} = \frac{\sum m}{\sum m/X} = \overline{X}_h$$

式中，$m = Xf$，$f = m/X$，m 是一种特定权数，它不是各组变量值出现的次数，而是各组标志值总量。但是具有加权算术平均数权数的数学性质，即各组权数同时扩大或缩小若干倍数，平均数值不变。应该指出，当各组标志总量相等，即 $m_1 = m_2 = \cdots = m_n$ 时，加权调和平均数等于简单调和平均数。即：

$$\frac{\sum m}{\sum m/X} = \frac{n \cdot m}{m \cdot \sum 1/X} = \frac{n}{\sum 1/X}$$

调和平均数 $\overline{X}_h$ 有如下特点：(1) 如果数列中有一标志值等于零，则无法计算调和平均数；(2) 它作为一种数值平均数，受所有标志值的影响，它受极小值的影响大于受极大值的影响。但较之算术平均数，调和平均数受极端值的影响较小。

（三）几何平均数

几何平均数又称对数平均数，它是若干项变量值的连乘积再开其项数次方的算术根。当各项变量值的连乘积等于总比率或总速度时，适宜用几何平均数计算平均比率或平均速度。

几何平均数根据资料情况，可分为简单几何平均数和加权几何平均数两种。前者适用于未分组资料，后者适宜用于分组后的变量数列。但常用的是简单几何平均数。

1. 简单几何平均数

简单几何平均数是 n 个变量值连乘积的 n 次方根，其计算公式为：

$$\overline{X}_g = \sqrt[n]{X_1 \cdot X_2 \cdots X_n} = \sqrt[n]{\pi X}$$

式中 $\overline{X}_g$——几何平均数；

π——连乘符号；

n——变量值个数。

在实际计算工作中，由于变量值个数较多，通常要应用对数来进行计算。即：

$$\lg \overline{X}_g = 1/n (\lg X_1 + \lg X_2 + \cdots + \lg X_{n-1} + \lg X_n) = 1/n \sum \lg X$$

∴ $$\overline{X}_g = \text{arc} (\lg \overline{X}_g)$$

2. 加权几何平均数

当各个变量值的次数（权数）不相同时，应采用加权几何平均数。其计算公式为：

$$\overline{X}_g = \sqrt[f_1+f_2+\cdots+f_n]{X_1^{f_1} \cdot X_2^{f_2} \cdot \cdots \cdot X_n^{f_n}} = \sqrt[\Sigma f]{\pi X^f}$$

将公式两边取对数得：

$$\lg \overline{X}_g = \frac{f_1 \lg X_1 + f_2 \lg X_2 + \cdots + f_n \lg X_n}{f_1 + f_2 + \cdots + f_n} = \frac{\sum f \lg X}{\sum f}$$

$$\therefore \quad \overline{X}_g = \text{arc}(\lg \overline{X}_g)$$

几何平均数较之算术平均数，应用范围较窄，它有如下特点：(1) 如果数列中有一个标志值等于零或负值，就无法计算 X_g；(2) 几何平均数受极端值影响较算术平均数小，故较稳定；(3) 它适用于反映特定现象的平均水平，即现象的总标志值。不是各单位标志值的总和，而是各单位标志值的连乘积。对于这类现象，不能采用算术平均数反映某一水平，而需要采用几何平均数。

（四）众数

1. 众数的概念

众数是总体中出现次数最多的标志值，它能直观地说明客观现象分配中的集中趋势。在实际工作中，有时要利用众数代替算术平均数来说明某现象的一般水平。例如，集贸市场上某种商品一天的价格可能有几次变化，其中，成交量最多的那一个价格就是众数价格；再如，在大批量生产的男式皮鞋中，有多种尺码，其中 40 码是销售量最多的尺码，则这个 40 码也就是众数，可代表男式皮鞋尺码的一般水平，宜大量生产，而其余尺码生产量就要相应少一些，这样才能满足市场上大部分消费者的需要。

如果总体中出现次数最多的标志值不是一个，而是两个，那么，合起来就是复众数。

由众数的定义可看出众数存在的条件：就是总体的单位较多，各标志值的次数分配又有明显的集中趋势时才存在众数；如果总体单位数很少，尽管次数分配较集中，而计算出来的众数意义不大；如果总体单位数较多，但次数分配不集中，即各单位的标志值在总体中出现的比重较均匀，那么也无所谓众数。

2. 众数的计算方法

单项数列确定众数的方法——观察次数，出现次数最多的标志值就是众数。

组距数列确定众数的方法——观察次数，首先由最多次数来确定众数所在组，然后再用比例插值法推算众数的近似值。其计算公式为：

下限公式：

$$M_0 = X_L + \frac{\Delta_1}{\Delta_1 + \Delta_2} \cdot d$$

上限公式：

$$M_0 = X_U + \frac{\Delta_1}{\Delta_1 + \Delta_2} \cdot d$$

式中　X_L、X_U——分别表示众数组的下限、上限；

　　　Δ_1——表示众数组次数与以前一组次数之差；

　　　Δ_2——表示众数组次数与以后一组次数之差；

　　　d——众数组组距。

众数的下限公式和上限公式是等价的,用两个公式计算的结果完全相同,但一般采用下限公式。

从众数的计算可看到众数的特点:(1)众数是一个位置平均数,它只考虑总体分布中最频繁出现的变量值,而不受极端值和开口组数的影响,从而增强了对变量数列一般水平的代表性。(2)众数是一个不容易确定的平均指标,当分布数列没有明显的集中趋势而趋均匀分布时,则无众数可言;当变量数列是不等距分组时,众数的位置也不好确定。

(五)中位数

1. 中位数的概念

总体中各单位标志值按大小顺序排列,居于中间位置的那个标志值就是中位数。可见,中位数把全部标志值分成两部分,一半标志比它大,一半标志比它小,而且比它大的标志值个数等于比它小的标志值个数。中位数和众数一样,有时可代替算术平均数来反映的一般水平。

用中位数表示的一般水平,在许多场合有特殊意义。例如,在搞产品质量控制中,对生产的产品随机抽几个进行观察,若计算其平均数则较麻烦,只要看中位数的大小就可知道其一般水平如何了。

2. 中位数的计算方法。

(1)由未分组资料确定中位数

首先,在某个标志值下按大小顺序对资料加以排列,然后用下列公式确定中位数的位置。

$$中位数位置 = (n+1) \div 2$$

n 代表总体单位数。

如果总体单位数是奇数,则居于中间位置的那个单位的标志值就是中位数。例如,有5个工人生产某产品的件数排列如下:

  20, 23, 26, 29, 30

中位数位置 $=(n+1) \div 2 = (5+1) \div 2 = 3$,这表明第三位工人日产26件产品为中位数,即

$$M_e = 26(件)$$

如果总体单位数是偶数,则居于中间位置的两项数值算术平均数是中位数。上例中,假如有6个工人生产产品排列如下:

  20,23,26,29,30,32

中位数位置 $=(n+1) \div 2 = (6+1) \div 2 = 3.5$,这表明中位数是第三至第四人的算术平均数,即

$$M_e = (26+29) \div 2 = 27.5(件)$$

(2)由单项数列确定中位数

单项数列确定中位数的方法比较简单:

1)求中位数位置 $= \dfrac{\sum f}{2}$ ($\sum f$ 为总体单位数之和);

2)计算各组的累计次数(向上累计次数或向下累计次数);

3)根据中位数位置找出中位数。

(3) 由组距数列确定中位数

由组距数列确定中位数，应先按 $\dfrac{\sum f}{2}$ 的公式求出中位数所在组的位置，然后再用比例插值法确定中位数的值。其计算公式如下：

下限公式（向上累计时用）：

$$M_e = X_L + \dfrac{\dfrac{\sum f}{2} - S_{m-1}}{f_m} \cdot d$$

上限公式（向下累计时用）：

$$M_e = X_U - \dfrac{\dfrac{\sum f}{2} - S_{m+1}}{f_m} \cdot d$$

式中 X_L、X_U —— 分别表示中位数所在组的下限、上限；

f_m —— 中位数所在组的次数；

S_{m-1} —— 中位数所在组以前各组的累计次数；

S_{m+1} —— 中位数所在组以后各组的累计次数；

$\sum f$ —— 总次数；

d —— 中位数所在组的组距。

由此可见，中位数有以下特点：1) 中位数与众数一样，也是一种位置平均数，不受极端值及开口组的影响，具有稳定性。2) 各单位标志值与中位数离差的绝对值之和为最小值。利用中位数的这一性质，可解决一些实际问题。例如，要在一条长街上设个居民生活燃料供应站，使该站到各用户的距离总和为最短，等等。3) 对某些不具有数学特点或不能用数字测定的现象，可用中位数求其一般水平。例如，印染厂对某种颜色按不同深浅排列后，可求出其中位数色泽。

三、各种平均数之间的相互关系

(一) 算术平均数、几何平均数和调和平均数三者之间的关系

例如，有变量值 4、8、10、12，对其计算三种平均数，得 $\overline{X}=8.5$，$\overline{X}_h=7.16$，$\overline{X}_g=7.87$。

可见，用同一种资料计算的结果是：几何平均数大于调和平均数而小于算术平均数，只有当所有变量值都相等时，这三种平均数才相等。它们的关系用不等式表示为：$\overline{X}_h \leqslant \overline{X}_g \leqslant \overline{X}$。

(二) 算术平均数、众数和中位数三者的关系

算术平均数、众数和中位数这三者之间的关系，与总体分布的特征有关。

1. 当总体分布呈对称状态时

算术平均数、众数和中位数三者合而为一，见图 1-2 总体分布。即：$M_0 = M_e = \overline{X}$

2. 当总体分布呈右偏状态时

算术平均数、众数和中位数则为 $M_0 < M_e < \overline{X}$，见图 1-3 总体右偏分布；

3. 当总体分布呈左偏状态时

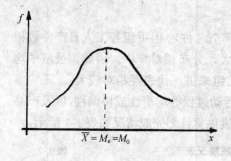
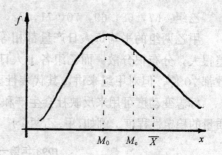

图1-2 总体分布　　　　　　　　　　图1-3 总体右偏分布

算术平均数、众数和中位数则为 $\overline{X}<M_e<M_0$，见图1-4 总体左偏分布：

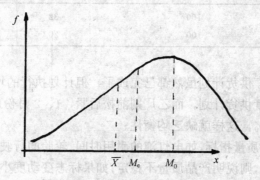

图1-4 总体左偏分布

四、正确应用平均指标的原则

平均指标在统计分析中应用很广，但在具体应用时应注意以下几个问题：
1. 平均指标只能运用于同质总体；
2. 要用组平均数补充说明总平均数；
3. 要用分配数列补充说明平均数。

第七节 标志变动度

标志变动度就是标志变异指标，它是指总体中各单位标志值差异大小的程度，又称离散程度或离中程度。前述平均指标，是将总体中各单位的标志差异抽象化，以反应各单位在这一标志上的一般水平。通过它只看出被研究现象的共性，而看不出其差异性。但是在同质总体中，各单位标志值的差异还是客观存在的，因此，还必须进一步对被抽象化的各单位标志值的变异程度进行测定。

一、标志变动度的意义

标志变动度是评价平均数代表性的依据。标志变动度愈大，平均数代表性愈小；标志变动度愈小，平均数代表性愈大。

例如，某车间有2个生产小组，都是7名工人，各人日产件数如下：
甲组：20, 40, 60, 70, 80, 100, 120

乙组：67，68，69，70，71，72，73

甲乙两组的平均每人日产量都相等，即 $\overline{X}_甲=\overline{X}_乙=70$（件）。但甲组各工人日产件数相差很大，分布很分散；而乙组各工人日产件数相差不大，分布相对集中。因此，虽然平均数都70件，但对甲组来讲，其代表性要小得多；对乙组来讲，代表性相对较大。

标志变动度可用来反映社会生产和其他社会经济活动过程的均衡性或协调性，以及产品质量的稳定性程度。例如，甲、乙两个厂1998年第一季度供货计划完成情况如表1-7所示：

1998年第一季度供货计划完成情况表　　　　　　　　　　　　表1-7

		供货计划完成百分比（%）			
		一季度总供货计划执行结果	一月	二月	三月
厂别	甲	100	32	34	34
	乙	100	20	30	50

从表中资料看，两厂供货计划虽然都已完成了，但计划执行的均衡性不同，甲厂按月均衡地完成了规定的季度供货计划，而乙厂则前松后紧，1、2月份总共完成计划的50%，3月份再完成计划的50%，这样就缺乏均衡性。

又如，对一批产品的质量指标，如电灯泡的耐用时间、轮胎的行驶里程等，测定其标志变动度，如果标志变动度大，则说明产品质量不稳定；如果标志变动度小，则产品质量稳定。

二、测定标志变动度的方法

常用的测定标志变动度的方法有：全距、四分位差、平均差、标准差、离散系数。

（一）全距

1. 全距的概念与计算

全距又称"极差"，它是总体各单位标志的最大值和最小值之差，用以说明标志值变动范围的大小，通常用 R 表示全距。即：

$$R=X_{\max}-X_{\min}$$

如前例中：

甲组日产件数的 $R=120-20=100$（件）

乙组日产件数的 $R=73-67=6$（件）

从 R 的计算可看出，甲组工人日产量差异大于乙组工人日产量。全距数值愈小，反映变量值愈集中，标志变动度愈小。

对于根据组距数列求全距，可以用最高组的上限与最低组的下限之差，求全距的近似值。但当遇到开口组时，若不知极端数值，则无法计算全距。

2. 全距的特点

全距的计算方便，也易于理解。在建筑生产过程中，全距常被用来检查工程质量的稳定性和进行质量控制。在正常生产条件下，产品的质量性能指标（如强度、浓度、长度等）的误差总在一定范围内波动，如果误差超出了一定范围，就说明生产可能出现毛病。利用全距指标可以及时发现生产中存在的质量问题，采取相应措施，保证产品的质量。

但全距这个指标很粗略，它只考虑数列两端数值差异，而不管中间数值的差异情况，也不受次数分配的影响，因而不能全面反映总体各单位标志的变异程度。

（二）四分位差

1. 四分位差的概念

把一个变量数列分为四等分，形成三个分割点（Q_1、Q_2、Q_3），这三个分割点的数值就称为四分位数。其中第二个四分位数 Q_2 就是中位数 M_e。

四分位差就是第三个四分位数与第一个四分位数之差，用 $Q.D.$ 表示四分位差，用公式表示，即：

$$Q.D. = Q_3 - Q_1$$

2. 四分位差的计算

根据未分组资料求 $Q.D.$

$$Q_1 \text{的位置} = (n+1) \div 4$$
$$Q_3 \text{的位置} = 3(n+1) \div 4$$

式中 n 为变量值的项数。

例如，某数学补习小组 11 人年龄（岁）为：17,19,22,24,25,28,34,35,36,37,38

∵ Q_1 的位置 $=(n+1)\div 4=(11+1)\div 4=3$，则 $Q_1=22$ 岁；

Q_3 的位置 $=3(n+1)\div 4=3(11+1)\div 4=9$，则 $Q_3=36$ 岁。

∴ 四分位差 $Q.D. = Q_3 - Q_1 = 36 - 22 = 14$（岁）

计算结果表明，该小组有一半人的年龄集中在 22 岁至 36 岁之间，且他们之间最大差异为 14 岁。

根据分组资料求 $Q.D.$（略）。

（三）平均差

平均差是各单位标志值对平均数的离差绝对值的平均数，由于各标志值对算术平均数的离差之和等于零，因此，计算平均差时，我们采用离差的绝对值（$|X-\overline{X}|$）。平均差能够综合反映总体中各单位标志值变动的影响。平均差愈大，表示标志变动度愈大；反之，平均差愈小，表示标志变动度愈小，则平均数代表性愈大。以 $A.D.$ 代表平均差，其计算公式为：

未分组资料：$A.D. = \Sigma|X-\overline{X}| \div n$

分组资料：$A.D. = \Sigma|X-\overline{X}|f \div \Sigma f$

对于未分组资料，要采用简单平均法计算；对于分组资料，则采用加权平均法计算。现以表 1-8 为例，说明如下：

某乡耕地化肥施用量的平均差计算表　　　　表 1-8

按每亩耕地化肥施用量分组（斤）	耕地面积 f（万亩）	组中值 X	总施用量 Xf（万斤）	$X-\overline{X}$	$|X-\overline{X}|f$
10～20	30	15	450	−17.69	530.7
20～30	70	25	1750	7.69	538.3
30～40	100	35	3500	2.31	231.0
40～50	50	45	2250	12.31	615.5
50～60	10	55	550	22.31	223.1
合　计	260	—	8500	—	2138.6

表 1-8 中：$\overline{X} = \Sigma Xf/\Sigma f = 8500/260 = 32.69$（斤/亩）

$A.D. = \Sigma|X-\overline{X}|f/\Sigma f = 2138.6/260 = 8.23$（斤/亩）

计算结果表明，总平均化肥施用量与各组施用量之间的平均离差为 8.23 斤/亩。

（四）标准差

标准差是各单位标志值与其算术平均数的离差平方的算术平均数的平方根，又称"均方差"。其意义与平均差基本相同，也是根据各个标志值对它的算术平均数，先求其平均离差后，再来进行计算的，但由于采用离差平方的方法来消除正负离差，因此在数学处理上比平均差更为合理和优越。通常以 σ 或 $S.D.$ 表示标准差，标准差的平方即方差，用 σ^2 表示。标准差的计算公式为：

未分组资料：$\sigma = \sqrt{\Sigma(X-\overline{X})^2/n}$

分组资料：$\sigma = \sqrt{\Sigma(X-\overline{X})^2 f/\Sigma f}$

依此公式，计算标准差的一般步骤是：算出每个变量对平均数的离差；计算每个离差的平方；计算这些平方数值的算术平均数；把得到的数值开方，即得到 σ。

现仍以某企业工人日产量分组资料为例，标准差的计算见表 1-9 所示：

某企业工人日产量的标准差计算表　　　　　　　　　　表 1-9

按日产量分组(kg)	工人数 f(人)	组中值 X	$X-\overline{X}$	$(X-\overline{X})^2 f$
60 以下	10	55	−27.62	7628.6440
60～70	19	65	−17.62	5898.8236
70～80	50	75	7.62	2903.2200
80～90	36	85	2.38	203.9184
90～100	27	95	12.38	4138.1388
100～110	14	105	22.38	7012.1016
110 以上	8	115	32.38	8387.7152
合　　计	164	—	—	36172.5616

经计算得到平均日产量 $\overline{X} = 82.62$ kg。

$$\sigma = \sqrt{\Sigma(X-\overline{X})^2 f/\Sigma f} = \sqrt{36172.5616/164} = 14.85 \text{(kg)}$$

对同一资料，所求的平均差一般比标准差要小，即：$A.D. \leqslant \sigma$。

（五）离散系数

以上计算的各种标志变动度，包括全距、四分位差、平均差、标准差，都是绝对指标，都有与平均指标相同的计量单位。各种标志变动度的数值大小，不仅受离散程度的影响，而且还受数列水平（即标志值本身的水平）高低的影响。因此，在对比分析中，不宜直接用上述各种标志变异指标来比较不同水平数列之间的标志离散程度，必须用反映标志变异程度的相对指标来比较，即用离散系数比较。

离散系数也称为标志变动系数，是用来反映总体各单位标志值的相对离散程度的，但最常用的是根据标准差与算术平均数对比的离散系数，称作"标准差系数"，用 V_σ 表示，其计算公式如下：

$$V_\sigma = \sigma/\overline{X} \times 100\%$$

例如，有两个不同水平的工人日产量（件）资料：

甲组：60，65，70，75，80

乙组：2，5，7，9，12

由此计算得：$X_甲 = 70$ 件，$\sigma_甲 = 7.07$ 件

$X_乙 = 7$ 件，$\sigma_乙 = 3.41$ 件

若根据 $\sigma_甲 > \sigma_乙$ 而断言甲组离散程度大于乙组，或乙组的平均数代表性高于甲组，都是不妥的。因为这两组的水平相差悬殊，应计算其离散系数来比较：

$$V_甲 = 7.07 \div 70 \times 100\% = 10.1\%$$
$$V_乙 = 3.41 \div 7 \times 100\% = 48.7\%$$

计算结果表明，并非甲组离散程度大于乙组，而是乙组大于甲组。或者说，乙组的平均日产量代表性低于甲组。

第八节 统 计 指 数

一、指数的概念及分类

（一）指数的概念

统计指数简称为指数。广义的指数是泛指一切相对数。指数是用来测定一个变量对于一个特定变量值大小的相对数。即一个变量值对另一个变量值相除以后的无名数都可称为指数。

（二）指数的分类

由于着眼点不同，统计指数可以划分为不同的种类。

1. 按指数包括的范围不同可分为个体指数和总指数

例如，反映一种商品价格变动的价格指数，称为个体价格指数，常用字母 K_p 表示；反映一种商品销售数量变动的指数，称为个体销售量指数，常用字母 K_q 表示；综合反映多种商品价格平均变动程度的价格指数，称为价格总指数，常用字母 $\overline{K}_p$ 表示；反映多种商品销售量平均变动程度的销售量指数，称为销售量总指数，常用字母 $\overline{K}_q$ 表示等。

2. 按反映不同综合指标的变动情况可分为总量指标指数和平均指标指数

例如，销售总量指数、销售总额指数等均在总量指标指数范畴，而诸如平均工资指数、劳动生产率指数等属于平均指标对比的指数。

3. 根据对那些不能直接加总的总指数的表现形式不同，可分为综合指数和加权平均数形式指数。

4. 根据对比现象的属性不同，可分为数量指标指数和质量指标指数。

5. 根据现象的对比是否与时间有关，可分为动态指数和静态指数。

6. 根据形成指数的分母选择的时期不同，可分为环比指数和定基指数。

（三）指数的作用

1. 可以综合反映现象总的变动方向和变动的程度。

2. 可以对构成总变动的有关因素进行分析，分析各因素的影响方向和影响程度。

3. 可以在连续编制的动态指数形式的指数数列中,研究现象在一段时间内发展变化的趋势。

二、指数的计算

(一) 综合指数

综合指数是表现总指数的一种形式,当对那些不能直接加总的现象进行指数分析时,须引进一个同度量因素与该现象相乘,使其结果可以加总进行对比。

1. 数量指标指数

一般来讲,对于数量指标,需要引进相关联的质量指标作为同度量因素与其相乘,使之可以加总,见表1-10。

商品销售情况表　　　　　　　　　表1-10

商品名称	计量单位	销售量 q		价格 p (元)		销售额 (元)		
		基期 (1) q_0	报告期 (2) q_1	基期 (3) p_0	报告期 (4) p_1	基期 (5) p_0q_0	报告期 (6) p_1q_1	假定期 (7) p_0q_1
甲	件	1000	1050	100	100	100000	105000	105000
乙	m	2000	2000	55	50	110000	100000	110000
丙	kg	3000	2850	20	30	60000	85000	57000
合计	—	—	—	—	—	270000	290500	272000

表1-10中销售量指标,由于各种商品的客观存在,要研究其总销售量的变动情况,一般地,我们引进该商品的销售价格这个质量指标作为同度量因素,可以是基期的价格,也可以是报告期的价格,还可以用假定的价格,比如不变价等作为同度量因素。在我国,现常采用基期的价格作为同度量因素,此时,销售量这个数量指标的综合指数便是:

$$\overline{K}_q = (\Sigma p_0 q_1 \div \Sigma p_0 q_0) \times 100\%$$

表1-10中,报告期与基期相比,销售量的总指数为:

$$\overline{K}_q = (\Sigma p_0 q_1 \div \Sigma p_0 q_0) \times 100\% = (272000 \div 270000) \times 100\% = 100.7\%$$

2. 质量指标指数

对于质量指标指数,如表1-10中的价格指数,我们就以其相应的商品销售量这个数量指标作为同度量因素,这时,可以取基期的销售量,可以取报告期的销售量,也可以取假定期的销售量作为同度量因素。目前在我国,多数以报告期的销售量作为同度量因素,此时,销售价格这个质量指标的综合指数便是:

$$\overline{K}_q = \frac{\Sigma p_1 q_1}{\Sigma p_0 q_1} = \times 100\%$$

表1-10中,报告期与基期相比,销售价格的总指数是:

$$\overline{K}_q = (\Sigma p_1 q_1 \div \Sigma p_0 q_1) \times 100\% = (290500 \div 272000) \times 100\% = 106.8\%$$

即该三种商品总的价格水平平均上涨了6.8%

由表1-10的数据,对各个指数的计算,

得到: $\overline{K}_{pq} = \Sigma p_1 q_1 \div \Sigma p_0 q_0 = (\Sigma p_0 q_1 \div \Sigma p_0 q_0) \times (\Sigma p_1 q_1 \div \Sigma p_0 q_1) = \overline{K}_q \times \overline{K}_p$

即 $107.6\% = 100.7\% \times 106.8\%$

(二)加权平均数形式指数

有这么一份资料,已知某商场某个月销售甲、乙、丙三种商品,其销售额分别是(单位:万元)20,48,17。而且知道该月这三种商品销售数量的指数分别是(%):95,100,120。可否分析一下该商场这个月甲、乙、丙三种商品销售数量的总指数呢?

商品销售指数情况表 表1-11

商品名称	基期销售额(万元) (1) p_0q_0	(个体)销量指数(%) $K_q = \dfrac{q_1}{q_0}$ (2)	$K_q \cdot p_0q_0$ (3)=(1)×(2)
甲	20	95	19
乙	48	100	48
丙	17	120	20.4
合　计	85	—	87.4

由表1-11的第(1)栏知,$\Sigma p_0q_0 = 85$(万元)

又 $K_q = \dfrac{q_1}{q_0}$

故有 $q \cdot p_0q_0 = p_0q_1$ 于是,

$$\overline{K} = \frac{\Sigma K_q p_0q_0}{\Sigma p_0q_0} \times 100\% = \frac{87.4}{85} \times 100\% = 102.82\%$$

我们可以认为该商场这个月份甲、乙、丙三种商品的销售量总指数为102.82%,即总的销售量比上个月增长了2.82%。

又如,某商场1月份销售甲、乙、丙三种商品,其销售额分别是(单位:万元)20.0,45.6,20.4。而且知道这三种商品当月的价格与上个月相比,甲商品持平;乙商品降低5%;丙商品上涨20%,试分析该商场1月份这三种商品总的价格指数。

某商场1月份销售指数情况表 表1-12

商品名称	报告期销售额(万元) p_1q_1 (1)	(个体)价格指数(%) $K_P = p_1 \div p_0$ (2)	$p_0q_1 = \dfrac{1}{K_P} \cdot p_1q_1$ (3)=(1)÷(2) (%)
甲	20.0	100	20.0
乙	45.6	95	48.0
丙	20.4	120	17.0
合　计	86.0		85.0

由表1-12的第(1)栏知 $\Sigma p_1q_1 = 86.0$(万元),又 $K_P = \dfrac{p_1}{p_0}$,于是 $\Sigma \dfrac{1}{K_P} p_1q_1 = \Sigma p_0q_1 = 85.0$(万元),故有 $K_P = \dfrac{\Sigma p_1q_1}{\Sigma \dfrac{1}{K_P} p_1q_1} \times 100\% = \dfrac{86}{85} \times 100\% = 101.18\%$。

我们可以认为该商场1月份甲、乙、丙三种商品的价格总指数为101.18%，即总的价格水平上涨了1.18%，那么，如何计算某些现象的总指数？一般地：

若已知基期的总量指标 p_0q_0，又知某因素的指标值或个体指数，如 $K_P=\dfrac{p_1}{p_0}$ 或 $K_q=\dfrac{q_1}{q_0}$，则可采用加权算术平均数形式计算总指数，该总指数称为加权算术平均数指标。若已知报告期的总量指标值 p_1q_1，又知某因素现象的指标值或其个体指数，则可采用加权调和平均数形式计算总指数，该总指数称为加权调和平均数指数。

（三）平均指标指数

平均指标指数是两个不同时间、或两个不同空间、同一经济内容的平均指标之比。这种由两个平均指标值比较形成的指数，称为平均指标指数或者是平均数指数，也有称为可变构成指数的。它的一般公式可以表示为：

$$\overline{K}_{\overline{X}}=\overline{X}_1\div\overline{X}_0\times100\%$$

式中：$\overline{X}_1$ 表示报告期某地区同一经济量的平均数，$\overline{X}_0$ 表示基期另一地区同一经济量的平均数。常见的平均指标指数有：平均工资指数、平均劳动生产率指数、平均单位成本指数等。例如，平均工资指数见表1-13：

某企业两个时期职工人数及工资表 表1-13

技术等级	职工人数		月工资水平（元）		工资总额（元）		
	基期 (1) f_0	报告期 (2) f_1	基期 (3) x_0	报告期 (4) x_1	基期 (5) x_0f_0	报告期 (6) x_1f_1	假定期 (7) x_0f_1
低者	200	210	600	630	120000	132300	126000
高者	300	90	1250	1300	375000	117000	112500
合计	500	300	—	—	495500	249300	238500

由表1-13易知，

$$\overline{X}_1=\frac{\sum X_1f_1}{\sum f_1}=\frac{249300}{300}=831(元)$$

$$\overline{X}_0=\frac{\sum X_0f_0}{\sum f_0}=\frac{495000}{500}=990(元)$$

也就是说，报告期的平均工资为831元，而基期的平均工资是990元，报告期的平均工资反而比基期的平均工资少159元。实际上，从表中不难看到，不管是低技术或高技术的工资水平，报告期均比基期提高了30元或50元。结果总的平均工资报告期反而比基期的大幅度减少了，原因何在？

将平均指标指数进行分析，有：

$$\frac{\overline{X}_1}{\overline{X}_0}=\frac{\dfrac{\sum X_1f_1}{\sum f_1}}{\dfrac{\sum X_0f_0}{\sum f_0}}=\frac{\sum X_1\dfrac{f_1}{\sum f_1}}{\sum X_0\dfrac{f_0}{\sum f_0}}=\frac{\sum X_0\dfrac{f_1}{\sum f_1}}{\sum X_0\dfrac{f_0}{\sum f_0}}\times\frac{\sum X_1\dfrac{f_1}{\sum f_1}}{\sum X_0\dfrac{f_1}{\sum f_1}}$$

上述等式关系,将平均指标指数 $\overline{X}_1 \div \overline{X}_0$(也称为可变构成指数),分解为两个指数的乘积,其中一个指数

$$\frac{\sum X_0 \dfrac{f_1}{\sum f_1}}{\sum X_0 \dfrac{f_0}{\sum f_0}}$$

称为结构影响指数,另一个指数

$$\frac{\sum X_1 \dfrac{f_1}{\sum f_1}}{\sum X_0 \dfrac{f_1}{\sum f_1}}$$

称为固定构成指数。表中的结构影响指数:

$$\frac{\sum X_0 \dfrac{f_1}{\sum f_1}}{\sum X_0 \dfrac{f_0}{\sum f_0}} = \frac{\dfrac{\sum x_0 f_1}{\sum f_1}}{\dfrac{\sum x_0 f_0}{\sum f_0}} = \frac{\dfrac{238500}{300}}{\dfrac{495500}{500}} = \frac{795}{990} = 80.3\%$$

这就是说,由于低工资者的比重加大(由原来的40%增加到70%),使得平均工资水平下降195(=990−795)(元),下降的幅度达19.7%。表中的固定构成指数:

$$\frac{\sum X_1 \dfrac{f_1}{\sum f_1}}{\sum X_0 \dfrac{f_1}{\sum f_1}} = \frac{\dfrac{\sum x_1 f_1}{\sum f_1}}{\dfrac{\sum x_0 f_1}{\sum f_1}} = \frac{\dfrac{249300}{300}}{\dfrac{238500}{300}} = \frac{831}{795} = 104.5\%$$

这就是说,假定高、低工资者的结构不变,平均工资水平增加了36(=831−795)(元),增长的幅度为4.5%。于是,

$\overline{X}_1 \div \overline{X}_0 = 831 \div 990 = 83.9\% = 80.3\% \times 104.5\% = 795 \div 990 \times 831 \div 795$

从相对数来看,有 $83.9\% = 80.3\% \times 104.5\%$,从绝对数来看,有$(831-990) = (795-990) + (831-795)$,即 $-159(元) = -195(元) + 36(元)$

这就是说,表面上看,总的平均工资水平减少了159元,下降的幅度是16.1%。主要是由于低工资结构加大,牵动了平均工资水平减少195元,整个下降幅度高达19.7%;真实的情况是,平均工资水平提高了36元,增长的幅度为4.5%。

第九节 物业管理统计

一、统计总体和总体单位

(一)统计总体

为了正确地认识物业经济现象在一定时间、地点、条件下的具体情况,我们必须对所

研究的现象从整体上进行观察。这种被研究现象的整体，在统计上称"总体"。从总体上研究物业经济现象的数量方面，是统计学区别于其他社会科学的一个重要特点。

凡是客观存在的，在同一性质基础上结合起来的许多个别事物的整体，就是统计总体（简称总体）。例如，我们对物业经营单位的职工构成进行调查了解，那么物业经营单位的所有职工就构成了统计总体。至于如何确定总体和总体所有研究的范围，则取决于统计所研究的目的。由此看出，构成统计总体的各个单位在某一点上具有共同的性质。除此之外，在其他某些方面则不尽相同，存在着质与量的差异。很明显，根据研究目的所确定的统计总体，有如下几方面特性：

1. 大量性

统计总体是由许多个别单位组成的，个别或少数单位不能形成统计总体。这是因为统计研究的目的是要提示现象的规律性，而这种规律性只有在大量事物的普遍联系中才能表现出来。总体的大量性与研究目的、要求有关，它是一个相对的概念。例如，我们不能用个别房屋的造价来说明总体内所有房屋的造价。因为影响个别房屋造价的因素，总有它的特殊性和偶然性。

2. 同质性

每个具体的单位或事物，必须在某一方面具有相同的性质，才能把它们结合在一起，构成某种性质相同的总体。例如，在物业劳动工资统计中，全部物业企业职工构成统计总体，每一职工都具有在物业企业工作并由该企业支付工资的性质。据此计算的物业企业职工总数以及各类职工构成才有意义。可见，同质性是构成统计总体的基础，也是一切统计研究的根本前提。没有这个基础或前提，统计计算的各种数字，就只能违背事实，没有任何科学意义。

3. 变异性

统计总体固然要有同质性一面，但其他方面却有很多差别。总体各单位之间的差别，就是它们的变异性。统计研究社会经济现象，实际上就是研究这些总体各单位之间的变异情况。正因为变异是普遍存在的，就有必要进行统计研究。变异性是统计研究的必要条件，例如，对房屋建筑成本的调查研究，正因为房屋地点的地区差价、建筑材料的价格不同、建筑结构不同等因素，才有对此进行大量的调查、分析、研究的价值。统计标志变异是各种因素错综复杂作用的结果，这就决定着要用统计的方法来研究这类现象的变异。

（二）总体单位

构成统计总体的个别事物，叫做总体单位。例如，把物业经营单位作为总体，每一基层的物业经营单位就是一个总体单位；把某一住宅小区作为总体，小区内每幢房屋建筑设施就是总体单位；等等。由于统计研究的目的不同，同一事物在不同情况下有时作为总体，有时也作为总体单位。例如，研究全国各省的住房情况，全国所有的省就组成的一个总体，每个具体的省就是总体单位；如果研究某个省的住房情况，则以选定的这个省作为一个统计总体。

二、标志和变量

（一）标志

标志是统计中常用的名词，它是说明总体单位特征的名称。总体中每一总体单位都有许多特征。如物业经营单位的经济职能、房屋产权、房屋建筑结构、职工人数、流动资金占用额、租金标准等，都是物业经营单位这个总体单位在不同方面的特征。在统计上，把这些特征称为标志。在这些标志中，凡是用文字表明事物属性的，称为品质标志。品质标志的具体表现是标志名称，如房产经营单位的经济职能、房屋产权、房屋建筑结构等。凡是用数字表明事物某一数量特征的，称为数量标志。如：职工人数、流动资金占用额，租金标准等。数量标志具体表现是标志数值。不论品质标志或数量标志，如果它在总体中各个单位上的具体表现都是相同的，则称作不变标志。例如，每个物业经营单位的经济职能都是从事物业经营活动的，这是总体单位的不变品质标志，是形成物业经营单位这个总体的依据。多数标志在各个总体单位上的具体表现不尽相同，这些标志称作可变标志。如掌管的房屋数量、流动资金占用额等，各物业经营单位都不同，是总体单位的可变数量标志。统计调查的任务，就是根据统计研究的目的，分析研究各种可变标志在各个总体单位上的具体表现。

（二）变量

变量是指可变的数量标志，是专指数量方面的差别。变量值则是变量的具体数值。例如，房屋建筑面积和租金标准是两个不同的变量，而某套住宅房屋建筑面积"$60m^2$"、租金标准每平方米"0.30元"，是这两个变量的不同变量值。一个变量往往有许多大、小不等的变量值，如：各种各样的房屋建筑面积和租金标准的不同。变量按其取值是否连续，可分为离散型变量和连续型变量。离散型变量是指只能取整数的变量，各变量值之间是以整数断开的。如：房屋自然间数、职工人数、机械设备台数等都是离散型变量。连续型变量指在整数之间有无限多个数值的变量。如：房屋建筑面积是连续型变量。

三、物业与物业管理

（一）物业

"物业"一词是由英语 property 引译而来，是指可使用的各类房屋建筑及其附属配套设施与场地。

物业不同于房地产业。房地产业是一个独立的产业，它是从事房屋和土地开发、建设、经营的独立产业，是属于物质产品生产领域的活动。而物业则是房地产业的产品，它是已建成并投入使用的各类房屋以及与之相配套的设备、设施和场地，是属于房地产业的产品进入流通领域的消费品。物业的各类房屋可以是住宅区建筑群，也可以是单体的建筑，包括综合商住楼、别墅、高档写字楼、商贸大厦、工业厂房、仓库等；与之相配套的设备、设施和场地，是指房屋室内外各类设备、公共市政设施及相邻的场地、庭院、干道等。物业具体分类如下：

1. 按用途划分

物业按用途可分为普通住宅、高级公寓、别墅等居住房；写字楼、旅馆、商店、餐馆、影剧院等商用房；公园、风景名胜、历史古迹、沙滩式休闲场所等旅游用房；厂房、车间、仓库等工业用房；农场、林场、牧场、果园等农业用房；办公楼、学校、医院、教堂、寺庙、墓地等特定用途房等等。

2. 按收益性划分

物业按收益性划分为收益性物业、非收益性物业等。

3. 按市场性质划分

物业按市场性质分为供出售用的商品房等；供营业用的商店、餐馆等；供出租用的住宅楼等；自用的学校、医院等。

（二）物业管理

管理是指为完成一项任务或实施一个过程所进行的计划、组织、指挥、协调、调度、控制和处理。管理是动态的系统工程，属于"软件"。物业管理是房地产业发展到一定程度的必然产物，它是作为房地产品的消费环节在我国从80年代初开始发展起来的。

物业管理是利用现代科学和先进的维修保养技术，以经济手段管理物业，为业主（指物业的所有权人）和承租人（包括国家、集体、个人）提供高效、优质、经济的服务，使物业发挥最大的使用效益和经济效益。

物业管理有广义和狭义之分。广义的物业管理是指一切有关房地产开发、租赁、销售及售租后的服务。狭义的物业管理是指：依照合同，对已竣工验收投入使用的各类房屋建筑附属配套设施及场地，以经营的方式进行管理；同时，对房屋区域周围的环境、卫生的清洁、安全保卫、公共绿化、道路养护等，实施统一的专业化管理；并向住用人提供多方面的综合性服务。它是集管理、经营、服务为一体，是以社会化、专业化、企业化为经营方式，进而实现社会、经济、环境、效益同步发展的有偿劳动。

物业管理的内容基本上分为经营、管理和服务三个方面。经营，主要是依据市场规律进行商业策划、制定和实施售租方案，通过妥善的经营活动，使所管辖的各种物业及其附属设施和周围环境得以保值或增值，为所有业主、租用人提供一种舒适的环境；管理，主要是使房屋得到及时的修缮，保持房屋的使用功能，将房屋的数量、产权、建筑形式、完好程度、设备使用情况等及时准确地记录下来。此外，管理工作还包括代理机构自身的人事、财务的综合管理。以保证经营和服务的正常进行；服务，是指准确、及时地满足用户需求，随时记录用户的各种有关要求并进行相应内容的服务，如清洁、保安、绿化及各种特约服务等。

例如上述物业经营、管理、服务的内容有：

1. 业主与承租人签订的物业管理服务合同；

在业主与承租人签订的物业管理服务合同中，应当明确以下内容：管理服务项目、管理服务内容、管理服务费用、双方权利和义务、合同期限、违约责任及其他。

2. 物业管理企业按资质经营并照章纳税的标准；

3. 按国家规定的管理服务收费标准；

4. 对物业管理服务区绿地等级标准分为四个等级进行养护；

5. 对物业管理优秀住宅规定达标评分标准；

6. 对示范写字楼规定评比标准等。

总之，物业管理的经营、管理、服务三方面是相辅相成的。即物业管理是寓经营、管理于服务之中，并在服务中完善经营、管理的新兴产业。

物业管理的模式大致有四种：（1）居委会管理模式；（2）房管部门管理模式；（3）业主自治管理模式；（4）物业管理企业专管模式。目前物业管理主要是实行业主自治管理与委托物业管理企业专管相结合的模式。业主自治管理，主要是通过其所在物业管理区域的全体业主所选出的业主委员会进行管理，其目的是创造一个良好的物业使用环境。除此之外，业主还将房地产开发中不完善的部分，根据市场的需要加以完善，创造良好的物业租赁条件，以期赢得租户。这是业主为谋取长期投资效益而采取的一种经营方式，在这种管理模式下，业主对物业享有产权。物业管理企业，主要是按照其所具有的相应资质，通过与业主签订的物业管理服务合同，对物业进行管理，其目的是保持物业的正常使用，这属于售后服务，在这种模式下，企业对物业不享有产权。

四、物业管理企业与物业管理企业统计

（一）物业管理企业

对物业的管理，分为政府管理、行业管理及物业管理企业管理三个层次的管理，这是一项系统工程。政府管理主要是在经济上进行宏观上的管理与指导；行业管理是政府实施宏观管理及调控的参谋，是物业管理企业的咨询及协调机构；物业管理企业是物业管理的具体操作者，是以提供服务为主而获得收益的法人单位。物业管理企业又可分为专营企业和兼营企业。专营企业是指以物业管理为主营项目，实行自主经营、独立核算、自负盈亏、能独立承担民事责任、具有企业法人资格和某一资质等级的企业。兼营企业是指以其他经营项目为主、兼营物业管理的企业，或不能独立承担民事责任、不具备企业法人资格和某一资质等级的经营单位。

物业管理企业按资质等级，可划分为一级企业、二级企业、三级企业三个级别。例如，一级物业管理企业需具备的条件为：管理物业规模一般在50万 m^2 以上、管理物业的类型在三种以上、管理的物业两个以上为优秀且达标面在50%以上、企业经理从事专业物业管理工作的经历在3年以上、具有经济类和工程类中级职称管理人员10人以上、企业经营年限需在3年以上、企业注册资本100万元以上等等。作为物业管理企业，一般同时管理多栋房屋乃至几个住宅小区，其职能包括：对房屋及其附属设施设备的保养、维修；对住宅小区的治安、环卫、交通、消防、绿化等的服务。即通过服务，为住户提供一个整洁、文明、安全、生活方便的居住环境。此类管理是经营性的、有偿性的，是实行收支相抵、略有微利的纯服务性的管理。

（二）物业管理企业统计

统计是统计学、统计资料、统计工作之总称；物业管理统计也是如此，物业管理统计工作是根据统计目的和对象的特点，制定调查方案，搜集统计资料，用现代化统计技术对统计资料进行分析，据以预测未来的发展变化情况；物业管理统计资料是反映物业管理服务情况的数字信息，它是统计工作的成果，它能综合反映物业管理经营服务全过程的发展变化情况，是制定政策、编制计划、科学地管理物业的重要依据；物业管理统计学，是统计工作实践经验的科学总结，它是指导统计工作实践的科学理论和方法。因此，物业管理统计工作、统计资料与统计学，是物业管理统计实践、统计成果与统计理论方法的对应称谓。

物业管理企业统计正是围绕企业经济活动各环节而展开的。由于物业是通过经济手段来管理的，因此说，物业管理企业的各个经济环节都离不开统计。首先，统计数据是信息的主要组成部分，信息的搜集需要依托抽样调查方法；其次，市场预测需要利用统计方法建立预测模型、检验结果，并对市场前景做出预测；再次，投资决策需要利用统计方法对各种备选方案作出风险估计；第四，经营服务中的质量控制也离不开统计方法；第五，综合评价必须建立在科学合理的统计指标体系基础之上。每个环节都离不开统计，都是统计

所涉及的领域。可见，无论是传统的方法还是现代统计技术都是市场经济中物业管理必不可少的有效工具。缺乏、忽略这一工具，光有定性分析，在市场竞争中是寸步难行的。另外，统计作为一种认识工具，不仅仅是企业专职统计人员所必须掌握的工具，物业管理人员都应了解和掌握这一工具。

物业管理企业主要是负责确定所需的统计技术、统计标准、统计程序及统计范围，检查、监督统计工作的实际效果，确保统计信息分析的客观性、真实性。其要点如下：

（1）明确所需的统计技术及其应用范围，如抽样检验普遍适用于进货物品检验、日检、周检、月检等方面。

（2）参与统计的人员必须经过有关培训。

（3）物业管理统计标准以公司质量目标和工作手册规定标准为依据，参照全国优秀住宅管理小区评比标准执行。

（4）充分利用统计信息。

五、物业管理统计的对象与原则

（一）物业管理统计的对象

物业经营的对象是房地产品的消费市场；物业管理的对象是住宅小区、单位住宅楼或公寓、综合商业楼、写字楼、零售商业中心、酒店、工业厂房仓库等；物业服务的对象是业主和用户。总之，是为上述这些物业及其业主和租户提供经营管理服务的，即为之：(1)创造一个安全、舒适、文明和谐的生活环境与气氛。(2)提高物业的价值，良好的物业管理不仅可以使物业及其设备处于原始状态和正常运行，延长其使用年限而且可以提高物业的档次和适应性，增加其使用价值和价值。(3)提高和发展物业管理公司的声誉，建立在公众中的良好形象，增强公众的信心。

正是这种集经营、管理、服务为一体，进而实现社会经济环境、效益同步增长的主导思想，为物业管理统计确定了目标。物业管理统计是针对物业、业主、租户而言的，是针对其所能体现的经济活动情况而言的，而这些经济活动又是以数量来表现的，因此，物业管理统计的对象，就是物业管理企业在经营、管理、服务诸方面经济活动的数量方面。

物业管理企业统计作为主要的管理手段，一方面为企业经营管理服务提供信息，另一方面为政府统计调查履行服务。在搜集整理分析物业经营管理服务范围内统计资料的同时，按照企业内部的统计管理制度及时向政府统计部门提供统计资料报表。因此，从这个意义上来说，物业管理企业统计具有这样的使命：研究市场经济体制对物业管理企业的要求；研究如何使统计更好的为物业管理服务；研究如何设置适应于物业管理企业的统计机构；界定物业管理企业统计所涉及的领域；设计统计指标体系、统计方法等。

（二）物业管理统计的原则

物业管理统计必须坚持以下原则：

1. 统一领导、分级管理的原则

要把统一领导与分级管理结合起来。政府对所辖区域内房产物业管理既要严格执行产权、产业变动的审批权限、统一政策；又要在统一领导下较好的理顺各方面的关系，妥善处理各种矛盾，充分发挥各个专业部门的作用，实行分级管理。

2. 产权与经营权相分离的原则

在确认产权、使用权的前提下将经营管理权集中统一，由住宅、区域楼宇的综合管理服务企业（业主委员会）实施统一经营与管理。

3. 保护国家和业主财产的原则

一是要把应该管理的国家财产和业主财产全部管理起来，不漏管；二是在日常的管理中维护公共的财产不受人为的损失，并作好经常性的维护。

4. 有偿服务合理分担费用的原则

物业管理费用按照"谁享用、谁收益、谁负担"的原则，由享用人、收益人分担。

5. 物业管理企业统一实施管理的原则

物业管理的企业对新开发建设的住宅小区、工业小区、居民大楼实行社会化、专业化管理；物业管理企业实行自主经营、自负盈亏、自我约束、自我发展的方针。

6. 产业记录完善帐实相符的原则

物业管理企业必须建立既有实物量又有价值的帐、卡、图、表等财产档案和帐。

除此之外，物业管理统计还要遵循"准确、及时、全面、方便"的八字方针：

1. 准确

准确是指通过物业管理统计调查所取得的统计资料，既要客观真实，又要科学可靠。这是全面完成物业管理统计工作任务的首要条件。为保证统计数字的准确性，首先应本着实事求是的精神，填报各种有关统计数据，既不隐瞒不足，也不夸大成绩。其次，在统计调查、统计整理和统计分析各个阶段，都应加强统计工作的质量管理，把好质量关。例如，某项物业管理统计调查，在建立健全原始记录的基础上，需制订一套科学的指标体系与调查方法，使各项统计资料能够正确反映物业管理经营中各个方面的真实情况，以保证各项统计资料具有充分的科学性。同时，在对统计数字资料进行整理和分析过程中，应严肃认真对待各项统计数据，采用科学的方法，得出我们所需要的统计资料。只有保证统计数字资料的准确性，才能有助于我们了解物业管理经济发展的真实情况，作为指导计划和检查计划执行情况的依据。据此制订的发展方针政策才能符合实际并指导实践工作。

2. 及时

及时是指物业管理统计要按照国家规定的上报时间，按时提供各项统计数据。统计资料的及时性是保证统计发挥作用的重要条件。我们知道，统计是研究总体综合数量特征的，如果所研究的统计总体中有一些单位的资料不能及时上报，必然影响到统计资料的及时汇总，就无法对统计总体做全面综合的分析研究。统计资料只有提供及时，才能不失时机地发现和解决问题，才能为各级领导指导工作、加强物业管理经营管理提供依据。否则，过时的统计资料，数字再准确，也不能有效地发挥作用。

3. 全面

全面是指要反映被研究总体的全部情况，即统计调查资料要全面地、系统地反映物业管理经营管理服务过程中的经济运行情况，在全面调查研究的基础上，探寻物业管理经济发展规律。否则，若以部分的资料来认识事物，就会产生错觉，给实际工作带来不应有的损失。

4. 方便

方便是指统计资料使用起来要方便易行，根据国家对统计工作的要求，向各级主管部门汇报和提供统计数据时，要在准确、及时、全面的基础上增加方便这一条，使之一目了然。

上述这些方针和原则，是指导物业管理统计工作的基本方针和原则。在统计工作实践中，要认真地遵照执行，以保证物业管理统计工作更好地发挥其职能作用。

第十节　物业管理企业统计指标体系

社会经济现象是一个复杂的总体，各类现象之间存在着互相依存和互相制约关系。一个统计指标只能反映一个复杂现象的某一方面的特征，要了解客观现象的全貌或其发展的全过程，就必须把一系列互相联系的数量指标和质量指标结合在一起加以运用。要分析物业企业经营、管理、服务状况，只有把所掌握的物业规模、物业数量、经营计划完成情况、租金管理情况、物业服务质量等指标联系起来分析，才能对该单位的物业经营管理服务工作做出全面正确的评价。这些互相联系的统计指标就是统计指标体系。

一、我国统计指标体系的设置

我国统计指标体系的设置，是根据马列主义理论，适应国民经济计划管理的需要，选择那些最基本的统计指标建立起来的。因而这些指标具有相对的稳定性，能比较全面地反映客观情况变化规律，并随着社会生活和国民经济的发展而充实完善。一方面，物业管理企业统计要从数量上研究物业的经营管理与服务的过程及结果，通过一定的统计指标体系予以反映，以揭示物业在流通领域内的数量关系及其变化规律，并按物业管理企业经营、管理、服务的各个环节的特点，设置与使用统计指标。另一方面，物业管理统计指标体系，是反映物业在其经济运行过程中经济特征和技术特征的状况的统计指标体系。这些统计指标体系内部的诸因素相互联系，而且简明科学。从根本上说，物业本身经济内容和运动过程的内在整体性和不可分割性，决定了物业统计是把物业（包括房屋建筑本身及其房屋建筑地段）作为整体进行研究的。因此，为便于进行全面的统计分析研究，物业统计指标体系还应包括物业自身、物业劳动工资、物资消耗和财务成果等方面。

二、物业经营统计指标体系

首先，物业经营是物业管理企业以其管理区域内条件为基础，以业主和租户为对象所进行的经营活动。由于具备的条件不同，物业管理企业的经营项目也不尽相同。因此，应根据企业基本经营项目设置统计指标，一般应包括以下内容：

物业经营指标 ｛ 物业租赁指标
物业信托经营指标
物业中介及物业估价指标
物业维修及改建工程施工指标
室内装璜及施工指标
家用设施的维修服务指标
其他经营性指标

其次，物业经营过程是物业的使用价值形成并得到价值补偿的流通过程。因此，它的指标体系的设置应有以下内容：

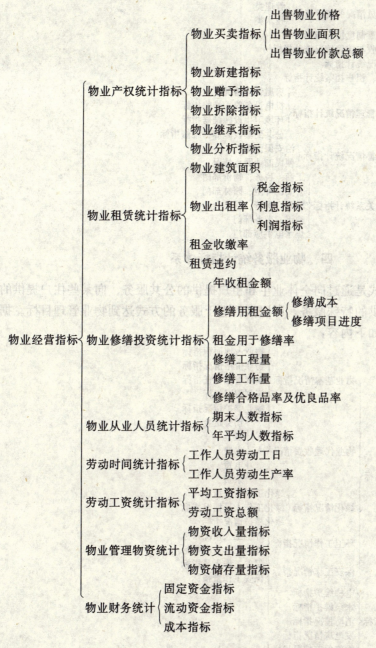

三、物业管理统计指标体系

物业管理企业对物业所进行的管理是一个完整的系统工程，它由若干个环节组成，应根据其特点设置相应的统计指标，以达到对整个管理过程数量关系进行统计的目的。因此，其指标体系内容应包括：

物业管理指标 {
- 物业管理早期介入情况的统计指标 { 规划设计阶段 / 施工阶段
- 物业管理部门设置情况的统计指标 { 实体型 / 管理型
- 物业管理人员情况的统计指标 { 管理类 / 技术类
- 物业管理规章制度情况指标
- 物业管理验收与接管情况统计指标
- 住户入住情况统计指标
- 物业、业主、租户档案统计指标
- 日常维护与管理情况统计指标 { 房屋管理情况 / 机电设备养护维修指标 / 环境卫生设施维修指标 / 公共配套设施养护维修指标
- 配套设施完善情况统计指标 { 治安保卫情况 / 便民商业网点情况
- 系统的协调关系统计指标 { 工商、税务、物价部门 / 公安、环卫、园林部门 / 城管、房管、居委会 / 通讯、劳务部门 / 煤水电供应部门
}

四、物业服务统计指标体系

物业服务的实现形式是通过向全体业主和租户提供的公共服务、向某些住户提供的专项服务、向个别用户提供的特殊服务，即以寓管理于服务的方式达到物业管理目标。据此设置的指标体系应反映如下内容：

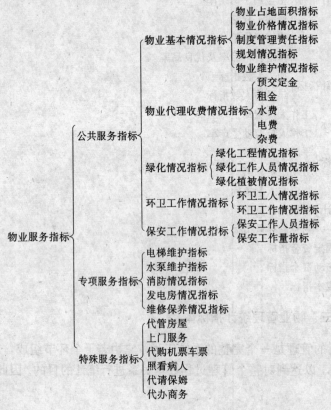

五、物业形成之前及流通过程统计指标体系

首先，在物业形成的之前，土地的开发和利用、土地的使用权有偿转让是两个至关重要的因素。它是物业振兴和发展的先决条件，对整个物业变化和发展的影响也是非常大的。因此，这些统计指标是以土地现状和地籍管理为基础，结合土地开发利用的需要制订成指标体系，使之能较全面地、初步地反映土地的利用状况。具体讲包括下列指标：

1. 反映土地征用的指标

土地开发利用过程中的土地征用及土地开发投资情况的指标。如土地征用面积、征地拆迁起数、征地速度、征地费用等。

2. 反映土地使用权出让与转让指标

这些指标包括：使用年限、用途、土地价格等。

3. 反映土地收益的指标

反映土地在使用过程中，土地分类分级情况以及各类土地使用情况的指标。如土地使用税等。

4. 反映非法用地指标

如违法用地面积、征收罚款等。

物业形成之前统计指标体系的设置与使用，可以在一定程度上反映土地使用情况，为更好地开发和利用土地提供依据。随着经济的发展，土地的功能、性质、用途等还会发生一些变化，相应的统计指标体系还有待于不断地充实完善。

其次，物业经营过程主要是物业的流通过程，通过流通过程，实现房屋使用价值并得到价值的补偿。物业指标体系主要是描述物业经营单位对其直接经营管理的物业所进行的接管、出租、买卖、维修等各种经营活动。它在物业统计中处于中心地位。现对物业经营统计指标体系内容简述如下：

1. 反映物业情况的指标

包括房屋数量、房屋质量、房屋形象和房屋配套设施方面的统计指标。如房屋建筑面积、房屋价值、房屋完好等级、房屋用途等。

2. 反映物业买卖和租赁的指标

这一部分指标是房屋这一商品区别于其他商品所特有的指标。物业在市场流通中，通过买卖和租赁两种流通方式实现其价值。这些指标包括：物业的经营面积、物业的产权转移和变更指标，成交物业的数量、物业的出租率、租金收缴率等。

3. 反映物业交换的指标

如商品房投资额、商品房面积、实际销售商品房屋数量等。

4. 反映物业修缮的指标

如物业修缮投资额、修缮工程量、修缮工作量等。

第三，物业的形成与经营过程，也是人力、物力、财力消耗的过程，所以还要有反映物业劳动工资、物资消耗和财务成果等方面的指标体系。

第四，物业的开发与经营，其目的是为社会提供质量优良的房屋住宅，以满足社会的需要。为此，它必须占用一定的固定资金和流动资金，占用一定的劳动力与原材料，为社会创造经济效益。因此，还应包括反映上述经济活动的统计指标：

1. 反映劳动工资的指标

如职工人数、生产工人有效工作日、工资总额、劳动生产率等。

2. 反映物业物资消耗的指标

如材料消耗量、储备量以及收入量等。

3. 反映资金利用的指标

如固定资金、流动资金、工程成本总额、工程成本升降率等。

第二章 物业管理统计的职能与机构

第一节 物业管理统计的职能

物业管理统计的职能取决于它的服务对象,在社会主义市场经济条件下,物业管理统计的职能具体化为信息、咨询和监督。

一、物业管理统计的信息职能

信息是反映物质和非物质状态或运动特征的表现形式,它普遍存在于自然界、人类社会和人的思维之中。有史以来,人类以感觉、语言、文字、数据将信息通过各种介质记录和保存下来,并予以传输和重视。人类社会的发展史足以说明信息是人类生存的要素之一。统计记录了自然界、人类社会和人思维活动的数量特征,统计数据无疑是信息的重要组成部分,尤其是现代社会中。信息是一种知识,是人们对客观世界的认识。而物业信息就是有关物业(包括物业管理)的知识,是人们在物业的生产、交易、维护、处理过程中人与人、人与物、物与物关系处理的各种记录、文件合同、技术说明、图纸等资料的总称。例如,承包合同、委托管理合同、土地使用权证、设备使用说明、施工图、契证、租赁合同、纳税记录、抵押贷款合同等都是有关物业的信息。正如信息对于人类社会活动的重要性一样,物业信息对于物业管理的高效优质,具有极其重要的意义。不利用或不会利用物业的信息,都将给物业本身、物业的业主以及物业管理组织带来不同程度的损害。

在物业管理活动中,物流、商流、资金流都是以信息流为先导的。所谓物业管理统计的信息职能就是要及时地、系统地采集、整理、筛选、输入、处理、编辑、传递、存储、输出与物业管理活动相关的统计数据,形成完备的统计信息数据库,发挥经济信息的主体作用。

统计信息的特点决定了其作为信息主体的地位。它除了具备客观性、寄载性、有用性、可处理性、共享性、传递性、变换性、时效性等信息所共有的一般特征外,还具备总体性和数量性两大独特的性质。总体性限定了物业统计信息所反映的是物业的总体特征。数量性限定了物业统计信息的表现形式,无论是数据、图表,还是以数据为依托的文字阐述等,其实质仍然是数量及数量关系。另外,统计核算涉及的领域要比会计核算和业务核算所涉及的领域更为广泛。

物业管理统计的信息职能必须以统计信息系统予以保障。在社会主义市场经济条件下,物业管理企业对信息的需求越来越大,而且对信息的时效性要求越来越高,因此必须借助于计算机获得统计信息,以满足企业日益增长的需求。根据物业管理统计在信息社会中的双重角色地位,可以设计如图2-1所示的统计信息系统。

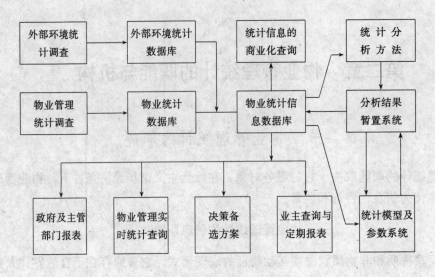

图 2-1 统计信息系统

二、物业管理统计的咨询职能

所谓物业管理统计的咨询职能就是要求统计时,能充分使用物业统计信息数据库的信息资源,进行统计分析和专题研究。在广泛研究政策、市场、物业管理企业自身的基础上,就所存在的众多问题作出预测和评估,为各种决策提供备选方案。

物业管理统计的咨询职能可具体化为六个层次的服务。一是能满足决策管理层的随机查询;二是能有机组合相关数据、汇编简报,主动提供领导参阅;三是能及时圆满完成领导交办的研究课题;四是能通过数据加工使信息量得以倍增,并从中发现问题。经分析后拟定对策,提请领导重视;五是能从对数据的内外纵横全盘了解的优势中,预测出前景的危机或机遇,为领导的重大决策提供有份量的参考文件;六是能与电脑工程技术人员合作,编制企业决策支持系统,使决策更为科学、迅速,大幅度提高准确概率。

物业管理统计的咨询职能是按统计信息的来源不同予以体现的。在信息来源的时间顺序上,物业管理统计的咨询职能表现为:统计在规划阶段、建造阶段、验收阶段、招商阶段、入户阶段、日常管理阶段等不同阶段所履行的咨询;对不同的物业管理参与者来说,物业管理统计的咨询职能又体现为:统计针对业主、物业管理组织、政府部门、承租户和其他相关企业所履行的咨询;为了更好地履行物业管理统计的咨询职能,现在,按时间顺序列出以下六类物业管理统计信息:

1. 规划阶段信息

(1) 土地购买合同、土地使用证等权属证书;

(2) 规划许可证、建筑许可证、预售许可证等各类项目批准证书;

(3) 建筑图、施工图、施工预算、施工组织设计等图纸文件。

2. 建造及验收阶段信息

(1) 竣工图;

(2) 竣工工程项目一览表;

（3）设备技术清单（设备名称、规格、数量、场地、主要性能、单价、随机工具及备件等）；

（4）设备技术手册、使用说明及质保证明；

（5）设备安装调试记录（各设备系统的试压、试漏检查记录，暖气、卫生、空调、电讯、电气、通风、供水、供气、消烟灭火、防暴报警、电视监控等系统）；

（6）建造施工记录（地基处理记录、结构安装校正记录、预应力构件施工记录等）；

（7）建（构）筑物检测记录；建（构）筑物的沉降、变形、防震、钢结构焊缝探伤检查记录；

（8）隐蔽工程的验收记录；

（9）工程事故发生及处理记录；

（10）图纸会审记录、设计变更通知和技术核定单；

（11）项目的重要技术决定和文件；

（12）验收计划和验收会议纪要；

（13）验收记录；

（14）返修记录；

（15）验收总结报告。

3. 委托管理阶段信息

（1）委托管理招标文件；

（2）物业管理投标文件（物业管理单位的资质证明、管理计划及预算等）；

（3）物业委托管理合同（协议书）。

4. 招商阶段信息

（1）招租物业的平面图纸；

（2）招租许可证及委托书；

（3）租金及管理费测算书；

（4）租赁合同；

（5）广告策划资料。

5. 用户入户信息

（1）入户通知书、入户须知；

（2）管理公约（公共契约）；

（3）用户资料（包括业主、租户）；

（4）业主委员会章程；

（5）用户手册；

（6）用户进户验收表；

（7）用户进户交费单。

6. 日常管理信息

（1）业主、租户变动、更换情况；

（2）各部门工作（操作）规范，管理制度；

（3）维修承包合同及预决算；

（4）保安、清洁、绿化等项目的承包合同等资料；

(5) 用户来往信件、投诉及处理资料；
(6) 年度工作计划、总结、报告；
(7) 人事档案；
(8) 保险资料；
(9) 法律法规及政府有关文件；
(10) 财务报表、工资报表、管理费、租金收交证等资料。

三、物业管理统计的监督职能

所谓统计的监督职能就是要求统计应依据经济信息数据库的统计信息资源和其他的信息资源，及时、全面、准确地实施定量检查提供监督预测、预警、中止的信号，以期决策管理层及时调控，保障目标的顺利实现。

物业管理统计的监督职能可具体化为四个方面的服务。一是实施调控服务；二是编制定期报表，定期调控服务；三是按统计法的规定接受政府统计调查，执行上报义务，为政府宏观监控服务；四是按公司法的规定，向上报主管部门和业主上报报表，为上报主管部门和业主调控服务。

物业管理统计的监督职能在以下几方面发挥作用：

（一）对信息的认识

人类知识的积累，是信息收集与加工的结果。而人的经验，实质上就是大量信息的积累、整理，并将其规律化。物业管理统计所涉及的事物繁杂，要进行有效统计监督，就要具备一定的经验。这些经验的获得，离不开对所收集的信息的统计分析、提炼。如对物业设备的检验、保养、维修情况的控制，当某种设备损坏、故障时，凭借经验并运用统计手段，使得统计监督的职能得以履行，以保证用最低的成本获得最佳的运营状态。

（二）对信息的理解

物业管理统计的监控职能，能控制人们对信息的理解。如，在租赁活动中，可以通过各种渠道，以各种不同方式，向社会公众宣传该物业的独特优势，以激起客户的租赁欲望。也可以定期发布物业管理信息资料，向用户传达物业公司的近期和远期的工作目标和实施计划等。使全体用户理解、体会到作主人翁的感觉，在心理以至行动上对物业管理工作积极支持和配合；对物业管理中遇到的各种困难，也实事求是地争得用户理解、同情。另外，物业管理统计的监督职能，能够严格控制一些不应扩散的信息，避免带来消极的影响。

（三）用信息作预测

信息不仅可以警示过去，而且还可以预测未来。物业管理统计的监督职能，还体现在能用信息进行监督预测。这是在对已有信息深入分析之后所进行的监督预测。预测的方法有多种，有外推法、模拟法等。例如，利用市场分析的资料预测物业的租金，利用同街区其他同类物业的经营费用信息、本物业历史上经营费用信息、本物业的实际状况，预测今后的经营费用和维修费用。

（四）对信息的控制

物业管理统计的监督职能是信息发挥控制作用的保证。首先，对系统状态的感知及收集有关自身状态的信息；其次，把目前状态与期望状态进行比较；第三，依据测得的偏差与事先设定的原则和标准，作出采取何种行动的决策；第四，把决策及决定采取什么行动的命令下达给执行部门；最后，将执行过程中自身状况的变化信息反馈到有关部门，进行新一轮的再循环，以保证目标的实现。在物业管理统计中，不论是物业管理企业目标的实现，业主管理目标的实现，还是具体某个设备设施的正常运行，某个维修项目的成本、进度、质量的统计，都离不开统计的监督控制职能。

第二节 物业管理统计的机构

物业管理统计机构是统计职能得以实现的必要条件，其设置既要与组织机制相匹配，又要为切实履行统计职能构筑良好的氛围与运作机制，且必须以物业经营管理服务为第一宗旨。一般设置4～5级统计机构或岗位，它们分别是综合统计、专业统计、事业部统计、车间或营业部统计、班组统计等。

一、物业管理统计机构的设置

（一）直线职能式统计机构

直线职能式是常见的组织形式，与其他职能部门相并列的统计职能部门是综合统计部门。一般命名为信息统计中心或综合统计部，由于统计职能的特殊性，在其他职能部门和机构组织中都应设置若干统计岗位或科室。具体形式如图2-2所示。

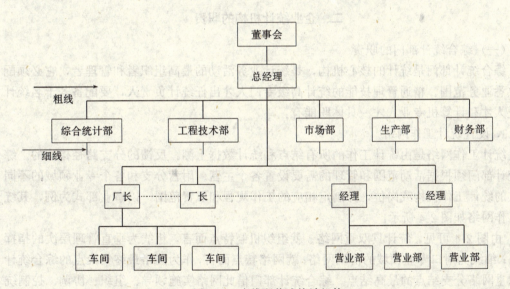

图 2-2 直线职能式统计机构

图2-2中，粗线"——"表示由上至下具行政指挥权，细线"——"表示职能部门对以下同职能科室或岗位具有业务指导、监督权。

（二）事业部式统计机构

事业部式统计机构，是为适应多角化经营采取的组织形式，因为事业部皆为独立法人，且生产经营范围广泛，所以在事业部内亦应设置综合统计机构，以下均须设置统计岗位。具体形式如图2-3所示。

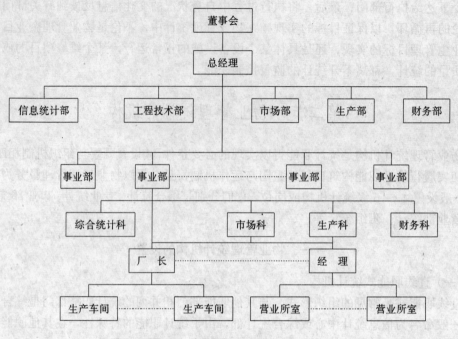

图 2-3 事业部式统计机构

二、企业统计机构的职责

(一)综合统计部门的职责

综合统计部门是统计的核心机构,是统计业务活动的最高组织者和管理者,它必须配备熟悉业务范围、精通管理技能的统计高级专门人才出任统计负责人,要配备若干名统计专业人才和计算机专业人才。具体职能有:

1. 设置统计工作网络

统计工作网络是由统计工作的所有结点和统计数据上溯、反馈的分支路径构成的。综合统计部门须根据活动范围和管理的需要设置各个主营、附营分支和各个专业领域的不同层次的统计工作机构或岗位,并制定相应的工作规程和职责范围。以事业部式为例,其统计工作网络如图 2-4 所示:

由图 2-4 可见,统计具双重网络。就组织机制特点而言,粗线为垂直管理层次的指挥网络;细线为对口专业领域的协调网络;就网络特点而言,作为网络最终集聚点的综合统计是双重网络分支结点的最高结点。综合统计部门借此网络实施领导、组织、协调、控制统计工作。

2. 设计统计工作整体方案

一是健全原始记录、统计台帐、物业管理企业内部报表制度等基础工作,包括建立、完善统计指标体系,确定基本统计调查方法、分类整理格式和内部报表体系的审核、颁发,以及日常工作规程,确保统计质量;二是设计科学、合理、经济的市场调查、市场预测、投资决策、经营控制、综合评价的统计方法。

3. 履行对最高决策领导层直接负责的职责

一是按时向领导提供简要日报、周报、月报、季报、半年报和年报,并附上分析说明;

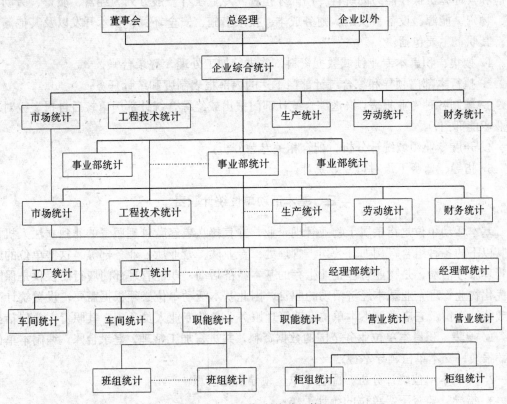

图 2-4 事业部制统计机构

二是随时满足领导的随机查询与检索；三是把握重点问题，及时提交专题分析报告，拟出可行备选方案，供领导采纳；四是严格统计数据管理，切实执行"数出一门"制度，由综合统计部门单一对外。

4．遵守统计法规，履行上报义务

认真填制完成政府统计机构、上级主管部门以及其他合法的统计报表，如实、按时上报。

5．提高统计人员素质，输送统计人才

向各层统计工作人员和管理人员传授现代统计知识，提高统计工作人员的业务水平和管理人员的认知水平，以增强竞争能力和延伸统计的业务领域。

6．建立完善经济信息中心

一是为统计配备计算机，建立统计实时数据库和历史数据库，利用统计软件分析数据，实现计算机联网，使统计工作现代化；二是以现代化手段开发信息，对物业管理统计的初级产品——描述统计资料进行深加工，使现有统计资料信息量倍增；三是与供销、会计、情报、档案、电脑管理等职能部门合作，协调建立、完善信息中心，依托统计领域最为广泛的优势发挥主导作用。

（二）专业统计部门或岗位的职责

专业统计部门或岗位是设置在职能部门内、专事职能部门管理领域统计的机构，是职能领域统计业务活动的组织者和实施者。它必须挑选熟悉本职能领域业务范围、精通专业技能和具计算机操作能力的统计专门人才担任。专业统计一般分列为经营、质量、劳动人事、物资、能源、设备、供销、财务成本、技改措施、安全环保、技术开发以及其他等方面。其职责主要包括：

1. 搜集、积累本专业领域数据资料，并进行加工处理，登录台帐；
2. 执行本部门领导和综合统计部门下达的内部报表制度和统计任务；
3. 填制各种专业报表，报送综合统计部门报出或经综合统计部门审核后自报上级对口专业职能部门；
4. 开展专业领域统计分析，配合相关专题分析；
5. 指导、监督下级对口专业统计。

三、基本活动单位统计职责

基本活动单位是指隶属于物业管理企业，并直接从事经营管理服务的非独立法人机构及其以下的各种组合，例如分公司、管理处、专业队、营业所、业务部等。这些单位的经营管理服务活动，是物业管理企业生存的基本经济活动，职能管理部门履行的仅仅是保障和优化物业管理企业基本经济活动的职责，因此基本活动单位必须根据需要，设置统计部门或统计岗位。它应由熟悉本单位经营管理服务业务的专业人员负责，其职责主要包括：

1. 搜集、积累本单位业务范围的数据资料，并进行加工整理，登录台账，编制本单位内部报表，交本单位领导掌握；
2. 开展本单位统计分析，配合本单位领导实施管理；
3. 指导、监督下级单位的统计工作；
4. 填制上一层次下达的各种内部报表，并按统计工作网络分别逐级上报。

第三节 物业管理统计的范围

物业管理统计的范畴取决于企业所处的环境、企业制度以及业务范围。显然，处于社会主义市场经济环境中的物业管理统计范畴远比计划经济环境中物业管理企业统计的范畴更为广泛。

一、物业管理外部环境与内部条件统计

（一）外部环境统计

外部环境是指外界条件，可以细分为自然环境和社会经济环境、国内环境和国际环境等。由于整个国际社会只能以自由竞争、平等互利的市场原则进行经济交往，而国内实行的是社会主义市场经济体制，因此所面对的外部环境是囊括上述细分环境的市场环境、政府宏观政策环境和有关的国际条约、约定环境。因为后两者所起的作用是调控国内外市场环境，所以外部环境包括：物质资源与服务市场、劳动力市场、技术市场、资金市场、信息市场等。

（二）内部条件统计

内部条件统计是指拥有的要素水平和产出水平，包括人、财、物的各个方面。虽然这一统计范畴早已存在于计划经济体制下的统计之中，但对处于社会主义市场经济体制下的

现代物业管理企业，必须予以扩充，例如物业管理企业的凝聚力统计、设备科技水准统计、服务质量统计等。

二、物业管理投入与产出统计

（一）产出统计

多元化经营赋予物业管理产出统计以日益广阔的领域，促使统计由计划体制下的一元化统计，变为物业市场范围内的多元化统计，从而使统计工作量成倍增加。

以物业管理为主营业务的企业产出统计，包括"六大管理、三类服务"，即房屋及设施设备管理、环境卫生管理、治安消防管理、绿化管理、车辆交通管理和其他公共管理等六大管理统计；常规性公共服务（合同服务）、委托性特约服务（非合同零星服务）和经营性多种服务（全方位、多层次的综合服务）等三类服务统计。尤其是对服务的种类、服务的次数、服务的质量三大方面及其货币表现——租金及服务费的统计。上述每个方面，都要对其所涉及的数量、结构、计划完成、合同履行、实物量、价值量、服务质量、工作质量、均衡性、过程控制等情况进行统计。但各自的覆盖面已充分扩展，例如，服务项目结构优化统计、服务质量统计、服务水平统计等。

附营物业管理业务统计，虽然其产出统计可参照主营业务产出统计，但其所归属行业的管理方式及其特征差异会引起具体指标的不同；二是主附营业务产出统计汇总，相当于宏观国民经济统计相应部分的统计汇总：房地产业增加值、净增加值等；另外还须对主营和附营的结构、贡献等进行统计。

（二）投入统计

投入统计自上而下有三个层次，一是管理或服务的投入统计；二是主营业务或附营业务的投入统计，它们由第一层次汇总而得；三是总的投入统计，它是由第二层次汇总而得。其中第二层次的附营部分和第三层次，是为适应企业多元化经营需要，新扩展的投入统计领域。

投入统计虽也分为劳动力统计、劳动对象统计和劳动资料统计三个方面及其货币表现——资金的占用与补偿统计，但是其内涵已发生了广泛的延伸，例如劳动力培训与流动统计、劳动投入的科技含量统计、劳动投入的经济配置统计、劳动占用的经济数量统计、劳动投入考核的工作抽样统计等。

（三）投入产出率统计

物业管理的投入产出率统计包括：经营效率统计、经营效益统计和综合经济效益统计三个方面内容。经营效率是指物业管理企业投入与产出的物量或工作量比率，包括活劳动生产率和物化劳动生产率，主要表现为与科学技术水平有关的技术经营指标；经营效益是指物业管理企业投入与产出的货币量比率，主要表现为销售或经营收入、利润、税金等与成本、资金等的比率指标；综合经济效益统计是对若干个投入、产出率指标，用恰当的权数予以加权而得到指数，以综合评价经济效益。

除了上述常规指标外，资本经营效益是投入产出率统计的新领域，例如积累统计、兼并效益统计、主附营规模效益统计等。

第四节 物业管理统计的资料来源

一、外部统计资料来源

（一）外部间接统计资料的采集

间接统计资料是指公开出版或不公开出版的各种年鉴和资料汇编，即经前人搜集、整理、加工过的现有统计资料，故又称之为次级统计资料。间接统计资料来源浩瀚丰富、采集方便、费用低廉、可信度高，尤其是政府部门出版的统计资料具备权威性、系统性、连续性、准确性等特点，能满足对非时效性统计资料的需要，特别是对宏观统计资料的需要，但是间接统计资料的编集意图、分类体系不可能完全适用于对统计资料的日益增长的需求。因此必须对间接统计资料进行再加工，例如统计口径、统计分类的调整，使之成为符合特定需求的统计资料。

间接统计资料的采集源包括：政府部门的统计机构、图书馆、档案馆、行业协会、学术团体、高等院校、研究机构、国际财团、专业咨询机构等。在当今信息时代，国际、国内的信息网络为之提供了相当便捷的间接统计资料的采集手段，通过联网可以随时检索国内外的权威数据库。例如，美国 DIOLOG 信息系统中的世界经济统计数据库、世界经济预测文摘、美国经济预测文摘、世界近 3900 家公司和研究机构的经营活动及财务信息、世界市场及技术年报、美国信息 ORBIT 系统中的世界商品价格；我国国家统计局的商业综合统计数据库、国家经济信息中心的国家宏观经济数据库等。

（二）外部直接统计资料的采集

直接统计资料是指物业管理企业派员或委托专业调查机构，采集来自调查对象的原始记录，经整理汇总所得的统计资料，故又称之为初级统计资料。直接统计资料主要来源于市场调查，由于市场瞬息万变，故其是取之不竭的资料源泉。因为直接统计资料是根据特定需要直接从业主市场和用户市场采集的，无论是采集的目的、方法，还是采集的项目、时间等均由物业管理企业自主决定，所以直接统计资料的针对性、适用性、实效性优于间接统计资料。但是必须投入较多的人力和时间，故费用相对较高。另外，在市场调查技术力量不足的情况下，宜委托专业调查机构调查采集，以保证直接统计资料的质量。

直接统计资料的调查采集对象包括：房地产市场的主体、客体和中间商；物业市场的最终消费者、现实消费者和潜在消费者等。另外，参与保障物业市场正常运转的管理者和维修者等，也是直接统计资料的调查采集对象。

二、内部统计资料来源

（一）内部间接统计资料的采集

内部间接统计资料，是指物业管理企业报告期的会计核算和业务核算资料、报告期以前各期的会计核算、业务核算和统计核算的历史资料。

会计核算是以货币为最终计量单位，连续系统记录企业经济活动全过程与成果，并据以计算、报告的一种核算方式。它的主要任务是填制和审核会计凭证、设置帐户和记帐、计算成本和费用、编制会计报表等，它侧重于报告期资金运动的核算，用以反映和监督物业管理企业的经济活动。

业务核算是对经济业务和技术业务分别进行记录和计算，从而取得核算资料的一种核算方式。经济业务核算一般包括与外界往来的业务结算、内部经济活动的业务结算等；技术业务核算指物业经营管理服务过程中有关专业技术方面的各种记录及其计算。业务核算的主要任务是填制各种原始凭证、登录经济业务和技术业务台帐、提供经济分析和技术分析基础数据、编制技术经济报表等，它侧重于报告期内的专项服务、电梯维护、水泵维护、消防情况、特殊服务、发电房情况、维修保养、代管房屋、上门服务、代购机票车票、照看病人、代请保姆、代办商务等情况的核算，用以反映监督物业管理企业的经济与业务活动。

间接统计资料中的会计核算资料由财务会计部门提供，业务核算资料由其他各相关部门提供，统计核算的历史资料由统计信息中心或综合统计部门提供。因此，包括统计职能部门在内的所有职能部门既是间接统计资料的生产者，又是间接统计资料的消费者。

（二）内部直接统计资料的采集

内部直接统计资料是由企业统计部门、各职能部门，直接派员或由记录核算岗位的工作人员，在物业管理企业经营管理服务现场直接记录、计算的数据信息。例如，规划许可证、预售许可证、质量检查记录、技术核定单、验收记录、物业委托管理合同、招租物业的平面图纸、租金及管理费测算书、租赁合同、入户通知书、入户须知、管理公约、业主委员会章程、进户验收表、用户进户交费单、业主、租户变动、更换情况、保安、清洁、绿化等项目的承包合同、用户来往信件、投诉及处理资料等，即按一定格式对生产经营管理活动所做的最初记录。这些记录再经分门别类、按时间顺序记录登录、整理在专门的帐册或表卡中，形成不同层次的各种统计台帐，据之编制不同层次、不同种类的统计报表。内部直接统计资料的采集路径如图2-5所示。

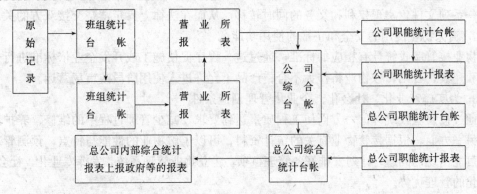

图 2-5 内部直接统计资料采集路径

思 考 题

1. 物业管理统计的三种职能是什么？
2. 物业管理统计机构是怎样设置的？
3. 物业管理统计资料的采集方式有几种？

第三章 物业管理前期工作统计

第一节 物业的接管验收工作统计

一、物业的接管验收统计概述

物业的接管验收包括房管部门、物业管理企业或建设单位自身以及个人对物业的接管验收。物业管理企业的接管验收统计是指在政府有关部门和开发建设单位对施工单位竣工验收的基础上进行再验收时进行的统计。

(一) 接管验收统计的作用

作为百年大计的任何一个物业，其质量优劣将对物业本身产生永久的影响，因此接管验收统计是物业管理过程中必不可少的一个环节。物业管理企业不仅要尽早地介入物业建设，而且要充分利用其接管验收中的地位严格把关，如果在接管验收统计中马虎从事，得过且过，物业管理企业就可能遭到损失。因为一旦合同生效，物业管理企业就必须承担合同中规定的义务和责任，所以，物业管理企业应该充分重视接管验收统计。接管验收统计的作用主要体现在：

1. 明确在物业接管验收中交接双方的责权利

在市场经济条件下，交接双方是两个独立的经济体。通过接管验收并进行相应的统计，签署一系列文件，实现权利和义务的同时转移，从而在法律上界定清楚交接双方的关系。

2. 确保物业使用的安全和正常的使用功能

物业接管验收统计有相应的标准，通过这一程序促使施工或开发企业依标准进行规划设计和建设，否则，该物业将作为不合格产品不允许进入使用阶段或市场营运。

3. 为实施专业化、社会化、企业化管理创造条件

通过接管验收统计，一方面使工程质量达到要求，减少管理过程中的维修、养护工作量；另一方面，根据接管物业有关的统计资料，可以了解物业的性能与特点，预测管理事务中可能出现的问题，计划安排好各管理事项，建立物业管理系统，发挥专业化、社会化、企业化的管理优势。

(二) 接管验收统计的原则

接管验收统计是一个比较复杂的过程，不仅涉及到建筑工程技术，而且牵涉到许多法规，常常出现一些实际结果与理论要求不一致之处。为了处理好接管验收中的问题，把握好分寸，需掌握以下基本原则：

1. 原则性与灵活性相结合

所谓原则性就是实事求是，铁面无私，防止为个人利益而放弃原则。物业管理公司应把在验收统计中查出的各种问题做非常详细的记录，该返工的要责成施工单位返工，属无法返工的问题就要索赔。返工没有达到要求，不予签字，直至达到要求。所谓灵活性就是

在不违背原则的前提下,具体问题具体分析。对于大规模的物业,难免会出现一些不尽人意之处,接管人员不必拘泥于成规,要针对不同情况分别采取不同措施。不能把接管验收双方置于对立状态,而应共同协商,力争合理、圆满地解决接管验收统计中存在的问题。

2. 细致入微与整体把握相结合

工程质量问题对物业产生不良影响的时间是相当久远的,给管理带来的障碍是巨大的,所以物业管理公司在进行工程验收统计时必须细致入微,任何一点忽视都会给自己日后的管理带来无尽的困难,也将严重损害业主的利益。大的方面如给排水管是否通畅,供电线路的正确与否以及各种设备的运行是否正常;细微之处如所用材料的性能,供电线路的容量是否恰当;电梯、空调、发电机组等大型设备的检测和验收统计必须在其负载运行一段时间以后进行。

(三) 物业管理接管验收统计标准

1. 新建房屋的接管验收统计标准

(1) 质量功能与使用功能的检测

1) 主体结构:

a. 地基基础的沉降不得超过《建筑地基基础设计规范》(GBJ 7—89) 的允许变形值,不得引起上部结构的开裂或相邻房屋的损坏。

b. 钢筋混凝土结构产生变形、裂缝,不得超过《混凝土结构设计规范》(GBJ 10—89) 的规定。

c. 木结构节点牢固,支撑系统可靠,无蚁害,其构件的选材必须符合《木结构工程施工及验收规范》(GBJ 206—83) 的有关规定。

d. 砖石结构必须有足够的强度和刚度,不允许有明显的裂缝。

e. 凡应抗震设防的房屋,必须符合《建筑抗震设计规范》(GBJ 11—89) 的有关规定。

2) 外墙不得漏水。

3) 屋面:

a. 各类屋面必须符合《屋面工程技术规范》(GB 50207—94) 的规定,排水畅通,无积水,不渗漏。

b. 平屋面应有隔热保温措施,三层以上房屋在公用部位设置屋面检修孔。

c. 阳台和三层以上房屋的屋面应有组织排水,出水口、檐落水管应安装牢固,接口严密,不渗漏。

4) 楼地面:

a. 面层与基层必须粘结牢固,不空鼓。整体面层平整,不允许有裂缝、脱皮和起砂等缺陷;块料面层应表面平正,接缝均匀顺直,无缺棱掉角。

b. 卫生间、阳台、盥洗间地面与相邻地面的相对标高应符合设计要求,不应有积水,不允许倒泛水和渗漏。

c. 木楼地面应平整牢固,接缝密合。

5) 装修:

a. 钢木门窗应安装平正牢固,无翘曲变形,开关灵活,零配件装配齐全,位置准确,钢门窗缝隙严密,木门窗缝隙适度。

b. 进户门不得使用胶合板制作,门锁应安装牢固。

c. 木装修工程表面光洁, 线条顺直, 对缝严, 不露钉帽, 与基层必须钉牢。
　　d. 门窗玻璃应安装平整, 油灰饱满, 粘贴牢固。
　　e. 抹灰应表面平整, 不应有空鼓、裂缝和起泡等缺陷。
　　f. 饰面砖应表面洁净, 粘贴牢固, 阴阳角与线脚顺直, 无缺棱掉角。
　　g. 油漆、刷浆应色泽一致, 表面不应有脱皮、漏刷现象。
　6) 电气:
　　a. 电气线路安装应平整、牢固、顺直, 过墙应有导管。导线连接必须紧密、可靠, 使管路在结构上和电气上均连成整体并有可靠的接地。回路导线间和对地绝缘电阻值不小于 $1M\Omega/kV$。
　　b. 应按套安装电表或预留表位, 并有电器的接地装置。
　　c. 照明器具等低压电器安装支架必须牢固、部件齐全, 接触良好, 位置正确。
　　d. 各种避雷装置的所有连接点必须牢固可靠, 接地电阻值必须符合电气装置安装工程有关规范的要求。
　　e. 电梯应能准确地启动运行、选层、平层、停层, 曳引机噪声和振动声不得超过有关规范的规定值, 制动器、限速器及其他安全设备应动作灵敏可靠, 安装的隐蔽工程、试运转记录、性能检测记录及完整的图纸资料均应符合要求。
　　f. 对电视信号有屏蔽影响的住宅, 电视信号场强微弱或被高层建筑遮挡及反射波复杂地区的住宅, 应设置电视共用天线。
　　g. 除上述要求外, 同时应符合地区性"低压电气装置规程"的有关要求。
　7) 水、卫、消防:
　　a. 管道应安装牢固, 控制部件启闭灵活、无滴漏。水压试验及保温、防腐措施必须符合《采暖与卫生工程施工及验收规范》(GBJ 242—82) 的要求。应按套安装水表或预留表位。
　　b. 高位水箱进水管与水箱检查口的设置应便于检修。
　　c. 卫生间、厨房内的排污管应分设, 出户管长不宜超过 8m, 并不应使用陶瓷管、塑料管、地漏、排污管接口、检查口不得渗漏, 管道排水必须流畅。
　　d. 卫生器具质量良好, 接口不得渗漏, 安装应平正、牢固、部件齐全、制动灵活。
　　e. 水泵安装应平稳, 运行时无较大振动。
　　f. 消防设施必须符合《建筑设计防火规范》(GBJ 16—87)、《高层民用建筑设计防火规范》(GB 50045—95) 的要求, 并且有消防部门检验合格签证。
　8) 采暖:
　　a. 采暖工程的验收, 必须在采暖期以前两个月进行。
　　b. 锅炉、箱罐等压力容器应安装平正、配件齐全, 不得有变形、裂纹、磨损、腐蚀等缺陷。安装完毕后, 必须有专业部门的检验合格签证。
　　c. 炉排必须进行 12h 以上试运转, 炉排之间、炉排与炉壁之间不得相互磨擦, 且无杂音, 不跑偏, 不受卡, 运转应自如。
　　d. 各种仪器、仪表应齐全精确, 安全装置必须灵敏、可靠, 控制阀门应开关灵活。
　　e. 炉门、灰门、煤斗闸板、烟、风档板应安装平正, 启闭灵活, 闭合严密, 隔墙不得透风漏气。
　　f. 管道的管径、坡度及检查井必须符合《采暖与卫生工程施工及验收规范》

(GBJ 242—82)的要求,管沟大小及管道排列应便于维修,管架、支架、吊架应牢固。

  g. 设备、管道不应有跑、冒、滴、漏现象,保温、防腐措施必须符合 GBJ 242—82 的规定。

  h. 锅炉辅机应运转正常,无杂音。消烟除尘、消声减振设备齐全,水质、烟尘排放浓度应符合环保要求。

  i. 经过 48h 的连续试运行,锅炉和附属设备的热工、机械性能及采暖区室温必须符合设计要求。

  9)附属工程及其他:

  a. 室外排水系统的标高、检查井设置、管道坡度、管径必须符合《室外排水设计规范》(GBJ 14—87)的要求,管道应顺直且排水畅通,井盖应搁置稳妥并设置井圈。

  b. 化粪池应按排污量合理设置,池内无垃圾杂物,进出水口高度差不得小于5cm,立管与粪池间的连接管道应有足够坡度,并不应超过两个弯。

  c. 明沟、散水、落水沟头不得有断裂、积水现象。

  d. 房屋入口处必须做室外道路,并与主干道相通,路面不应有积水、空鼓和断裂现象。

  e. 房屋应按单元设置信报箱,其规格、位置必须符合有关规定。

  f. 挂物钩、晒衣架应安装牢固,烟道、通风道、垃圾道应能畅通、无阻塞物。

  g. 单体工程必须做到工完料净地清,临时设施及过渡用房拆除清理完毕,室外地面平整,室内外高差符合设计要求。

  h. 群体建筑应检验相应的市政、公建配套工程和服务设施,达到应有的质量和使用功能要求。

  (2)质量问题

  影响房屋结构安全和设备使用安全的质量问题,必须约定期限由建设单位负责进行加固补强返修,直到合格;影响相邻房屋的安全问题,由建设单位负责处理;对于不影响房屋结构安全和使用安全的质量问题,可约定期限由建设单位负责维修,也可采取费用补偿的办法,由接管单位处理。

  2. 原有房屋的接管验收统计标准

  (1)质量与使用功能的检验

  1)以《危险房屋鉴定标准》(JGJ 125—99)和国家有关规定作检验依据;

  2)从外观检查建筑物整体的变形状态;

  3)检查房屋结构、装修和设备的完好与损坏程度;

  4)检查房屋使用情况(包括建筑年代、用途变迁、拆改添建、装修和设备情况),评估房屋现有价值,建立资料档案。

  (2)危险和损坏问题的统计处理

  1)属有危险的房屋,应由移交人负责排险解危后始得接管;

  2)属损坏的房屋,由移交人和接管单位协商解决,既可约定期限由移交人负责维修,也可采用其他补偿形式;

  3)属法院判决没收并通知接管的房屋,按法院判决办理。

二、物业接管验收统计准备与实施

  (一)接管验收统计的条件

1. 新建房屋接管验收统计的条件

新建房屋的接管验收，是在竣工验收合格的基础上，以主体结构安全和满足使用功能为主要内容的再检验。接管验收统计应具备以下条件：

（1）建设工程全部施工完毕，并经竣工验收合格；

（2）供电、采暖、给水排水、卫生、道路等设备和设施能正常使用；

（3）房屋幢、户编号经有关部门确认。

2. 原有房屋的接管验收统计的条件

（1）房屋所有权、使用权清楚；

（2）土地使用范围明确。

（二）接管验收统计应准备的资料

1. 新建房屋接管验收应准备的资料

（1）产权资料

1）项目批准文件；

2）用地批准文件；

3）建筑执照；

4）拆迁安置资料。

（2）技术资料

1）竣工图——包括总平面、建筑、结构、设备、附属工程及隐蔽管线的全套图纸；

2）地质勘察报告；

3）工程合同及开、竣工报告；

4）工程预决算；

5）图纸会审记录；

6）工程设计变更通知及技术核定单（包括质量事故处理记录）；

7）隐蔽工程验收签证；

8）沉降观察记录；

9）竣工验收证明书；

10）钢材、水泥等主要材料的质量保证书；

11）新材料、构配件的鉴定合格证书；

12）水、电、采暖、卫生器具、电梯等设备的检验合格证书；

13）砂浆、混凝土试块试压报告；

14）供水、供暖的试压报告。

2. 原有房屋接管验收统计应准备的资料

原有房屋接管验收统计应准备的资料有：

（1）产权资料

1）房屋所有权证；

2）土地使用权证；

3）有关司法、公证文件和协议；

4）房屋分户使用清册；

5）房屋设备及其附着物清册。

(2) 技术资料
1) 房地产平面图；
2) 房屋建筑平面图；
3) 房屋及设备技术资料。
(三) 接管验收统计程序
1. 新建房屋的接管验收统计程序
新建房屋的接管验收统计程序如下：
(1) 由建设单位书面提请接管单位接管，接管单位按接管验收应具备的条件和接管验收应验交的产权资料及技术资料进行审核。对具备条件的，在15天内签发验收通知、约定验收时间并进行相应的统计。
(2) 接管单位会同建设单位对房屋的主体结构、外墙、屋面、楼地面、装修、电气、水、卫、消防、供暖、供气、电梯、附属工程及其他项目进行质量与使用功能的检验，并填写详细、全面的统计记录。
(3) 对验收统计中发现的影响房屋结构安全及设备使用安全的质量问题，约定期限由建设单位负责进行加固补强返修，直到合格。影响相邻房屋的安全问题，由建设单位负责处理。
(4) 对于不影响房屋结构安全和设备使用安全的质量问题，可约定期限由建设单位负责维修，也可采用费用补偿的办法，由接管单位处理。
(5) 房屋检验合格后，接管单位根据接管验收统计记录，签署验收合格凭证，签发接管文件。
2. 原有房屋接管验收统计程序
原有房屋接管验收统计程序如下：
(1) 移交人书面提请接管单位接管验收；
(2) 接管单位按接管验收条件和应提交的资料逐次进行审核，对具备条件的，应在15日内签发验收通知、约定验收时间并进行相应的统计；
(3) 接管单位会同移交人对原有房屋的质量与使用功能进行检验，并填写详细、全面的统计记录；
(4) 对检验中发现的危损问题，按危险和损坏问题的处理办法处理；
(5) 交接双方共同清点房屋、装修、设备和定、附着物，核实房屋使用状况；
(6) 经检验符合要求的房屋，接管单位根据接管验收统计记录，签署验收合格凭证，签发接管文件，办理房屋所有权转移登记（若无产权转移，则无需办理）。

三、上海广播大厦接管验收运作实例

上海广播大厦是一幢集广播节目制作、播出、办公、观光一体的综合性办公大楼。1993年12月16日打桩破土动工，一年后主楼结构封顶，1996年11月18日落成。该工程由上海市广播电影电视局投资开发（具体工作委托局下属的广播大厦筹建处办理），南京三建（集团）公司承建，广播大厦物业管理部管理。

由于开发单位与管理单位同属一个系统，所以大厦的竣工验收（南京三建与筹建处）的过程，同时也是接管验收（筹建处与管理部）的过程，即两者合二为一。因此，管理部在整个验收过程的责任、任务也就无形之中加重了许多。为了搞好验收工作，管理部作了充分准备，投入了大量的精力，顺利完成了大厦主体楼层和主要设备、设施的接管验收及统计工作。

（一）成立上海广播大厦接管验收统计小组

接管验收小组由管理部下属工程设备电话通信、安全保卫、清洁保障等部门的骨干人员组成。工程设备部门负责与筹建处、南京三建协调，做好接管验收期间的互相沟通，参加每一次的工程协调会，并把协调会的情况以会议纪要的形式分发给每一个部门。

（二）制定上海广播大厦接管验收统计标准

接管验收标准是在参照建设部《城市住宅小区竣工综合验收管理办法》（1993年）、《房屋接管验收标准》（1991年）的基础上，根据广播大厦建筑与设备、设施的特点与验收特点而制定的。接管验收标准共三大块22项144条，通信一块5项29条，内容为电话中继线、交换机设备、软件、电话机房技术及环境要求、电话电缆工程；设备（含消防设备）一块计10项68条，内容为照明、动力电气设备、锅炉、电梯、生活用水、卫生设备、空调器、风机盘管、房屋设施、消防设备；清洁一块计7项47条，内容为卫生间、外墙、过道、房间、会议中心、多功能演播厅、大堂、平台、大院、车库。

验收标准的制定使接管验收有了依据，同时也为具体操作带来了便利。

（三）收集上海广播大厦建筑及设备资料、图纸

由于大厦竣工验收与接管验收同步进行，在筹建处竣工图没有出来之前，管理部只能自己每天想方设法收集大厦设备资料和图纸，并每天进楼进行核对，发现有更改、错误的地方及时修改、标出。碰上电梯等设备调试，管理部的同志就跟班作业，了解运转状况，基本上把应该标出来的地方全部标出。有时借来的整套图纸明天要还，他们就加班进行复印、装订，尽可能地把所有楼层、设备图纸都收集起来，不仅为验收做好准备，而且也为今后的维修、养护做好准备工作。

（四）跟班作业，做好接管验收统计

如何做好验收准备工作？在业务会议上大家一致认为，要搞好验收，一要了解大楼建筑设备情况；二要了解电台、技术中心、节目中心对大楼设备使用的特殊要求；三要了解正常的物业管理要求。据此，各部门分头开始操作。

1996年3月份，工程设备部门拟写了广播大厦验收统计表格，发放到每一位进楼跟班作业的同志手中，每星期检查跟班作业情况，另外积极与电台、技术中心取得联系，了解他们对楼宇使用的要求，并把它作为验收的特殊要求提出来。电话通信部门也积极与筹建处联系，索取电话线路图，并进楼查看，发现有不符的地方马上标明。

4月份，清洁保障部门、电话通信部门、工程设备部门等抽出几十个人对大楼卫生间、供水、电器、电梯、电话、空调等工程情况进行了解与检查。通过进楼作业，电话通信部门发现原1500门电话总机在安装交换线过程中没有达到设计要求，只敷设了100根交换线，还缺64根；工程设备部门发现主楼电梯5部16扇有不同程度拉毛、地下室冷水泵接电、铁壳损坏，裙楼平顶室外机散热片大多数损坏，大理石地坪由于大理石质量差而高低不平；清洁保障部门发现没有烧水器，卫生烘手器没有到位，卫生间布局不合理等问题。

5、6月份，工程设备部门重点验收地下室的低压配电柜的线路及其安装，对管道分布进行了讨论、研究，并到现场查看。工程设备部门每天还安排2人开电梯，熟悉电梯性能，

注意发现问题，做好电梯的验收统计。

7月份，大厦土建工程进入最后阶段，各楼层均开始装饰装潢，设备、设施也进入调试、验收阶段。工程设备部门的同志为了接管验收，主动出击。上半月，各工程对口跟班学习，下半个月主要跟班调试。比如，中央空调经过1个月跟班，每天分两班调试，发现了一个问题：冷冻设备主机运行没有达到要求，对此工程设备部门的同志在协调会上提出，要求妥善解决。在电话机务方面，机务员配合西门子公司的人员一起参加了程控交换机的安装和调试，并对广播大厦分机编号方案和分机服务等软件进行了加载，对电话软件数据、电脑计费数据进行了记录，还认真地对机房分机线路及中继线等线路进行测试校对，对一些线路差错都作了修改。

8月份，市话总机线全部割接。由于筹建处将所有中继线都开设了国内、国际长途，给管理和操作都带来了不便。电话通信部门及时与筹建处联系，并向市电话局申请关闭了部分中继线的国际、国内长途功能，并把当时还没有移交的设备等都一一作了检查，记录在案。总机房和话务室的隔断也按管理要求在当月全部完工。

9月份，管理部对大厦主楼4楼至30楼进行了全面接管验收。在检查中，工程设备、安保、清洁部门的3位经理本着对业主负责的精神，逐层、全方位地对物业进行仔细查看，不放过一点不合格的地方，提出了169项问题，要求承建单位限期进行整改，整改后再进行复验，复验合格方在验收单上签字；不合格的继续整改，直到合格为止，而且每次整改都有记录，并有参加验收各方的签字。

（五）对接管验收统计的思考

接管验收统计是一个比较复杂的过程，不仅涉及到建筑工程技术，而且牵涉到许多法规，常常会出现一些实际结果与理论要求不一致之处。为了处理好接管验收统计中的问题，把握好分寸，需掌握前述的接管验收基本原则，即原则与灵活兼顾，整体与局部结合，从而圆满地做好接管验收统计工作。

（六）上海广播大厦接管验收统计报表

1. 上海广播大厦通信接管验收标准（表3-1）

上海广播大厦通信接管验收标准　　　验收部位：交换机设备硬件类　　表3-1

序号	验收标准内容	检查结果	备注
1	交换机电路卡板（用户板、中继板、数字板等）		
2	交换机机柜完好程度		
3	电脑维护终端设备（电话及打印机、键盘等）		
4	计费设备（电脑及打印机）		
5	话务台（显示屏、操作台、听筒等）		
6	总配线架（配线模块等）齐全		
7	交换机附属设备（刻刀等）齐全		
8	交换机软件设备、软件说明资料（软件版本、软件维护操作手册等说明书）移交		

2. 上海广播大厦清洁接管验收标准（表3-2）

上海广播大厦清洁接管验收标准　　　　　　验收部位：卫生间　表3-2

序号	验收标准内容	检查结果	备注
1	卫生间墙面砖无松动、无破裂、无污渍		
2	卫生间地面无空鼓、开裂、起砂		
3	卫生间恭桶没有裂缝、平整，水箱部件抽水正常、无堵塞		
4	灯具无损坏		
5	烘手器完好		
6	手纸盒装卸完好		
7	卫生间门、窗、顶棚完好、无污渍		
8	镜面及面盆明亮、无破裂、无烟渍		
9	面盆无破裂、无污渍		
10	水笼头使用完好		
11	落水孔畅通		

3. 上海广播大厦设备接管验收标准（表3-3）

上海广播大厦设备接管验收标准　　　　　　验收部位：电梯　表3-3

序号	验收标准内容	检查结果	备注
1	经市劳动局、质监站竣工验收合格，并取得《电梯合格使用证》		
2	筹建部门必须提供大厦两种电梯的产品说明书和整套安装图		
3	检查电梯内外表面有无损坏；厅门、轿厢门应平整垂直，启闭灵活，无跳动、摇摆、噪声		
4	检查电梯操纵箱上开关和按钮，要求灵敏、正确，安全开关灵活可靠；当安全开关断开后，操纵箱上按钮开关应失效，无法启动电梯；应急开关作用良好		
5	厅门锁作用良好，当门关闭时应不能从外面开启		
6	检验限位开关是否灵活可靠，当轿厢到达上下端时，应能不借用操纵装置的作用，自动将轿厢停止；电梯停止后不能再向原方向起动，只能向反方向开动		
7	极限开关作用灵活可靠，电梯因限位开关失效或其他原因不能在上下端站及时停止而继续行驶，极限开关应起作用，将驱动电机电源切断		
8	电梯在运行时平稳，无异常噪声、振动、冲击		
9	电梯机房清洁无灰尘；控制屏上接触器、断电器动作可靠、无异响		
10	减速器正常运行时温度不超过70℃；无渗油，曳引钢丝绳上张力一致，无裂损		

4. 上海广播大厦设备安装发现问题统计表（表 3-4）

上海广播大厦设备安装发现问题统计表　　　　　　表 3-4

序号	设 备 名 称	存 在 问 题	数量	存 在 问 题 部 位	日期
1	55kW 水泵马达	接线盒破损	1只	主楼地下室冷冻间	
2	高压变压器柜	线接好没就位	3台	主楼地下室	
3	门玻璃	破碎	1块	主楼地下室进口外门	
4	低压柜引出线	搁在铁板上，无护套管	全部	主楼地下室低压配电室	
5	AFB 空调机过滤网	坏	1块	主楼地下室东北面	
6	动力柜电压表	玻璃破碎	1块	主楼1层东井道门内	
7	AF－20 空调器	门手柄缺少	2件	主楼1层西内弧	
8	AF－20 空调器	门手柄缺少	1件	主楼2层东外弧	
9	AF－20 空调器	门缺少一扇	1扇	主楼2层大厅内东侧	
10	进空调机房冷冻水管	无保温层	1段	主楼3层东外弧空调间	
11	AF－20 空调器	门手柄缺少	2件	主楼3层东外弧	

四、接管验收统计报表

1. 拟接收物业考察表（表 3-5）

拟接收物业考察表　　　　　　表 3-5

种类	项　　目	信　　息	项　　目	信　　息
新物业	物业名称		法人代表姓名	
	物业发展商		总　投　资	
	物业性质		地　　点	
	总占地面积		总建筑面积	
	楼宇占地面积		住宅总面积	
	商场总面积		写字楼总面积	
	管理用房面积		员工宿舍面积	
	绿化占地面积		联系人及电话	
	机电设施概况：			
	其他情况：			
旧物业	管委会成立情况：			
	管委会主任情况：			
	管委会退出原因：			
	该物业社会、治安环境：			

2. 物业统计表（表3-6）

物 业 统 计 表　　　　　　　表3-6

项　目 \ 物业名称									
竣工时间									
开发商									
物业位置									
物业性质									
工程总造价（万元）									
占地面积（m²）									
总建筑面积（m²）									
总住宅面积（m²）									
楼栋数量（栋）									
单元数（单元）									
最高层数（层）									
套房（套）									
公寓（套）									
楼道灯（盏）									
商业用房（m²）									
管理用房（m²）									
停车场	（个）								
	（m²）								
车位（个）									
室内车棚	（个）								
	（m²）								
文化中心（m²）									
游泳池（m²）									
网球场（m²）									
小学（m²）									
中学（m²）									
幼儿园（m²）									
综合楼（m²）									
小区道路（m）									
雕塑（个）									
沟、渠（m）									
雨、污水检查井（个）									
沙井（个）									
化粪池	个								
	（m²）								
屋顶水箱	个								
	（m²）								
停车场	个								
	（m²）								

3. 房屋接管验收表（表3-7）

房屋接管验收表

栋号　　　　　　接管验收时间：　　年　月　日　　　　　表3-7

编　号	存　在　问　题						备　注
	土建设施	照　明	给排水	门　窗	其　他		

验收人：　　　　　　　移交人：

4. 房屋接管验收遗留问题统计表（表3-8）

房屋接管验收遗留问题统计表

遗留项目名称：　　　　　　统计人：　　　　　日期：　　　　表3-8

栋　号　房　号	遗留问题简述	备　注

5. 公共配套设施接管验收表（表3-9）

公共配套设施接管验收表

接收项目名称：　　　　　　统计人：　　　　　日期：　　　　表3-9

设　施　名　称	存　在　问　题　简　述	备　注

验收人：　　　　　　　移交人：

6. 公共配套设施接管验收遗留问题统计表（表 3-10）

公共配套设施接管验收遗留问题统计表

遗留项目名称：　　　　　统计人：　　　　　日期：　　　　　表 3-10

设 施 名 称	遗 留 问 题 简 述	备　注

7. 楼宇接管资料移交清单（表 3-11）

楼宇接管资料移交清单

　　　　　　　　　　　　　　　　　　　　日期：　　　　表 3-11

序　号	移 交 资 料 名 称	单　位	数　量	备　注

接收人：　　　　　移交人：

第二节　房地产权属登记统计

一、房地产权属登记的内容

（一）房地产权属登记的概念

房屋产权登记，又称房屋所有权登记。包括房屋所有权登记和房屋的它项权利登记。房屋产权登记是国家为健全法制，加强城市房屋管理，依法确认房屋所有权的法定手续。产权登记后一经审定，则由房屋所有权登记机关代表人民政府发给房屋所有权证，这是房屋所有权的惟一凭证，受国家法律保护。

（二）产权登记的特点

房屋产权登记、核发产权证工作的全部进展过程具有以下特点：

1. 涉及面广；
2. 工作量大；

3. 政策性强；
4. 专业性强；
5. 时间较长。

二、产权登记的工作程序

房屋产权登记的全过程，可分为登记收件、勘丈绘图、产权审查、绘制产权证、收费发证等 5 道基本程序。

（一）登记收件

登记收件主要是做检验证件、填写申请书和墙界表、收取证件等几项工作。

1. 检验证件

主要是检验产权申请人的身份证件。检验身份证件的目的是确认申请人是否有申请资格。产权申请人必须是房屋产权人（包括共有人），申请登记时应出示本人的居民身份证或户口簿，并使用与户籍姓名一致的图章。申请人必须是具有完全行为能力的人，无民事行为能力的人或限制民事行为能力的人，应由其法定代理人代理。申请人不在本地，不能亲自来办理登记手续的，应书面委托在本地的亲友代理。申请房屋产权登记的单位，必须具有法人资格，未取得法人资格的不能申请房屋产权登记，须交验经主管机关核准的证件或证明，须用单位的全称及与之相一致的公章。

检验产权证件，是认定申请人申请登记是否具有合法的事实依据，以便确定是否具备成熟的登记条件。房屋产权人应根据产权来源的不同，分别提交契约、合同和有关证明。提交的各种产权证件、证明等均须是原件，不能提交影印件、复印件。单位房的栋数较多，各栋房屋的来源也不尽相同，应根据每栋房屋的不同来源提供不同的证件。

2. 填写"申请书"和"墙界表"

通过身份证件、产权证件的检验，对证件齐全、手续完备的即可允许申请人办理登记手续，填写房屋产权申请书和房屋四面墙界表。

"申请书"是房屋产权人向房屋管理机关陈述其合法所有的房屋产权来源和房屋现状，请求对其房屋产权给予法律承认和保护的一种表格式样的书面申请。"墙界表"是房屋产权人向房屋管理机关提供其房屋四邻墙体归属的自我认定，以及有利害关系的相邻住户对其认定的承认和证明的书面申报，这是认定墙界，确认产权的重要依据。房屋产权人申请房屋产权登记时，除填写"申请书"外，不论是私房、单位自管房、直管公房以及代管房均须同时填报"墙界表"。

（二）勘丈绘图

勘丈绘图主要有三项任务：

1. 核实修正房屋情况

按照"申请书"房屋状况栏内规定的项目，逐项调查认定，修正填写错误的项目。参照摘录房屋普查表或产权档案、卡片中的房屋状况，对照申请登记房屋的建筑结构、层数、建成年份、用途、使用情况、建筑面积等逐项核实和丈量，如有变化，应询问产权人，弄清原因，加以注记，并在丈量计算面积后，修正房屋平面图。

2. 核实墙界

核实时，必须由房屋产权人逐一实地指界，以验证与其"墙界表"填写是否一致，不一致时要追问原因,并做注记,以便进一步处理。经核实,应对四面墙界进行最后认定,原则上相邻两户意见一致,当房屋平面图墙界和实况一致,即可认定。

3. 绘制分户房产平面图

在实地对房屋全面勘察和核实墙界的基础上,丈量绘制以一户房屋产权为单位的分户房产平面图,这是制发产权证平面图的依据,必须精确绘制。

(三)产权审查

对申请登记的房屋,经过认真细致的实地勘察和丈量绘图,掌握了房屋全部实况资料后,即可转入产权审查。

产权审查,是以产权、产籍档案的历史资料和实地调查勘察的现实资料为基础,以国家现行的政策、法律和有关的行政法规为依据,对照申请人提交的"申请书"、"墙界表"、产权证件、证明,逐户、逐栋认真审查其申请登记的房屋产权来源是否清楚,产权转移和房屋变动是否合法的整个复杂细致的工作过程,是一项具有法律效力,涉及国家机关声誉的严肃工作。

(四)绘制产权证

对申请人申请登记的房屋,经审查确认房屋产权,准予发给产权证的即转入绘制产权证阶段。

发放产权证的种类有两种:一是房屋产权证。房屋产权确认为一人所有,或某单位所有,发放房屋产权证;二是房屋共有产权保证证。房屋确认为二人以上的共有产,除发给房屋产权证一份,由产权人收执外,另加发房屋共有产权保证证,由共有人收执。

(五)收费发证

登记收费标准取决于举办房屋产权登记所需多少经费决定。除收取登记费外,还要补交契税,按房屋现值价格征收,由买房人交纳。赠予契税,按房屋现值价格征收6%,由受赠人交纳。典契税,按典当价征收3%,由承典人交纳。交换的房屋,双方价值相等者,免征契税;不相等者,其超过部分按买卖税率纳税,由超过部分的权利人交纳。

三、房地产权属登记的统计报表

1. 房地产权属登记表(表3-12)

房地产权属登记表　　　　　　　　　　表3-12

日期:

序号	栋号及房号	产权所有人	证书发放日期	证书编号	联系电话	备注

2. 业主（住户）入住登记表（3-13）

业主（住户）入住登记表　　　　　表3-13

序号	日期	房屋性质	业主名称	使用人姓名	身份证（暂住证）号码	联系电话	备注

第三节　物业管理公司的招投标

一、物业管理公司

（一）物业管理公司的性质

物业管理公司是从事物业管理与物业经营的企业，它是以住宅小区、写字楼宇、商业大厦、综合市场等管理服务为核心的经营服务型企业。物业管理公司应具有法人资格，是实行独立经营、自负盈亏、独立核算、享有民事权利和承担民事责任的合法企业。

（二）物业管理公司的宗旨

1. 为房地产开发企业服务，完成房地产企业的售后服务工作，造就房地产业的健康发展和良性循环；

2. 坚持"用户至上，服务第一"的原则，为用户提供多项目、全方位的优质服务，做用户的后勤部、总管家；

3. 做城市管理的一分子，履行社会管理的义务，为城市的建设、城市的管理与城市的文明进步做贡献。

（三）物业管理公司的目的

1. 使业主（使用人）得到比较实惠的优质服务，使业主（使用人）工作或生活在一种整洁、舒适、安全、宁静、优雅的环境之中；

2. 使业主的物业在妥善的管理、维护、保养下，保持良好的面貌和完好的使用状态，延长其使用寿命，促进物业的增值；

3. 通过物业管理公司的多种经营活动与便民服务，以创造更多的经济效益，以减轻业主（使用人）和政府的经济负担；

4. 通过物业管理公司的专业化管理，为所在的城市创建更多、更好的"优秀住宅小区和优秀示范小区"，增强城市的活力，促进城市的"两个文明"建设。

（四）物业管理公司的主要工作内容

物业管理公司的工作内容涉及经营管理两个方面，包含服务与发展两个部分，涉及面比较广泛，工作内容也相当复杂，综合起来有如下两个部分：

1. 属于管理与服务方面的工作内容

(1) 房屋管理：主要是对房屋外立面、内部结构、室内装修进行严格的管理和控制；

(2) 环境秩序管理：维护环境的美观，制止乱搭乱建、乱停乱放、违章占地，保持幽雅、宁静的良好环境秩序；

(3) 清洁卫生管理：落实城市和住宅小区的卫生管理制度，清扫清运垃圾，对住宅小区实行12小时的保洁，保持清洁卫生及良好的村容区貌；

(4) 绿化管理：对管理区域的绿化，进行管理养护，做好日常的淋水、施肥、喷药除虫、补种更新，保持良好的绿化效果；

(5) 治安管理：招聘、培训保安人员，配合当地派出所做好治安管理工作，负担管理区域内的治安巡逻，保证治安防范区的安全，为住户解除后顾之忧；

(6) 设备管理：对各种水、电、机械、电子设备实施管理和维护，按照设备的技术要求，定期进行检查维护，保证各种设备的正常运转；

(7) 财务管理：建立物业档案，掌握产权变更及各类档案资料，记录重大活动；

(8) 制定及贯彻执行各项管理制度及居民公约；

(9) 处理居民投诉，调解居民邻里关系；

(10) 配合好市、区、街道等上级安排的各项工作任务，贯彻执行国家的有关法令；

(11) 组织开展好各种社区文化娱乐活动，搞好管理范围内的精神文明建设；

(12) 其他管理与服务工作。

2. 属于经营性的工作内容

物业管理公司不但要做好日常的管理工作，更重要的是要做好经营的活动，既增加公司的财务收入，为广大居民提供多方面的服务，又可以弥补管理费用的不足，减轻居民负担。作为物业管理公司，其主要经营项目有：

(1) 物业租赁与经营；

(2) 业主住宅物业的看管与养护；

(3) 业主家庭设备的修理；

(4) 小区内三车（自行车、摩托车、汽车）的保管与经营；

(5) 为业主代购、搬运大件家具等；

(6) 为业主雇请保姆、家庭教师等；

(7) 为业主代收、带交电话、煤气费等；

(8) 其他项目的委托服务。

二、物业管理公司的招投标

根据国家有关规定，住宅小区已交付使用且入住率达到50%以上时，物业管理主管部门应会同开发建设单位召集全体业主举行全体业主选举大会，选举产生业主委员会。业主委员会在业主大会的监督下，通过公开招标选定物业管理公司，与物业管理企业订立、变更或解除物业管理合同。物业管理公司根据与业主委员会的合同，承担住宅小区的物业管理工作。

物业管理招投标的步骤：

(1) 物业管理主管部门发布《招标书》、《标书的项目和要求》。

(2) 物业管理公司提交营业执照复印件（正本交审）、投标申请书及公司情况介绍等资料。

(3) 招标领导小组对报名单位进行资质审查，根据具体情况，确定数家管理力量雄厚、经验丰富、水平先进、信誉好的物业管理公司参加投标，并书面通知各参加投标单位。

(4) 各参加投标单位根据《招标书》、《标书的项目和要求》编制标书，密封后在指定的时间送交招标领导小组办公室。

(5) 评标委员会将由招标领导小组聘请物业管理行业专家组成。

(6) 由评标委员会采用会议形式开标、定标。评标人员在开标会上对各参加投标单位的标书逐项进行无记名评分。记分时每个项目去掉最高分和最低分，然后算出其总分，总分最高者中标。

三、招投标实例

鹿丹村是深圳市开发建设的福利房住宅小区，该小区1989年竣工，采用了向社会公开招标的方式聘请物业管理公司进行管理。现将该小区的《招标书》、《标书的项目和要求》介绍如下：

鹿丹村物业管理招标书

鹿丹村是深圳市住宅局委托原市基础工程工作组开发建设的福利房住宅小区，1989年竣工交付使用，并由市住宅局委托市城建房产管理公司实施物业管理。为加强该住宅小区的物业管理，将我市物业管理竞争机制引向深入，决定采用向社会公开招标的方式聘请物业管理公司进行管理。

一、鹿丹村规划建设基本情况
1. 总占地面积70396m^2。
2. 总建筑面积110340m^2。
3. 多层住宅楼共24栋，单元式住宅1036套、公寓210间。
4. 综合楼1栋，建筑面积10336m^2，其中肉菜市场建筑面积1765m^2。
5. 公用设施及公共场所情况：
(1) 道路：车行道9646m^2；人行道7186m^2；
(2) 绿化面积53920m^2；
(3) 污水管长1809m，污水检查井286座；雨水管长2367m，雨水检查井261座，雨水进水井71座；
(4) 化粪池6座；
(5) 路灯22盏；
(6) 垃圾箱25个；
(7) 体育设施：篮球场1个，占地面积500m^2；门球场1个，占地面积300m^2；
(8) 停车场3个，总占地面积2081m^2，车位72个；
(9) 单车房建筑面积3739m^2，其中被改为商店的有238m^2，被改为车管、绿化、清洁、保安等员工宿舍的有315m^2，被改为仓库的有126m^2。

二、物业管理的内容
1. 房屋的使用、维护、养护；

2. 区内公用设施、设备（消防、机电设备、道路、路灯、连廊、自行车房、园林绿化地、沟、渠、池、井、管道、停车场等）及场所的使用、维护、养护和管理；
3. 清洁卫生
4. 公共生活秩序
5. 便民服务网点及住宅区内所有营业场所、文化娱乐、体育活动场所的管理及维修养护。
6. 区内车辆行驶及停泊；
7. 社区文化活动；
8. 住宅区档案资料管理
9. 法律政策及合同规定的其他事项。

三、有关说明

1. 中标单位应根据《深圳经济特区住宅区物业管理条例》及其实施细则和与我局签订的住宅区物业委托管理合同对落地窗物业实行统一管理，综合服务，自主经营，自负盈亏。
2. 鹿丹村委托管理的期限为3年；
3. 原物业管理单位在鹿丹村使用的属于该住宅小区所有的商业用房、管理用房及有关财产和经费应移交给中标单位。
4. 在定标后1个月内由我局组织移交接管工作。
5. 在定标后3个月内由中标单位协助我局和罗湖区住宅局组织召开业主大会，选举产生业主管理委员会。
6. 我局将在业主管理委员会成立后2个月内按《深圳经济特区住宅区物业管理条例》及其实施细则的规定向物业管理单位提供物业管理用房（177m^2，按福利房租金标准计租）和商业用房（331m^2，按微利房租金标准计租），待业主管理委员会成立后再按规定出售给业主委员会。
7. 住宅区管理服务费收取标准执行市物价局批准的标准。
8. 在编写标书时统一以1996年12月1日为进住时间。
9. 中标单位可按住宅区每年管理服务费基本支出的10%提取物业管理公司的利润。
10. 中标单位应交纳风险抵押金30万元，如不能完成投标指标和市级优秀管理小区物业管理指标，抵押金不予返还，押金期限为3年。

四、物业管理标准及奖罚

1. 鹿丹村的物业管理标准执行《全国城市物业管理优秀小区评分标准》（80分以上）以及标书、委托管理合同的有关规定。如《深圳市住宅区物业管理标准》出台，则执行此标准。
2. 市住宅局每年对住宅区进行考核评比，如达不到上述规定要求，则可终止委托代理合同并进行财务审计，由中标单位承担违约和赔偿责任；如达到了规定要求，则按合同给予奖励。

五、投标、开标时间：

1. 各竞标单位应于1996年11月29日前做好标书，密封后送至招标领导小组办公室，逾期按弃权处理。
2. 开标具体时间另行通知。

六、其他事项

1. 违反招标文件规定及在投标过程中违纪违法，或以任何方式采取不正当竞争手段的一经查实，由招标领导小组按规定给予处罚，取消其3年投标资格，已经中标的终止委托管理，一切后果及损失由责任者自负。
2. 欢迎社会各界对此招标进行监督和投诉，投诉电话：（略）。

<h3 style="text-align:center">标书的项目和要求</h3>

一、投标单位拟采取的管理方式

　　包括：内部管理架构、机构设置、运作机制、工作流程、信息反馈渠道、控制方式等。

二、管理人员配备

　　包括：管理处正副主任简历、各类人员数量、文化素质、正式工和临时工的比例、自有人员和待聘待调人员的配置等。

三、管理人员的培训，包括培训计划、方式、目标等

四、管理工作必需的物质装备计划情况

五、经费收支预算

六、管理规章制度

七、住宅区档案的建立和管理

八、各项管理指标的承诺

1. 房屋完好率
2. 房屋零星修理、紧急修理及时率
3. 维修工程质量合格率
4. 管理费收缴率
5. 绿化完好率
6. 清洁、保洁率
7. 道路完好率及使用率
8. 化粪池、雨水井、污水井完好率
9. 排水管、明暗沟完好率
10. 路灯完好率
11. 停车场、单车棚完好率

九、便民服务项目

十、社区文化活动

十一、宣传、贯彻执行《深圳经济特区住宅区物业管理条例》及其实施细则的方式和设想

十二、整治鹿丹村环境的方案

十三、愿意承受的有关奖罚

　　上述项目应逐一列举，要体现出合理、先进、完备可行，招标领导小组将以此为评标的依据，根据上述项目制订具体评分标准，按照百分制打分。

<h3 style="text-align:center">思 考 题</h3>

1. 接管验收统计的原则是什么？
2. 简述产权登记的基本程序。
3. 简述物业管理招投标的步骤。

第四章 物业经营统计

第一节 物业经营统计的意义

一、物业与物业经营

物业是单元性房地产的称谓,指有价的土地及土地附属物(建筑物),包括商业大厦、住宅楼宇、厂房仓库及建筑地块等。物业可大可小。一座大厦可作为一物业,一个住宅单元也可作为一物业,同一建筑物还可按权属的不同分割为若干物业。"经营"的内容是筹划与管理,泛指计划和组织,故"物业经营"又有广义与狭义之分。广义的物业经营指房地产生产、流通、消费与服务整个经济过程的筹划与管理,包括房地产开发、房地产销售、租赁、维护与服务管理等。而狭义的物业经营专指房地产进入消费领域后的筹划与管理。本章主要研究狭义的物业经营问题,即房地产作为一种物业形成后,在流通与消费领域内的经营与管理活动。

二、物业经营统计的意义

物业经营统计是房地产经济发展的产物。我国的房地产是在经济体制改革的过程中,房地产的商品属性得到确认后才得以恢复并发达起来的。80年代是我国房地产业发展最快的时期,是以往任何一个时期所不能比拟的。房地产开发工作量平均每年以26%的速度递增,每年的商品房施工面积都在亿平方米以上。1980年以来,我国城镇平均每年所建住宅1.2亿m^2,用于住宅建设的投资积累已接近4000亿元,是我国建国后前31年住宅投资总额的5倍多;已有15亿m^2的所建住宅投入使用,是建国后前31年所建住宅投入使用总额的2倍多。目前,在我国城镇的住房中,一半以上的住房是改革开放以后修建的,我国城镇居民的人均住房面积,已由1978年的3.6m^2提高到1990年的7.1m^2。我国已拥有建筑面积5万m^2以上的住宅小区4000多个,还有2600多万m^2的工商文教用房,15亿m^2的城镇住宅。诺大的"家当",如何管好、用好,的确是物业经营统计面临的重要问题。

第二节 物业经营统计的内容与特点

一、物业经营统计的特点

物业经营统计的主要内容是房产经营统计。由于房产价值大,位置固定,使用周期长,房地产经营特别是城市住宅经营便表现出不同于一般商品经营的显著特点。

(一)物业经营形式的多样性,决定了物业经营统计的多样性

物业购置的巨额费用,并不是任何用户都能承受的。这就决定了物业除了像一般商品

那样，以售卖形式进行交易之外，还有自己独特的、靠出租使用权进行交易的经营。物业的出售和出租，都是流通形式，但两者性质不同。出售只通过一次性交易，就发生所有权与使用权的同时转移，物业的拥有者通过出售该物业进入消费领域，在这种方式下，物业的交换过程和消费过程是分离的。而物业的出租只是一种零星的出售，物业的拥有者只转移该物业的使用权，不转移所有权。在整个交易过程中，边交易，边消费，实际上是交易过程与消费过程的统一。

此外，针对物业的具体情况，物业经营除了售卖与租赁方式外，还有信托经营、综合经营等其他形式。

（二）物业经营的服务性，决定了物业经营统计的经常性

对于出租的物业，由于所有权仍归业主所有，为了保护物业的使用价值，业主必须依靠自己或委托别人经常地对该物业进行维护、修缮、管理与服务。这种服务的经常性，不同于一般商品出售后保修服务。物业租赁的维修服务贯穿该物业整个租赁过程的始终，而不像一般商品那样只提供保修期内的有限期、限次的服务。这便是物业经营区别于一般商业经营的又一特点。

（三）物业经营的生产、经营职能双重性，决定了物业经营统计的复杂性

一般的商业经营，只有组织商品流通的一种职能，而物业经营除了组织商品流通外，还有直接组织生产的职能。如房地产开发公司出售商品房收回资金再投资建房，物业经营公司靠收取租金用于进行房屋修缮、更新改造或重新建房等，都是在一手组织经营流通，一手组织物业的再生产。

二、物业经营统计的作用

统计工作的中心任务，就是要制订一套科学的统计指标，并用一套科学的方法来搜集统计指标的数值以及分析现象的数量关系。以正确反映物业经营所达到的规模、水平、速度、比例关系、普遍程度等等。通过对一系列相互联系的指标加以分析，才能对物业经营做出全面正确的评价。

从根本上说，物业经营与房地产业的关系决定了物业经营统计指标来源于房地产业统计指标，但也有所侧重和不同。

第三节　物业经营的经济效益统计

一、经济效益统计

（一）经济效益的概念

经济效益是经济活动的效果与从事经济活动的消耗之比。经济效益可以简单地表述为：人们进行生产经营活动所取得的物质效用和经济效益。物质效用表现为生产经营活动对社会所具有的效用，它通过生产量、劳动量、品种、质量、服务年限等满足人民生活和社会生产的某种需要，着重从使用价值方面考察。经济收益表现为生产经营活动获得的利益，它通过资金、成本、利润等价值形式的指标来反映，着重从价值形态方面来考察。

人们所从事的任何经济活动，总要占用和耗用一定量的自然资源和劳动资源。我们称

从事某项生产经营活动所消耗和占用的物质和劳动资源为"投入";称生产经营活动所产生的物质效用和经济效益为"产出"。这种"投入"与"产出"的比较,即为经济效益。任何一个社会,假如它生产出来的财富恰好抵偿生产中当作生产资料消耗掉的物质财富和为补偿劳动力的消耗而由劳动者作为生活资料消费掉的物质财富,这个社会虽然能存在,却无法发展。一个社会要发展,就必须使整个社会再生产过程中生产出来的东西超过被占用和被消耗掉的东西,即必须使"产出"大于"投入"。同样,一个企业要发展,也必须在它自身的经济活动中,"产出"大于"投入"。因而,讲求经济效益,并不是社会主义所特有的。在一切社会制度下,人类无论生产经济活动的社会形态如何,具体内容如何,都在不同程度上,以不同形式关注着经济活动的经济效益。

社会主义企业生产经营活动的根本目的是满足整个社会不断增长的物质和文化的需要。为此,必须动员企业的一切资源,尽量挖掘潜力,发展生产。对比任何社会的企业,社会主义企业更应当关心经济效益问题,更应力求使所耗费的劳动力最少,所取得的成果最大,获得最优的经济效益。

(二) 经济效益的评价

由于生产经营活动的投入包括劳动的耗用和占用两个方面,经济效益评价也应从劳动耗用和劳动占用两个方面进行。

1. 劳动耗用

劳动耗用是指生产经营活动所消耗的物化劳动和活劳动。从劳动耗用方面来看经济效益,它以产出成果同消耗相比较。一般来讲,在耗用同样的物化劳动和活劳动条件下,获得的产品数量多、质量好、价值高,经济效益就大。反之,获得的产品数量少、质量差、价值低,经济效益就低。具体表现在指标形式上,有两种描述方法:

(1) 以单位劳动耗用量所创造的产品量来计算。如:每小时产品件数、每工日抹灰面积数等;

(2) 以单位产品耗用的劳动量来计算。如:每件产品需耗用工日数,每平方米抹灰工日数等。

2. 劳动占用

劳动占用是指生产经营所需要的物质因素。能够在生产经营活动中被占用的劳动,只是物化劳动。劳动占用虽然不像劳动耗用那样,直接参与产品使用价值的形成,但它是产品生产的保证。如生产储备的材料,其被占用的意义潜在地处于生产过程中,是生产经营过程得以继续的保证。而且,同一生产资料,一个企业占用了,别的企业就不可能再占用它。因而,劳动占用与劳动耗用一样,也是用来衡量经济效益的内容。同样,在其指标的具体表现形式上也有如下两种:

(1) 占用等量劳动所提供的产品增长程度,即单位劳动占用的产品增长率;

(2) 等量产品占用劳动的节约程度,即单位产品的劳动占用节约率。

具体地分析、评价企业经济效益的标准有质和量的规定性。所谓量的规定性,即企业生产的产品应适销对路、满足社会需要。所谓量的规定性,有如下五种评价标准:

1) 计划标准:即能否完成计划指标为评价指标;

2) 历史指标:以本企业上年实际水平或历史最好水平作为评价标准;

3) 社会标准:以本行业的社会平均水平为评价标准;

4）同行业先进标准：以国内同行最先进水平为评价标准；

5）国际先进标准：以国际先进水平为评价标准。

五种标准，要求不一样，说明的问题不一样，如计划标准只能用来反映企业经济效益是否符合起码要求，不一定是最优标准；历史标准只能反映本企业经济效益水平是否进入国外先进水平行列。在实际应用中，应视分析的需要和分析的目的，选用不同的标准。

（三）经济效益的评价指标

经济效益评价指标即反映企业的经营成果与活劳动消耗、物质消耗、资金占用对比情况的指标，是经济效益内容的量化。

如前所述，企业经济效益是从劳动耗用和劳动占用两方面进行评价的。反映到经济效益评价指标上，就有反映生产经营消耗效果的指标和生产经营占用效果的指标两大类。它们是通过生产经营成果指标、生产经营消耗指标和生产经营占用指标等来具体描述的。

1. 生产经营成果指标

指企业经济效益的指标。包括：

（1）反映向社会提供产品的数量和质量的指标。如总产值、净产值、销售收入等；

（2）反映企业实现的效益的指标。如产品销售利润、向国家提交的利润与税金等。

2. 生产经营消耗指标

指企业在生产经营过程中为生产产品所消耗的活劳动和物化劳动。包括原材料、能源的消耗，厂房、机器设备的折旧，工资和费用的支出等。它的价值量表现为生产费用、生产成本、销售成本等。

3. 生产经营资金占用指标

指企业在生产经营活动中，为生产经营产品而占用的资金。一般包括固定资金占用额和定额流动资金占用额。

4. 生产经营消耗效果指标

反映生产经营成果与生产经营消耗对比关系的指标。包括：单位产品费用支出、人均净产值、人均总产值、人均纯收入、人均利润、产值利润率、成本利润率等。

5. 生产经营占用效果指标

反映生产经营成果与生产经营自己占用对比关系的指标。包括：固定资金占用指标，如固定资金产值率、固定资金周转率等；流动资金占用指标，如流动资金周转率、流动资金利润率等。

反映生产经营消耗效果与生产经营资金占用效果的指标是互相联系、互相依存、互相制约的。它们构成一个全面综合评价企业经济效益的指标体系。

（四）经济效益评价指标的综合指数

企业经济效益是一项复杂的经济现象，指标体系中的每一个指标只能说明现象的某一方面，且每一个指标所揭示的变化方向和变化程度各不相同，因此须对指标体系总指数的数量变化进行综合，以总指数的形式对企业作出综合评价，并用以作本企业的纵向比较和企业间的横向比较。横向比较的结果即通常所见的企业排序。

1. 综合指数的编制方法

（1）单项指标个体指数的计算。将体系中各指标的实际值与标准值对比，即为企业各指标的个体指数。标准值可取国家、行业、地方管理部门的规定值或行业内企业间平均值，取本企业的计划值、实际数据的序时平均值、历史最高水平值等。例如国家统计局七项指标的标准值分别为：12%、115%、50%、1.5次、4.73%、15473元/人和97.5%。

(2) 指标体系总指数的计算。对各项指标个体指数作加权算术平均求得总指数，权数的确定方法很多，最基本的是由政府或行业管理部门颁发固定权数，例如国家统计局七项指标的固定权数分别为：21、15、15、13、14、10、12。计算公式如下：

$$\text{企业经济考核评价总指数（综合指数）} = \frac{\sum\left[\frac{\text{某项指标报告期实际值}}{\text{该项指标标准值}} \times \text{某项指标权数}\right]}{\text{各项指标权数总和}}$$

2. 综合指数计算权数的设计方法

权数的设计方法有客观赋权法和主观赋权法。主观赋权法主要使用特尔菲法，这里介绍客观赋权法。

(1) 变异系数法。因为综合评价是通过多项指标进行的，如果某项指标的实际值在参评样本单位之间有显著差异，那么为提高综合评价的有效区分度应给予该指标以较大的权数；反之，如果某项指标的实际值在参评样本单位之间差异不明显，说明该指标的检测力低下，那么应给予较小的权数。基于这一思路，权数的计算公式如下：

$$W_i = \frac{V_i}{\sum_{i=1}^{n} V_i} (i=1,2,\cdots,n)$$

式中　W_i——第i项指标的权数；

V_i——第i项指标的标准差系数。

因为每项指标参评样本单位间的标准差系数在不同的单位间和不同的时间内是变化的，所以由该方法确定的权数是不固定的，会随着行业范围、生产经营环境的变化而变化，使得综合评价更为科学。

(2) 复相关系数法。由于综合评价是通过多项指标进行的，因此希望各项指标彼此不能代替；又由于指标间信息的重复不可避免，故必须测定他们之间的复相关系数。复相关系数越大说明指标间的信息重复越多，应给予较小的权数；反之，则给予较大的权数。基于这一思路，权数的计算公式如下：

$$W_i = \frac{1}{R_i} / \sum_{i=1}^{n} \frac{1}{R_i} (i=1,2,\cdots,n)$$

式中　R_i——第i项指标与其他所有指标的复相关系数。

(3) 组合法。上述两种方法分别从不同的角度反映了各指标在综合评价中的相对重要性，由于这两种方法相互独立，且两者之间的补偿作用较小，因此可以用乘法将两种赋权结果综合，以便更全面地利用各项指标所提供的信息。计算公式为：

$$W_i = (W_i^v \times W_i^r) / \left(\sum_{i=1}^{n} W_i^v \times W_i^r\right) (i=1,2,\cdots,n)$$

式中　W_i^v——第i项指标的变异系数法权数；

W_i^r——第i项指标的复相关系数法权数。

二、物业经营的经济效益统计

在市场经济条件下,从事物业经营的企业同其他行业的企业一样,必须以自己的经济活动为社会和自身创造尽可能多的财富,获得尽可能高的经济效益,从而为企业的扩大再生产和社会发展提供尽可能多的积累。任何水平的生产与流通过程,必然伴随着价值与使用价值的创造和劳动的消耗与占用。物业经营企业的经济效益,同样是其投入(消耗与占用)和产出(劳动成果价值与使用价值)之比来衡量的。物业经营企业的经济效益,也应像一般水平生产经营活动一样,应同时从价值与使用价值两方面进行分析。

房地产商品的特殊性,房地产经济活动的复杂性,决定了物业经营企业经济效益评价具有不同于一般水平生产经营经济效益评价的实际情况,立足于商品化经营的原则,构造出一套物业经营经济效益综合评价的指标体系,研究出一套适应商品经济运行规律的我国物业经济效益的评价分析方法。

房产的出租与出售,是发生在流通领域内的经济活动。因而,房产经营的经济效益可与一般的商品经济活动分析一样,从商品流转额、劳动效率、资金占用、流通费用与利润实现等方面来进行经济效益评价。不同的是房产经营同时兼有房产的出售与出租两种完全不同类型的经营方式。如果不区分这两类不同形式的价值实现过程,就无法构造一套正确反映房产经营经济效益的指标体系。其次,房产经营有其区别于一般商品经营的特殊内容与形式,反映房产经营经济效益的指标当然也不完全雷同于一般的商品经济。反映房产经营企业经济效益的指标主要有如下几类:

(一) 房屋经营流转总额

房屋流转是指作为商品从生产领域进入流通领域的过程。房产经营流转总额是指房产购销价值实体的变化与运动,房产经营的流转既包括出售房屋也包括出租房屋的流转。

出售房屋是通过一次交换而实现价值转换的,其流转额的计算与一般商业的商品流转一致,也是从购、销、存三方面来研究其平衡关系的。其平衡关系公式为:

$$期初商品房 + 本期购入房 = 本期销出房 + 期末商品房$$

式中的期初与期末商品房是指计划期初和期末本企业积压未销出的商品房;本期购入和本期销出是指本期经营购入和销出的商品房。当商品房表示为数量指标(间数、套数、平方米数)时,可直接应用上式。当商品房表示为价值量时,要注意统一计价口径,如将商品房的销售单价调整为购入单价。

出租房产要通过多次交换才能实现其价值的全部转换,因而,出租房产流转额是持续相当长时间,贯穿整个流通过程的流转额。从整个过程来看,房屋出租的购销活动仍然可以借用流转额来描述,无非是延续时间长些而已。

房屋经营流转额的大小,不仅反映了企业经营规模的大小,而且,通过房产经营所实现的价值量与社会对房屋购买力总额的平衡关系分析,反映了企业满足社会房屋的需求程度。

(二) 房屋经营收入指标

房屋经营收入主要指房屋租金收入与房屋销售收入。

1. 描述房屋租金收入的主要指标有:

$$租金收缴率 = \frac{报告期实收租金}{报告期应交租金} \times 100\%$$

$$租赁违约率 = \frac{报告期违约户数}{报告期承租总户数} \times 100\%$$

$$追交欠租收缴率 = \frac{已收追交欠租总额}{应收追交欠租总额} \times 100\%$$

$$租金总收缴率 = \frac{当年(月)已收租金额 + 已收欠租额}{当年(月)应收租金总额 + 应收欠租总额} \times 100\%$$

$$租金计划完成率 = \frac{实际租金收入总额}{计划租金收入总额} \times 100\%$$

表 4-1 为反映租金收缴情况的报表，可采用月报、季报的形式。

对于管理费各有关指标的计算，统计表的编制，均可参照上述有关内容。

租金收缴情况统计表　　　　　　表 4-1

（月、季报）

填报单位：

填报日期：

经营名称	经租房屋建筑面积（m²）	当年			追交			旧款		
		应收	实收	收缴率	应收	实收	收缴率	应收	实收	收缴率
合　计										

此处所述房产经租是指物业企业对房产的经营（包括服务）出租房屋的业务活动，对管理费的收缴统计亦列于此。

房产经租统计指标，拟从物业企业经营房屋出租情况、租金收缴情况以及房屋租赁违约情况三方面设置。也可以此作参考，设置物业企业对住宅小区管理费收缴及违约情况统计指标。

2. 描述房产销售收入的主要指标有：

$$商品房销售计划完成率 = \frac{报告期商品房实际销售额}{计划销售额} \times 100\%$$

$$商品房销售收入增长率 = \frac{报告期商品房的销售收入较上期增长额}{上期销售收入} \times 100\%$$

$$商品房销售合同完成率 = \frac{报告期实际商品房销售量}{合同规定销售数量} \times 100\%$$

（三）经营房产状态指标

用来描述企业经营房产实际状态的指标有：

$$房屋出租率 = \frac{出租房屋建筑面积}{掌管房屋建筑面积} \times 100\%$$

$$房屋完好率 = \frac{完好与基本完好房（即一、二类房屋）建筑面积}{企业经营房产总建筑面积} \times 100\%$$

（四）房屋经营流通费用指标

房屋经营流通费用是房屋经营流通过程中劳动消耗的货币表现。流通费用的降低，意味着劳动消耗的节约和经营利润的增加。房屋经营流通费用程度是分别用房屋租赁流通费用率和房屋出售流通费用率来评价的。

$$出租房屋流通费用率 = \frac{出租房屋发生的流通费用总额}{房屋出租额} \times 100\%$$

$$出售房屋流通费用率 = \frac{出售房屋发生的流通费用总额}{房屋出售额} \times 100\%$$

（五）房屋经营的指标

反映企业经济效益的成本指标主要是成本节约额与成本降低率。

1. 出租房产经营成本指标

$$出租房产经营成本节约额 = \frac{出租房产经营实际成本}{租金成本的降低幅度} \times 100\%$$

$$出租房产经营成本降低率 = \frac{出租房产经营成本}{租金成本} \times 100\%$$

2. 出售房产经营成本指标

$$出售房产经营成本降低额 = \frac{出售房产经营成本}{计划成本降低的金额} \times 100\%$$

$$出售房产经营成本的百分率 = \frac{出售房产经营成本}{出售房产计划经营成本} \times 100\%$$

（六）房屋经营资金占用指标

如前所述，房产经营资金主要是流动资金。反映流动资金占用经济效益的指标主要有流动资金周转率、流动资金占用率和自有流动资金增长速度。

$$流动资金周转率（周转次数） = \frac{房屋出售（或出租）销售收入}{房屋出售（或出租）定额流动资金平均占用额} \times 100\%$$

$$流动资金占用率 = \frac{房屋出售（或出租）定额流动资金平均占用额}{房屋出售（或出租）销售收入} \times 100\%$$

自有资金增长率：自有资金是指企业自有的，包括国拨的和企业内部形成的资金。

$$自有资金增长率 = \frac{自有资金增长额}{上期自有资金总额} \times 100\%$$

用来衡量企业自有资金的增长速度。

（七）房产经营利润指标

利润是房产经营经济效益的综合反映。从利润角度考察房产经营的经济效益，除计算利润总额增长率、利润计划完成率，还应分别计算房产出租与出售的利润率。

1. 房产经营企业本期的经营利润

$$房产经营利润总额增长率 = \frac{上期经营利润的增长额}{上期经营利润} \times 100\%$$

$$房产经营利润计划完成率 = \frac{本期实现的房产经营利润总额}{本期经营利润计划} \times 100\%$$

2. 房产销售利润率：房屋销售利润与销售额之比，它间接、综合地反映房屋经营劳动消耗的节约程度，应按房屋出租与出售两类销售利润率来分析。

$$出租房屋利润率 = \frac{出租房屋利润额}{已收租金总额} \times 100\%$$

$$出售房屋利润率 = \frac{出售房屋利润额}{房屋销售总额} \times 100\%$$

3. 房屋经营资金利润率：房屋经营利润与定额流动资金平均占用额之比。同样应按出租与出售两类资金利润率分别分析。

$$出租房屋资金利润率 = \frac{出租房屋利润额}{房屋出租定额流动资金平均占用额} \times 100\%$$

$$出售房屋资金利润率 = \frac{出售房屋利润额}{房屋出售定额流动资金平均占用额} \times 100\%$$

（八）房屋经营劳动效率指标

房产经营劳动效率，表现为一定时期内房屋经营职工人数与房屋经营数量（实物数量或价值量）之比，用来衡量企业经营活劳动消耗的经济效益。

房屋经营劳动效率指标有：

1. 人均房屋管辖面积：即平均每名职工经营的房产面积；
2. 人均销售收入：即平均每名职工的售房与租房收入；
3. 人均利税率：即平均每名职工创造的利润和税收额。

（九）其他多种经营效益指标

三、物业经营活动统计考核综合评价指标体系

由国家财政部推行的，以财务指标为主体的考核统计指标体系适应于任何行业的企业，该统计指标体系涉及以下各方面共十个指标，它们分别是：

（一）经营效益方面统计指标

销售利润率和总资产报酬率两个指标，分别从销售收入和总资产角度考核经营的净盈利成果。

$$销售利润率 = 成本利润率 \times \frac{1}{1+成本利税率} \times 100\%$$

$$总资产报酬率 = \frac{报告期利润总额 + 报告期利息净收入}{报告期总资产平均余额} \times 100\%$$

该指标是评价和考核企业盈利能力的核心指标，充分反映了企业全部资产的获利能力，是企业管理水平和经营业绩的集中体现。

（二）资本经营方面统计指标

有资本收益率和总资本保值增值率两个指标，均以资本为出发点，考核资本的盈利能力和扩张能力。

$$资本收益率 = \frac{报告期收益额}{报告期资本平均余额} \times 100\%$$

$$资本保值增值率 = \frac{报告期期末股东权益额}{报告期期初股东权益额} \times 100\%$$

该指标是评价和考虑企业资本扩张能力的核心指标，它充分反映了企业净资产的变动状况，是企业发展后劲的集中体现。指标值越大，说明企业的经济效益越好。

（三）偿债能力方面统计指标

有总资产负债率和流动比率或速动比率两个指标，分别考核总资产的偿债能力和流动

资产的偿债能力。

1. 总资产负债率

该指标反映了企业报告期总负债占总资产的比重。它表明了企业在一定时期内总的偿债能力和长期偿债能力，是长期债权人关注的主要指标。当指标值等于50%时，说明企业有充分的偿还长期债务的能力；当指标值大于60%时，说明企业属高度风险经营。其计算公式如下：

$$总资产负债率 = \frac{报告期末总负债}{报告期末总产值} \times 100\% \quad 或$$

$$总资产负债率 = \frac{报告期平均总负债}{报告期平均总资产} \times 100\%$$

2. 流动比率

该指标是反映企业报告期流动资产总额和流动负债总额比例关系的指标。它表明了企业短期偿债能力，它的一般标准为1.5~2.0，低于1.5倍说明企业短期偿债能力较弱，即债权人风险较大；高于2.0倍，虽然债权人风险很小，但是说明企业经营比较保守，不善于举债经营。其计算公式如下：

$$流动比率 = \frac{报告期末流动资产}{报告期末流动负债} \times 100\% \quad 或$$

$$流动比率 = \frac{报告期平均流动资产}{报告期平均流动负债} \times 100\%$$

速动比率。该指标是反映企业报告期流动资产项目中容易变现的速动资产总额与流动负债总额比例关系的指标。它表明了企业在近期内可以立即偿还短期债务的能力，它的一般标准为1，低于1倍说明企业短期立即偿债能力较弱，即债权人风险较大；高于1倍，说明企业短期立即偿债能力较强，即债权人风险较小。其计算公式如下：

$$速动比率 = \frac{报告期末速动资产}{报告期末流动资产} \times 100\% \quad 或$$

$$速动比率 = \frac{报告期平均速动资产}{报告期平均流动负债} \times 100\%$$

式中 速动资产＝货币资金＋短期投资＋应收票据＋应收账款净额＋其他应收款 或

速动资产＝流动资产－存货－待摊费用－预付费用

该指标是评价和考核企业经营能力的核心指标，它既充分反映了企业经营风险的大小，又反映了企业利用债权人提供的资金从事经营活动的能力，是企业融资、用资水平的集中表现。

（四）运行能力方面统计指标

有应收账款周转率和存货周转率两个指标，分别考核资金营运效率和企业产出的市场销售能力。

1. 应收账款周转率

该指标是表明资产负债表中应收账款所占用资金的周转速度，按其表现形式不同，有应收账款周转次数和应收账款周转天数两种指标。计算公式如下：

$$应收账款周转次数 = \frac{报告期赊销净额}{报告期应收账款平均余额}$$

$$应收账款周转天数 = \frac{报告期日历日数}{报告期应收账款周转次数}$$

2. 存货周转率

该指标是表明资产负债表中存货所占用资金的周转速度，按其表现形式不同，有存货周转次数和存货周转天数两种指标。计算公式如下：

$$存货周转次数 = \frac{报告期销货成本}{报告期存货平均余额}$$

$$存货周转天数 = \frac{报告期日历日数}{报告期存货周转次数}$$

该指标是将资材、在产品、产成品汇集在一起计算，尽管统计口径不同于单独计算资材、在产品、产成品各自的周转率，但计算公式基本上是一致的。

（五）社会效益方面统计指标

有社会贡献率和社会积累率两个指标，前者与国家统计局的总资产贡献率相同，后者落实到企业即为利润积累率。

1. 社会贡献率

$$社会贡献率 = \frac{企业社会贡献总额}{平均产值总额} \times 100\%$$

企业社会贡献总额是指企业为国家或社会创造或支付的价值总额。包括工资（含奖金、津贴等工资性收入）、劳保退休统筹及其他社会福利支出、利息支出净额、应交增值税、应交产品销售税金及附加、应交所得税、其他税收、净利润等等。

2. 社会积累率

是衡量企业社会贡献总额中多少用于上交国家财政。计算公式为：

$$社会积累率 = \frac{上交国家财政总额}{企业社会贡献总额} \times 100\%$$

上交国家财政总额包括：应交增值税、应交产品销售税金及附加、应交所得税和其他税收等。

思 考 题

1. 什么是物业经营统计？
2. 物业经营统计有何特点？
3. 反映物业经营经济效益评价指标主要有哪几类？

第五章 物业管理资金统计

第一节 物业管理资金来源统计

一、物业管理资金性质

物业管理是物业管理者通过对物业的有效管理和经营实现业主目标的过程。管理活动需要活劳动和物化劳动的投入,其投入大小和使用效率高低直接关系到物业管理质量。所以说,物业管理资金的来源、筹集与使用是物业管理中极为重要的环节,也是物业管理公司能否实现利润目标的关键所在。不同性质的物业管理方式决定着物业管理资金的性质,从而决定筹集和使用方式。

物业管理资金是物业管理单位或经营性企业用于物业管理的活劳动和物化劳动的投入和产出,如各项管理费用支出和投入,固定资产购置及房屋修缮费用支出和居民交纳的管理费用收入。

物业管理资金的性质取决于管理对象和管理目的,也因外部环境而不同。不同的物业要求不同的物业管理方式和方法与之对应,管理资金的性质也随之变化。举例来说,住宅和百货商场是两种不同的物业,前者为消费型,后者属经营型。前者主要供人居住,使居住者获得体力和脑力的再生产,所以提供舒适、优美的环境,安全、完善的日常生活服务是物业管理的目的,决定了物业资金的性质也是消费型的,其支出和取得须围绕消费这一中心;后者是经营型物业,通过有效的物业管理创造最大利润,保证物业升值,所以管理资金资本性支出,其来源、筹集与使用方式与住宅就显著区别。

物业管理资金的性质也取决于物业所有权状况。若物业为国家所有,通过福利性分配提高国民的居住水平,有效的物业管理会提高整体福利水平。中国城市住宅绝大多数归国家集体所有,其分配和使用都是福利型的,房屋租金不抵管理费用支出,更不能实现物业的简单再生产。为此国家每年都要拿出财政资金用于物业的简单再生产和扩大再生产。香港的公共房屋管理,目的是缓解严重的住房不足问题,在居民难以按市价购买或难以按市场租金租房的情况下,政府采取相应的优惠和资助政策,满足这部分居民的居住要求,本质上这也是福利型的,租金的拟定标准是居民的承受能力,物业管理资金的超支部分由政府承担。但对私有房屋,管理资金的筹集与使用严格按市场经济规律运作,租金标准和服务收费价格必须根据实际管理成本精确计算,主要由产权人、住户和租赁户承担。所以不同所有制、不同所有权状况下物业管理资金的性质不同,弄清这一点对于正确认识不同形式的物业管理具有重要意义。

物业管理资金的性质还会因运行的经济环境不同而有所差别。在社会主义市场经济条件下,在房屋的分配和使用上存在着两种不同的方式:一是全民所有、集体所有的物业分配和使用仍是福利型的,住户承交的资金甚至连房屋的简单再生产都不能实现,管理支出严格遵循"量出为入"原则,超过租金部分由政府或集体财政补贴;二是在市场经济环境下的物业管理则严格按市场经济规律,资金使用上是遵循"量入为出,略有节余"原则,管理费用全部由住户承担,即"谁使用,谁受益,谁承担",管理资金的筹集渠道和方式与前者有很大差别。

物业管理资金的性质决定管理资金来源和筹集方式,以及支出方式。资金来源上,若物业管理是福利型分配方式,就有两大来源——房租和政府补贴,住户享受的管理服务免费或资费低于市场价格,这在物业管理资金中占的比例相当小。专业化物业管理经营企业,受业主委托按业主旨意实施管理,按市场价格对各种服务取费,受利益驱动,物业管理者会提供尽可能多的服务类型,尽可能的提高服务质量,为企业尽可能多地创造利润。

物业管理资金无论何种性质,使用目的有其一致性,即保证受托物业正常运转,为住户或租赁户创造理想的管理效果。对住宅管理必须保证环境安静、优美、安全,日常生活需要就近购买,配套设施尽可能完善。对经营性物业管理保证物业有良好工作状态的同时,积极营销保证最大的出租率或使用率,产出最佳经济效率。

总之,正确理解物业管理资金的性质是科学合理筹集和使用管理资金的关键,是制定物业管理实施细则,进一步制定资金来源及资费标准的指导思想。

二、物业管理资金现状

就我国物业管理现阶段的发展水平而言,物业管理的资金困境主要在于资金的筹措与使用两方面。物业管理公司需要大量的资金投入,但由于目前国内尚未出台统一收费标准,或虽有规定办法,但却无法保证资金准确、及时地到位,使得物业管理的资金需求难以得到满足,从而造成物业管理不到位、服务水平低等一系列问题;另一方面,业主普遍希望得到全方面、多层次以及高质量的物业服务,同时也希望收费尽量低廉,而且政府对物业管理公司收取综合服务管理费定下的一个基本原则就是保本微利。因而当前物业管理公司很难以主业维持运作,大多要靠发展"副业"来支撑局面,形成了"以副业养主业"的奇怪现象。当然,这一现象也深刻地反映出了物业公司在经营主业时所普遍存在的资金困境问题。对于这一困境的出路,可作如下思考:

首先,扩大公司的经营规模,降低服务成本。

物业管理公司在成为具有独立法人地位的企业之后,可以通过以下两个方面扩大经营规模:(1)扩大服务的区域面积,扩大服务对象的数量。改变现行以区域或房屋建立物业公司的做法,而应从现代化企业的角度出发去开拓、占领市场,即一个物业公司可以跨区域进行扩展。(2)扩大服务内容,主要是向有特殊需求的业主提供特约服务,如代请保姆、帮助照顾空房等。尽量在原有服务内容和方式基础上实现内涵上的扩大,达到"人无我有,人有我精"的企业经营理念。关于这一点与生产型企业扩大企业生产规模,增加产量,降低单位总成本颇为相似。

其次,物业管理公司要加强自身建设,以减少内耗。

作为一个按现代企业制度经营的企业,"以人为本"的企业文化建设应引起物业管理公司足够的重视,"以人为本"一是要以企业员工为本,引入竞争机制和考核制度,从服务态度、职业道德、专业水平等方面进行综合考核,去劣存优,全面提升服务水准;同时也可以高素质的员工队伍及高质量的服务创出自身的知名品牌,即相当于提高了单位产品的价格；而高素质员工的单位成本也可以大大降低，从而在两个方面减少企业成本及内耗损失。"以人为本"的另一个方面是以主业为本，物业公司要加强寓管理于服务中的经营思想，以规范的物业管理财务制度取得业主的认同，加强业主的参与意识，这样可以在减少耗费的同时，稳定资金的来源。

第三，加强依法管理，寻求社会支持。

国家应加强立法以确保物业管理所必须的各项专项资金的建立；通过严格执法确保各类应收费用的及时收取，使物业管理公司能够正常运转。同时，政府各部门应从培育物业管理市场以及发展这一朝阳产业的长远利益角度出发，适当给予扶持，如部分项目低税、免税，物价部门在核定收费标准时考虑一个风险系数等。

相信经过政府、业主以及物业管理公司共同的努力，物业管理公司一定可以走出资金困境从而实现资金筹措与使用的良性循环，进而促进物业管理产业的不断发展。

三、物业管理资金来源

（一）居住性物业管理资金的来源

资金问题，是物业管理公司开展有效的物业管理面临的最大问题之一。物业管理公司应该立足于受托管理的物业，通过提供系统化的物业管理服务和辅助性经营广开财源，采取"物业管理为主，多种经营为辅"的方针，坚持"取之于民，用之于民"和"谁受益，谁负担"的原则，筹集资金，用好资金。

以住宅管理为主的物业管理公司的资金来源主要有以下八个方面：

1. 房地产发展商提供的管理资金

居住小区一般是由房地产开发公司按照"统一规划，统一建设，统一配套"的小区建设要求建成，交由物业管理公司管理，并留下一定数额的管理资金，用作物业管理的启动资金。有一些地区，发展商从开发项目总投资中提取1‰～2‰作为物业管理公司的管理基金。例如深圳市莲花二村，总投资为1.2亿元，发展商从中提供120万元给深圳市物业管理公司作为管理基金。也有些地区规定发展商以房价的7‰提供给管理公司作为管理基金。

物业管理公司从发展商得到的资金还有为期一年的房屋维修费。按国家规定，建筑施工单位免费维修一年，发展商扣留工程造价的5%作为工程维修保证金。在物业托管后，由物业管理公司对物业进行全面管理，因此发展商应将截流的维修保证金转移给管理公司。

2. 物业业主和租户定期交纳的物业管理费

业主在向发展商购买商品房后，接到入住通知书，便到物业管理公司办理入住手续，并开始预缴管理费。收费标准是根据国家有关规定和各类不同物业的用途、档次来制订。下面分别列出广州名雅园"普通住宅综合管理费"、"复式住宅综合管理费"、"高层住宅综合管理费"，仅供参考。

名雅园普通住宅综合管理费　　　　表 5-1

18栋楼、20条梯、36个水池、35个化粪池、474户、绿化面积4882m²			
1. 管理员	4人	600元/人	2400元
2. 保安员	6人	500元/人	3000元
3. 楼管员	20人	350元/人	7000元
4. 水电工	1人	500元/人	500元
5. 环卫工	4人	350元/人	1400元

续表

18栋楼、20条梯、36个水池、35个化粪池、474户、绿化面积4882m²			
6. 绿化员	2人	400元/人	800元
7. 垃圾清运	300桶/月	5元/桶	1500元
8. 垃圾袋474户	30个/每户每月	0.25元/个	3555元
9. 楼梯打扫	8次/月	1元/次	160元
10. 水池清洗	3次/12月	40元/次	360元
11. 化粪池清洗	1次/12月	300元/次	875元
12. 绿化用水	147t/月	0.35元/t	51.5元
13. 值班用水	540t/月	0.35元/t	189元
14. 值班用电	1080度/月	0.4元/度	432元
15. 公杂费	474户	2.68元/户	1270.32元
合　计			25862.82元
每月每户支出		54.56元	

名雅园复式住宅综合管理费　　　　　　　　　　　　　　　　表5-2

12栋楼、12条梯、12个水池、12个化粪池、72户、绿化面积742m²			
1. 管理员	1人	600元/人	600元
2. 保安员	4人	500元/人	2000元
3. 楼管员	12人	350元/人	4200元
4. 水电工	1人	500元/人	500元
5. 环卫工	1人	350元/人	350元
6. 绿化员	1人	400元/人	400元
7. 垃圾清运	120桶/月	5元/桶	600元
8. 垃圾袋72户	30个/每户每月	0.25元/个	540元
9. 楼梯打扫	8次/月	1元/次	96元
10. 水池清洗	3次/12月	40元/次	120元
11. 化粪池清洗	1次/12月	300元/次	300元
12. 绿化用水	22t/月	0.35元/t	7.7元
13. 值班用水	300t/月	0.35元/t	105元
14. 值班用电	600度/月	0.4元/度	240元
15. 市政维护	72户	5元/户	360元
16. 公杂费	72户	2.68元/户	192.96元
合　计			10611.66元
每月每户支出		147.38	

名雅园高层住宅综合管理费　　　　　　　　　　　　　　　　表5-3

3栋楼、3条梯、12个水池、12个化粪池、6部电梯、424户、绿化面积4376m²			
1. 管理员	2人	600元/人	1200元
2. 保安员	3人	500元/人	1500元
3. 楼管员	3人	350元/人	1050元
4. 水电工	2人	500元/人	1000元
5. 环卫工	4人	350元/人	1400元
6. 电梯维修工	12人	700元/人	8400元
7. 绿化员	2人	400元/人	800元
8. 垃圾清运	180桶/月	5元/桶	900元
9. 垃圾袋424户	30个/每户每月	0.25元/个	3180元
10. 楼梯打扫	8次/月	2.5元/次	60元
11. 水池清洗	3次/12月	50元/次	150元
12. 化粪池清洗	1次/12月	300元/次	300元
13. 绿化用水	131t/月	0.35元/t	45.85元
14. 值班用水	405t/月	0.35元/t	141.75元
15. 值班用电	810度/月	0.4元/度	324元
16. 电梯日常维修	424户	1元/户	424元

续表

3栋楼、3条梯、12个水池、12个化粪池、6部电梯、424户、绿化面积4376m²			
17. 市政维护	424户	5元/户	2120元
18. 公杂费	424户	2.68元/户	1136.32元
合　计		24131.92元	
每月每户支出		56.91元	

3. 水电管理备用金和装修管理费的收取

水电管理备用金主要是对配套设施如供水、供电、机电、电梯、消防等重要设备的更新和突发事故抢修而设立的。业主在办理入住手续时，还须缴纳水电管理备用金，其收取办法根据各地实际情况有所差异。有些地区，这种管理维修基金一般根据楼宇的综合造价，高层楼宇发展商提供4%，业主缴付所购物造价的2%。多层楼宇发展商提供2%，业主交付1%。

业主和租户在搬进楼宇之前，一般都会对房屋进行装修。在装修过程中，违反住宅区管理规定，未经批准擅自改变房屋结构、外貌、损坏公共设施、管道线路、毁坏绿化、乱丢垃圾等现象时有发生，因此收取一定的装修管理和装修建筑垃圾清运费是必要的。通常做法是：住户在申请装修时收取一定的装修押金，装修完毕后，如无违章装修，除收取建筑垃圾清运费后，其余如数退还。

4. 住宅区特种服务费收入

有些住宅区的居民生活水平较高，往往对小区的生活服务项目提出了更多、更高的要求，如家务服务、护理服务、幼儿教育服务及其特种服务。物业管理公司可视实际需要开设各类特种服务项目，既方便了居民，又为公司开创了新的收入来源。

特种服务费是应某些住户的特殊需要而开设的，因各地情况不一，服务标准也不一样，故难以有统一的收费标准。下面是广州天河名雅园住宅小区的"预约特殊服务价目表"，仅供参考。

名雅园预约特殊服务价目表（1993年5月制）　　　　表5-4

类　别	服务项目	收　费	备　注
一、家务服务	小孩接送	3.0元/次	跨区另收费（行政区）
	照顾儿童	3.5元/小时	2～6岁儿童看护
	买菜煮饭	5.2元/小时	
	洗衣服	5.0元/小时	若手洗7.6元/h计（1.5kg为1h）
	熨衣服	6.50元/小时	干洗熨另议
	家具卫生洁具	5.6元/小时	不包括特殊清洁品，洗地毯、打蜡另计
	清洗玻璃窗	2.5元/m²	包括钢窗、铝合金窗（不包清洗窗帘布）
	清洗百叶窗	3元/m²	包括塑料、铝合金百叶窗
	清洗抽油烟机	25元/台	若要整台拆卸清洗，加收10元（排气扇同价）
	送煤气罐	5.0元/次	跨区加收5元/小时，上楼每层加收0.50元
	交电话费	3元/次	
	其　他	面　议	代购搬运大件物品、安装电视天线、水电维修、房屋装修

续表

类　　别	服务项目	收　费	备　注
二、写字楼服务	写字楼卫生	5.6元/小时	以40m² 为标准
	洗玻璃窗	2.5元/m²	包括钢窗、铝合金窗（不包括清洗窗帘布）
	清洗百叶窗	3元/m²	包括塑料、铝合金百叶窗
	购买盒饭	10元/盒	
	交电话费	5元/次	
	外文资料翻译	面　议	
	其　他	面　议	
三、家庭服务：家庭教师来自各大专院校的大学生和在职教师、各专业人士和技术人员	家教（小学）	5.8元/小时	
	（初中）	7元/小时	
	（高中）	8元/小时	
	外语补习	11元/小时	
	音乐、舞蹈、美术补习	16元/小时	
	方言教授（如广东话）	7元/小时	
	专业补习	面　议	
	其　他	面　议	
四、护理服务	照顾病人	5元/小时	不能自理的病危者加收10元/h
	照顾孕产妇	8元/小时	
	医院病床	30元/小时	24h看护，家庭病床40元/天
	其　他	面　议	包括家庭医生、医疗咨询、专家治疗等
五、礼仪服务：备有汽车、摩托车、单车、提供快捷的礼品递送服务	礼品递送	10元/次	礼品不超过2.5kg/件，蛋糕和易碎品加收8元/次，远途须乘车者加收汽油费（以中巴车为准，每公里3元）
六、其他服务	面　议		组织区内住户旅游聚会等

注：以上服务不另收任何介绍费和附加手续

5．物业管理公司的物业经营收入和其他经营收入

物业管理公司在接受发展商委托时，一般都会要求发展商转让部分房产给管理公司，如为小区配套建设的物业设施，物业管理公司可以据此搞一些租赁经营，收取租赁费。物业管理公司也可以利用管理物业的优势，依靠可靠的信息来源，开展房屋的代租代销，代理办理产权转让等中介服务，收取中介费。物业管理公司还应抓住机遇，围绕服务于住宅区，积极开办新企业，这样既能为住户提供优质服务，又能广开财路，增加企业收入。例如深圳市物业管理公司下属就有九个子公司：深圳香港物业清洁管理公司、深圳物业电脑电器服务公司、物业装饰部、物业机电维修部、物业车辆维修部、物业花木服务部等。此外，物业管理公司还可以广开门路，创造尽可能多的利润。例如有的物业管理公司与有关部门合作，开办城市信用社、储蓄所，既能为居民提供配套服务，又能开辟新的收入来源；有的

物业管理公司开办建材购销、商业贸易之类的经营实体创造收益。

6. 国家或地方城市维护费的少量补贴

住宅小区的公用设施是城市公用设施的有机组成部分，如煤气和自来水等设施，其正常运行和维护管理的经费应由国家相应的专业部门承担。不能因为住宅区实行统一管理而削减甚至取消城市建设维护费在住宅区管理上的投入。为了管理上的方便，由各住宅区的管理公司本着为国家分忧、对居民负责的精神，承担起管理职责。但不能否定，国家财政本应承担的部分仍应尽责提供。

7. 可尝试与保险公司开展物业保险业务

与保险公司开展物业保险，可解决突发事故时物业修缮中经费不足问题。例如消防保险、财产保险、房屋保险等。

8. 融资与抵押贷款

在我国城市居民收入不高的现实条件下，住宅区管理与服务收费不可能过高，因而多数物业管理公司都在广开门路多种经营，以增加收入。对于那些大型物业管理公司，其经济实力达到一定程度后，便可直接投资于物业的开发与经营，这就需要进行资金融通，亦即融资。广泛地寻找资金来源，大量获取借贷资金，几乎成了物业投资资金筹措的主导思想。

对于物业投资而言，抵押贷款是资金来源的重要渠道。抵押贷款就是以自己所拥有的物业作抵押，向银行或其他金融机构申请长期贷款的筹资方式。物业管理公司在利用抵押贷款而筹集投资资金时，应遵循如下原则：

（1）公司的债务与其自有资本必须保持适当平衡关系的原则。尽管"负债经营"已成为当代企业经营的生财之道，然而恰当的举债规模仍然是企业要坚持的一个原则，不考虑自身的经济实力与承受能力，一味举债借款对公司是危险的。一遇市场波动，就会带来损失，甚至面临破产的危险。因而"量力而行"，保持公司的负债额与自有资本恰当的比例，是制订筹资方案，进行融资决策的一项基本原则。

（2）尽可能均匀安排债务偿还期的原则。集中于一个时期偿还债务，往往会使公司面临巨大的压力。为了保证公司有较稳定的资金供给，最好同时安排有较长期限的贷款，应力争借贷有一定的偿还宽限期。

（3）妥善安排、有效利用的原则。应尽量安排长期贷款用于项目的开发建设、短期贷款用于支付贷款本息及维持项目经营，充分利用好每一笔贷款。

（4）统筹兼顾、全面考虑的原则。抵押贷款时不仅要认真考虑贷款利息，还应研究赋税条件、法律咨询等问题及不能按时还贷而将承受的惩罚性支出等问题。

（5）妥善制定还贷计划原则。所有的抵押贷款均要按时还本付息。因而，几乎每一笔贷款都应在借贷时就制定好切实可行的还贷计划。应尽可能均匀安排每年支付的贷款本息，作出妥善的财务安排。

（二）经营性物业管理资金的来源

经营性物业是指用于出租能够产生经济收入的物业，如写字楼、零售商业中心、大型贸易市场、工业厂房和仓库等。对此类物业管理统计要求统计者具有系统的统计知识和操作技能，最能反映现代物业管理统计的本质。要搞好经营性物业管理，其资金的来源与使用统计是管理过程中极其重要的一环。

1. 影响经营性物业收益的主要因素

一般来说,影响经营性物业收入的主要因素除了宏观的社会经济状况和供求关系外,还有物业所处的位置、物业的类型及临街状况、租客的类型、租期、楼层、朝向、面积等诸多因素。

物业的位置决定了其使用者与外界环境交往过程中的便利程度。例如,北京西单购物中心虽不如燕莎友谊商城高级,但前者单位面积营业额却比后者高的多。这主要是位置不同导致客流量、购买力等不同而带来的影响。

2. 经营性物业管理资金的来源

经营性物业管理资金来源有三个方面:业主、租户以及多元化经营。

(1) 业主承担。业主是物业管理最主要受益人——按时收租和物业增值,理所应当承担物业管理费用,其管理费的计算方法有两种。

1) 定额法。业主每年承担一定数额的管理费,管理者用之完成合约规定的义务。管理费一般按物业建筑面积或使用面积计算,一座建筑面积 5 万 m^2 的物业,每平方米年管理费 36 元,那么业主每年应承担 18 万元。但该法没能同管理者的效益(租金)联系起来,管理者缺乏经济激励,实际应用具有一定局限性。

2) 比例法。即业主为物业管理者制定最低的年租金收入指标和物业修缮养护指标,完成后按租金收入的一定比例支付的物业管理费。超出部分业主支付额外的管理费。一般地,比例为 3%~5%,可视物业现状条件和管理难易确定。这样就把业主和管理者的利益紧密联系起来,充分调动管理者的经营积极性和创造性。

(2) 租户承担。租户也是物业管理的受益者,享受着管理者提供的保安、卫生清洁、设备维修、信息传递等项服务带来的利益,租户能全身心地投入工作,提高了工作效率,减少了不必要的勤杂人员工资支出。租户上交的管理费一般按使用面积收取,商业铺位一般按柜台计算。如甲级写字楼管理费标准香港为 2.4~3.5 港币/平方英尺,广州世贸大厦为 2.4 港币/平方英尺,广东国际大厦写字楼为 3.1 港币/平方英尺。

商业铺位的出租在全国各大城市的大型商场、购物中心都在实施。如北京赛特购物中心 1993 年每平方米日租金为 7 美元,1994 年实施为 9 美元左右,租约条件为"采用销售倒分成方式租赁,回扣 30%,超过保底销售额部分回扣 25%";燕莎友谊商城租约条件为"商场分成回扣 30%,超额部分回扣 30%"。无论何种租赁方式,租值中均含有一定比例的物业管理费。至于物业管理费占租金的具体比例,目前国内还没有经验数据供物业管理公司指定管理费比例,这有待在实践中进一步探索。

(3) 其他专项服务收入。除了视提供服务的内容和深度不同收取的管理费外,物业管理公司还根据租户的实际需求提供各项服务,这类收入包括公司自行经营的商场购物服务收入、餐饮服务收入、商务中心服务收入、交通服务收入及各种委托代办服务收入等等。对于经营性物业管理来说,各种专项服务收入在整个收入中占有较大的比重。

四、物业管理资金来源统计

如前所述物业经营企业与房地产业的关系决定了物业经营企业统计指标体系来源于房地产业统计指标体系,但也有所侧重和不同。

(一) 房产固定资金统计

1. 房产固定资金统计的意义

房产经营单位所拥有的固定资金,是垫支在劳动手段上的资金,是房产经营单位固定资产价值的货币表现。固定资金的实物形态称为固定资产。固定资产须具备以下几个条件:

(1) 单位固定资产价值在限额以上。目前房产部门规定单位固定资产价值的限额为200元、500元或800元;

(2) 使用年限在限额以上。固定资产是在生产中长期发挥作用的劳动资料,所以,凡属固定资产的物品,通常规定使用年限在一年以上;

(3) 自身的实物形态不变。固定资产在较长的经营过程和生产周期中发挥作用,不改变其本身的实物形态,其价值的实现得以补偿。

对于那些不同时具备以上三个条件的劳动资料(如使用期限虽然较长,但单位价值较低的工具、器具,或单位价值虽够规定限额,但使用期限不够一年的物品),则作为低值易耗品列入流动资金的范围。

城市房屋经营单位的固定资产,是组织经营和生产的重要物质基础。

对房屋经营单位固定资金进行统计分析,是为了正确反映占有固定资产的数量、构成及其变动情况,研究固定资产利用程度和固定资产的运动过程,从而促进房产经营单位加强固定资产的管理,挖掘固定资产的潜力,对于提高整个固定资金的经济效益有着重要的意义。

2. 房产固定资金统计分类

组成房产经营单位固定资金的固定资产,种类复杂,用途、使用情况各异。为研究各种固定资产所占资金之间的比例关系,分析各种固定资产的特点及配备情况,以便准确地对固定资金进行统计、管理和监督,必须首先对固定资金的构成进行科学的分类。按现行统计报表制度,可将固定资产分为六类:

(1) 生产用固定资产

生产用固定资产是指房屋维修养护工程附属生产使用的厂房、设备、测量仪器、运输工具等固定资产。这类固定资产包括:1) 房屋及建筑物;2) 施工机械;3) 运输设备;4) 生产设备;5) 仪器及实验设备;6) 其他生产用固定资产。

(2) 非生产用固定资产

房产经营单位的非生产用固定资产,是指与施工生产和附属生产经营活动无直接关系,而用于各项生活福利设施方面的固定资产,如:医院诊疗所、食堂等占用的房屋及使用的电冰箱等设备。

(3) 未使用固定资产

它是指尚未开始利用的新增固定资产,因生产任务变更等原因而未使用或停止使用的固定资产以及进行扩建改建的固定资产。

(4) 不需用固定资产

它是指不适合本单位需要,已经报请上级等待调拨处理的固定资产。

(5) 封存固定资产

指按照规定程序已经报经上级主管部门和同级财政部门批准封存不用的设备。

(6) 土地

指按规定已经结算入帐的土地。

按照上述分类，分别计算每一类固定资产的价值及其占全部固定资产的比重，可以表明房产经营单位全部固定资产中发挥作用和未发挥作用的固定资产情况，了解各类用途的固定资产的总的结构情况。这对于克服固定资产使用过程中的积压浪费现象，合理调配固定资产，保证生产、生活需要，合理安排固定资产的使用均有着重要的意义。

3. 房产固定资金总量指标

固定资金总量指标，综合地反映房产经营单位在一定时点上所拥有（或占用）的固定资金的总规模。固定资金是固定资产价值的货币表现。固定资产是在房产经营单位的再生产过程中长期发挥作用的劳动资料。固定资产价值指标有以下两种：

（1）固定资产原值指标

固定资产原值是指建造或购置固定资产时所花费的资金，即在固定资产全新状态下的价值。

固定资产原值总额，基本上反映了房产经营单位购置固定资产所耗用的全部资金。它是研究固定资产规模、利用及其构成的基础资料，同时也是分析固定资产新旧程度及计算折旧的依据。

（2）固定资产净值指标

固定资产净值是指固定资产原值减去累计折旧总额后的余值。固定资产在使用过程中，随着磨损将其价值逐渐转移到产品成本中去。而固定资产的磨损价值是通过折旧额来体现的。计算固定资产净值的公式如下：

$$固定资产净值 = 固定资产原值 - 累计折旧$$

固定资产净值实际上是固定资产经过使用后所剩余的价值。把净值与原值对比，可以反映固定资产的新旧程度，为固定资产更新、改造提供依据。

4. 房产固定资金统计分析

（1）分析固定资金的变动状态

固定资金是不断发生变化的，计算固定资金的变动程度，了解其变动趋势，需计算下列指标：

$$固定资金动态相对数 = \frac{报告期末固定资产原值}{报告期初固定资产原值} \times 100\%$$

通过该指标的计算，可以了解固定资金在两个不同时点上的变动程度，反映一定时期内（通常为一年）固定资产变动状态的结果。该指标采用固定资产原值来计算，目的在于通过固定资金价值的变动反映固定资产数量的变动。但由于它是按各个不同时期固定资产原值计算的，因而可能会受到价格变动因素的影响，在应用这一指标分析固定资金变动时，要注意这个问题。

在观察固定资金变动程度的基础上，还需进一步分析固定资金增减变动原因。因为期末固定资产与起初固定资产的差异是由固定资产的增加或减少两个因素形成的。通过下列平衡式可说明这一点：

$$期初固定资产原值 + 本期增加的固定资产原值$$
$$= 本期减少的固定资产原值 + 期末固定资产原值$$

为了深入分析固定资金增减变动的具体原因，以及对固定资金总量变动的影响，可通过固定资金平衡表的形式，把增减变动的各方面原因分别列于资源和分配两侧，进行平衡计算。其简要表式见表 5-5。

固定资金平衡表 表 5-5

资源		分配	
项 目	金 额	项 目	金 额
一、年初数	85.6	三、本年减少数合计	8.9
二、本年增加数合计	11.5	1. 无偿调出的固定资产	—
1. 基建拨款购建的固定资产	7.0	2. 有偿调出的固定资产	—
2. 城市维护费拨款购建的固定资产	—	3. 经批准报废的固定资产	3
3. 专项基金购建的固定资产	2.5	4. 经批准核销盘亏和损毁固定资产	0.4
4. 无偿调入的固定资产	—	5. 提取的固定资产折旧	5.5
5. 经批准转帐盘盈的固定资产	2.0		
		四、年末数	55.2
总 计	97.1	总 计	97.1

在固定资金增减变动的对应关系上，平衡式说明固定资金变动的简明过程，而平衡表则说明变动的原因及其数量表现。在实际工作中，应把两者结合应用。

(2) 分析固定资产磨损状况

固定资产在生产经营过程中，必然逐渐磨损直到报废。固定资产的磨损过程，也是固定资产的价值以折旧的形式逐步的转移到成本中去的过程。也就是说，这部分价值要通过成本从价款中得到补偿，构成固定资产的"折旧基金"。

固定资产使用中的磨损情况，通常是通过计算固定资产磨损系数来反映的。其计算公式为：

$$固定资产磨损系数 = \frac{固定资产磨损额}{固定资产完全原始价值}$$

固定资产磨损额，是固定资产历年折旧的的累计数。因此，可以用累计折旧额代替磨损额。固定资产原值减去固定资产磨损额，即为固定资产净值。所以，在计算固定资产磨损系数，反映固定资产磨损程度的同时，还可以通过固定资产净值与原值的对比，来反映现有固定资产的新旧程度。这个指标计算公式为：

$$固定资产新旧程度 = \frac{期末固定资产净值}{期末固定资产原值} \times 100\%$$

(3) 分析固定资金利用所产生的经济效益

固定资金是房产经营单位资金的重要组成部分，是实现扩大再生产的物质基础。因此，充分利用固定资产，是增加生产，提高经济效益的重要手段。

固定资金利用的经济效益，主要是通过单位产值（或经营收入）平均占用固定资产价值的指标来反映的。在固定资产价值量为一定的条件下，固定资产利用得充分。效益就高，单位产值（或经营收入）占用的固定资金就少；反之，则效果正相反。为此，需计算下列指标：

$$单位产值(经营收入)占用的固定资产价值 = \frac{平均固定资产原值}{修缮总产值(经济总收入)}$$

单位产值（经营收入）占用的固定资金数量少，是经济效益好的标志，反之，则说明经济效益差。

固定资产利用的好坏，还可以从另一个角度进行观察，即单位固定资产平均提供的产值（经营收入）。其数值越大，则说明固定资产利用越充分，经济效益就越好。反之，则说明固定资产利用不充分，经济效益差。这一指标公式如下：

$$单位固定资产提供的产值（经营收入）=\frac{修缮总产值（经营总收入）}{平均固定资产原值}$$

改善固定资产的利用是经营管理中的一个重要课题。上述指标是反映固定资产利用优劣的综合性指标，为了深入说明问题，在实际工作中，需结合具体情况作具体分析，方能得出正确科学的结论。

（二）房产流动资金统计

1. 房产流动资金统计的意义

房产经营单位为了进行经营活动，除必须拥有一定数量的固定资金以外，还必须拥有一定数额的流动资金。以出租房屋为主要业务的房产经营单位的流动资金，包括组织房屋经营和修缮施工过程中用来支付工资、购买材料、工具以及其他各项费用开支等所必须的资金。它是房产经营单位全部资金中的重要组成部分，是进行正常经营活动的必要条件。

与固定资金相比，流动资金的特点是：在生产过程中逐渐改变其自身的实物形态，其价值一般是一次全部转移到产品中去。随着房产经营单位生产经营过程的不断延续，流动资金也不断地运动着，就一个循环来说，它总是以货币资金形式作为其开始和终结的形态。在房产的经营过程中，流动资金以货币形态开始，顺次经过房产及物料用品的购入，房产的出租、出售，然后又回到货币形态，形成流动资金的循环。

房产经营单位的流动资金使用得充分、合理，可以以较少的资金完成更多的生产任务，这实际上是相对节约了资金。对流动资金进行统计研究，是为了正确反映房产经营单位在一定时点上占用流动资金的总量，流动资金的构成和利用状况，并进行分析，以便充分发挥流动资金的作用，达到充分、合理的使用流动资金的目的。

2. 房产流动资金统计分类

为了正确反映房产经营单位流动资金总量，研究流动资金对生产的保证程度和分析流动资金的利用状况，需对流动资金进行分类。流动资金常用的分类有以下几种：

（1）按流动资金在生产经营过程中所处的领域分类

1）生产领域流动资金

生产领域流动资金是指储备资金和生产经营资金。储备资金是处于生产准备状态的流动资金，主要包括各种材料、机械配件、低值易耗品、劳保用品等项占用的资金。生产经营资金是指处于生产经营过程中的流动资金，通常是指未完施工、待摊费用等项目占用的资金。

2）流通领域流动资金

流通领域流动资金是指应收已完工程款、应收款、现金和银行存款等项目占用的资金。这些资金虽然是生产经营所不可缺少的一个组成部分，但必须保持在合理的水平上，力求在保证生产经营正常进行所需资金管理的条件下，尽量少占用资金。

（2）按国家对流动资金管理方式分类

1）定额流动资金

定额流动资金是指国家和房产经营单位为了保证房产经营业务的正常进行而经常占用

的、数额比较稳定的那部分资金。定额流动资金必须核定一个合理的占用额度，并实行定额管理。它是流动资金分配和管理的依据。

2）非定额流动资金

非定额流动资金是指房产经营单位在经营过程中，占用数不够稳定或不需要确定经常占用额度，不核定定额的那部分资金。如银行存款、库存现金和其他应收款等。由于这些资金一般难以或无需确定其经常需要量，所以不采取定额管理的办法。

（3）按流动资金形成的来源分类

1）自有流动资金

自有流动资金是指国家通过主管部门按核定的流动资金定额拨付给房产经营单位长期周转使用的资金，以及由单位内部形成的自有资金转化为流动资金。房产经营单位对这部分资金在规定的范围内有权自行支配使用，可以经常占用而不需要按期归还。

2）银行借入流动资金

是指向银行借入的超定额借款、超储积压物资借款等。银行借入流动资金必须按规定用途使用，同时还必须有房产、物资作保证。这类流动资金必须定期归还并支付利息。

3）其他借入流动资金

其他借入流动资金是指除国家拨给和银行借入的以外所借入的流动资金。主要是指房产经营单位的定额负债。在经营过程中，由于结算期固定而能够经常占用的应付款，可以视为自有资金一样使用。如未到结算期所收取的委托代理经营房产的房租，本单位的应付工资、应付现金等。

房产经营单位流动资金的构成，如图5-1所示。

3. 房产流动资金统计指标

流动资金统计的首要任务，是反映房产经营单位在一定时点上占用流动资金的数量、水平。为此，需计算下列指标：

（1）流动资金总量指标

流动资金总量指标反映房产经营单位在一定时点上所占用的流动资金的规模。这一指标通常是用月末、季末、年末流动资金数量来表示的。它包括储备资金、生产资金、产品资金、结算资金等等。

（2）平均流动资金指标

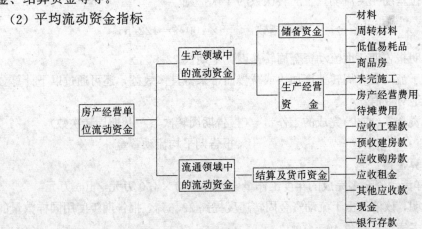

图5-1 房产经营单位流动资金构成图

流动资金在不同时间上的数额是不同的,也就是说,随着生产经营状况的变化时多时少。因此,为了反映房产经营单位在一段时间内占有流动资金的水平,需要计算流动资金平均占用额,为房产经营活动分析提供依据。平均流动资金计算公式如下:

$$平均流动资金 = \frac{期初流动资金 + 期末流动资金}{2}$$

4. 房产流动资金利用分析

充分合理地使用资金,不断提高流动资金的利用程度是房产经营管理的重要内容。房产单位流动资金利用情况,可以从流动资金周转速度和流动资金占用率两个方面进行分析。

(1) 流动资金周转速度分析

流动资金的周转,能够全面反映房产经营单位生产经营活动过程。充分利用流动资金就是加速资金周转,这样,可以用相对的资金,完成更多的生产任务,取得较好的经济效益。所以,计算流动资金周转速度指标,反映房产经营单位资金周转的快慢,对于加强房产经营单位的资金管理有着重要意义。

1) 周转次数指标

周转次数是指流动资金更新的次数。在时间相等的条件下,周转次数越多说明流动资金使用越充分,经济效益越高,反之,则说明资金使用不充分,经济效益差。周转次数指标计算公式为:

$$周转次数 = \frac{修缮工作量(经营周转额)}{平均流动资金}$$

设某房产经营单位报告期年度完成修缮工作量2200万元,平均流动资金为450万元,则:

$$流动资金周转次数 = \frac{2200}{450} = 4.9(次)$$

计算结果表明,该单位在报告期年度流动资金周转4.9次。

为了表明不同时期流动资金周转次数的变动程度,可计算流动资金周转次数指数。流动资金周转次数是表明周转速度快慢程度的相对数。其公式如下:

$$周转次数指数 = \frac{报告期周转次数}{基期周转次数} \times 100\%$$

再设上述单位基期年度流动资金周转次数为4次,则

$$流动资金周转次数指数 = \frac{4.9}{4} \times 100\% = 122.5\%$$

计算结果说明报告期年度流动资金周转速度比基期快22.5%。

为了说明由于流动资金周转速度加快或减慢而带来得具体效益,还可通过以下计算公式求得这种效益的绝对数值。

用同样流动资金多(或少)完成的工作量 = (报告期周转次数 - 基期周转次数) × 报告期平均流动资金

仍据上例计算,得:

用同样流动资金多完成的年度工作量 = (4.9 - 4) × 450万元 = 405万元

计算结果表明,该单位由于流动资金周转速度提高22.5%,报告期年度用同样数量的流动资金,比基期多完成工作量405万元。

2) 周转日数指标

指流动资金周转一次所需的时间。周转日数越少,说明资金周转速度越快。周转日数指标的计算公式如下:

$$流动资金周转日数=\frac{一定时期日数\times 平均流动资金}{修缮工作量(经营周转额)}$$

式中,一定时期日数采用日历天数,年度按 360 天计算,季度按 90 天计算,月度按 30 天计算。

设某施工单位报告期某年修建工作量 2200 万元,平均流动资金为 450 万元,则:

$$流动资金周转日数=\frac{360\times 450}{2200}=73.6(天)$$

也可利用流动资金周转日数指数来进行不同时期的对比,以反映周转日数的增减变化程度。其计算公式为

$$流动资金周转日数指数=\frac{报告期周转日数}{基期周转日数}\times 100\%$$

再设该施工单位基期年流动周转日数为 90 天,则:

$$流动资金周转日数指数=\frac{73.6}{90}\times 100\%=81.8\%$$

计算结果表明,该施工单位年度流动资金周转一次所需时间,报告期比基期减少 18.2%。由于周转速度的变动而节约或浪费的流动资金的计算公式为:

$$周转日数的变动而节约或浪费资金=(报告期周转日数-基期周转日数)\times 平均每日工作量$$

仍用前例资料,该施工单位年度平均每日工作量为 6.1 万元,则:

$$由于周转日数加快而节约的流动资金=(73.6-90)\times 6.1=-100.04\ 万元$$

计算结果表明由于流动资金周转日数报告比基期缩短了 16.4 天,使该施工单位报告期节约了流动资金 100.04 万元。

(2) 流动资金产值资金率分析

对于流动资金的分析,通常采用上述介绍的流动资金周转次数和流动资金周转日数两个指标。但有时也使用产值资金率指标。产值资金率有两个考核指标:

1) 每百元定额流动资金提供产值

$$每百元定额流动资金所提供产值=\frac{总资产(工作量)}{定额流动资金平均占用额}\times 100\%$$

该指标是概括说明流动资金利用效果的指标,通常按年度计算。总产值反映着单位生产规模及其成果。每百元定额流动资金所提供的产值,可以表明资金占用同生产规模及生产成果的关系。

2) 每百元工作量平均占用的流动资金

计算公式为:

$$每百元工作量平均占用流动资金=\frac{流动资金年平均占用额}{报告期内完成总产值(工作量)}\times 100\%$$

该指标反映流动资金占用与修缮工作量或完成总产值之间的比例关系。每百元修缮工作量占用流动资金越少,表明流动资金利用效果越好。

上面叙述的流动资金统计指标分析方法,应当结合实际情况加以选用。

五、物业管理资金来源常用的统计报表

1. 物业管理服务收费申请表,见表5-6。

物业管理服务收费申请表　　　　　　　　　　　　　　　　表 5-6

物业管理服务基本情况						
申请单位	名　称			电　话		
	地　址			邮　编		
服务物业	名　称			电　话		
	地　址			邮　编		
小区占地面积		建筑用地面积	绿化面积	道路面积	其　他	
总建筑面积		住宅面积	办公(写字)楼面积	商铺面积	其　他	
住宅类别	解困房、微利房、福利房		m²	户		
	普通多用住宅		m²	户		
	普通高层住宅		m²	户		
	高级高层住宅		m²	户		
	高级住宅、别墅		m²	户		
	其　他		m²	户		
备　注						

2. 申请综合服务费标准表,见表5-7。

申请综合服务费标准(元/月·m² 建筑面积)　　　　　　　　表 5-7

1. 解困房、微利房、福利房	
2. 普通多层住宅	
3. 普通高层住宅	
4. 高级高层住宅	
5. 高级住宅、别墅	
6. 办公(写字)楼	
7. 商场(营业场地)	
8. 饮食业	
9. 其他	

代收代付服务项目	收费标准	备　注
其他服务项目	收费标准	备　注

注:表中不够位置或缺项的可另作书面补充。

3. 物业管理收费成本计算表，见表5-8。

物业管理收费成本计算表（单位：元/月） 表5-8

序号	收费成本构成及计算	金额	备注
1	管理服务人员的工资和按规定提取的福利费		
2	公共设施、设备日常运行、维修及保养费		
3	绿化管理费		
4	清洁卫生费		
5	保安费		
6	办公费		
7	物业管理单位直接用于物业管理的固定资产折旧费		
8	其他上缴费用		
9	小计（1+……+8）		
10	公共设备设施经营收入结余		
11	法定税金		
12	企业利润		
13	综合服务管理费总额		
14	每平方米综合服务管理费（总建筑面积　m²）		

4. 专项服务情况表，见表5-9。

专项服务情况 表5-9

服务项目	有○无×	内容	备注
1. 上门收垃圾			有服务的打"○" 无服务的打"×"
2. 代收水费			
3. 代收电费			
4. 清洁水池			
5. 清疏化粪池及排污设施			

5. 物业管理费通知单，见表5-10.1～5-10.2。

物业管理费通知单　　　　　　　　　　　　　　　表5-10.1

××大厦（小区）物业管理费标准已经×月×日业主管理委员会讨论通过，自公布之日起执行，望各位业主（用户）回执并遵照执行。

业主回执	业主（用户）意见： 业主（用户）签名： 　　　　　年　月　日		业主回执	业主（用户）意见： 业主（用户）签名： 　　　　　年　月　日	
	费　用　项　目	费用标准（元/月·m²）		费　用　项　目	费用标准（元/月·m²）
1	行政办公费用 P_1		7	保安费 P_7	
2	一般公共设施维修费 P_2		8	收视费 P_8	
3	电梯费 P_3		9	保险费 P_9	
4	空调费 P_4		10	储备金 P_{10}	
5	环卫清洁费 P_5		11	管理者酬金 P_{11}	
6	绿化费 P_6		12	税项 P_{12}	

××大厦（小区）交款通知单　　　　　　　　　　　表5-10.2

收费月份：　　年　月　　房号：　　　　单位名称：

业主回执	业主（用户）意见： 业主（用户）签名： 　　　　　　　　　　　年　月　日				
上月读数	本月读数	实用数	单　价	常用项目	金　额（元）

注：自发单之日起15日内缴清，现金、转帐均可。拖欠者按违约加罚滞纳金。
（1）交款地址：
（2）开户银行
　　　　　帐号：
　　管理公司名称：
　　　　垂询电话：

物业管理费	
停车费	
收视费	
空调附加费	
滞纳金	
总金额	

第二节　物业管理资金使用统计

一、物业管理资金使用

（一）居住性物业管理资金使用

1. 物业管理资金的使用原则

（1）为业主和租户服务原则。为业主和租户服务是物业管理的本质。

（2）实行分类存储、专项使用原则。各类不同的物业管理经费筹集以后，还需妥善管理，实行分类存储、专项使用。维修基金的使用还须与业主委员会或建设单位商定。

（3）坚持合理使用原则。物业管理公司要本着对业主和租户负责的精神，合理、节俭使用资金，使每一分钱都发挥效益。

2. 物业管理资金的使用项目

（1）管理费的使用范围

1) 公司员工的工资、福利及各种保险金额；

2) 机电设备、消防系统的维修和保养；

3) 公共设施维修保养；

4) 园庭绿化管理；

5) 清扫保洁；

6) 治安保卫；

7) 公共服务；

8) 公共水电费、办公用品等他项开支；

9) 其他为管理发生的合理支出。

根据"综合管理，全面服务"的方针和"取之于民，用之于民"的原则以及住宅区的环境、设施管理要求与费用开支水平的不同，以各区域为独立核算单位，按实际开支预算，把各项管理的收费与总的使用面积进行分摊来计算出管理费的收费标准。各管理区域管理费收支单独建帐，不挪到其他管辖区使用。物业管理公司应定期向业主和租户公布帐目。

（2）维修基金的使用要求

1) 维修基金应分类储存，专款专用，不得挪作他用；

2) 动用维修基金，事先必须与业主委员会商定；

3) 工程结算，公布帐目。

（3）物业管理公司多种经营的收入可投资于其他盈利项目。

由于各省、自治区、直辖市经济发展状况不一，物业管理费用支出的标准也不尽相同。例如，上海地区的大楼、公寓、新式里弄及多层新公房等四种类型物业管理全年发生费用统计如表5-11、表5-12、表5-13、表5-14所示。

大　楼　　　　　　　　　　　表5-11

房屋名称	京西大楼	类　型	职工住宅（一）	年租金收入	居住35094元＋非居住64444元＝99538元		
占地面积	730.58m²	建筑面积	8767m²（其中非居住936.2m²，居住7830.8m²）	居民户数	居住户134户，非居住户7户	人口数	469
						幢数	1

	序号	项目	内容构成	费用金额
物业管理全年发生费用	1	土建、水电、特种修理养护	每平方米小修费1.00元；1.00×8767＝8767元	8767元
	2	房屋附属设备修理养护	电梯2部，每部每月养护费1000元；消防管道、避雷带每月100元；水泵2台，每台每月养护费100元；(1000×2＋100×2＋100)×12＝27600元	27600元
	3	路面沟管修理养护	按小修经费40％计算，8767×40％＝3507元	3507元
	4	房屋大修基金预提	电梯三年大修一次，每次3万元；水泵三年大修一次，每次3000元；房屋大修80元/m²，15年为周期；30000×2÷3＋3000×2÷3＋80×8767÷15＝68757元	68757元

续表

	序号	项目	内容构成	费用金额
物业管理全年发生费用	5	房屋附属设备重置资金预提	电梯更新每部45万元,15年为周期;水泵更新每台4万元,20年为周期;消防管道、避雷带更新1万元,20年为周期;450000×2÷15+40000×2÷20+10000÷20=64500元	64500元
	6	保安	保安人员配备4人,每人每月700元;700×4×12=33600元	33600元
	7	环卫清运	享受直管公房待遇,暂不计	
	8	保洁	保洁人员配备2人,每人每月700元;700×2×12=16800元	16800元
	9	绿化、灭蚊、打蜡	绿化面积403m^2,养护费2元/m^2;树木购置费2元/m^2;(2+2)×403=1612元	1612元
	10	公用水电煤费用支出	电费按1994年6月计1572元,考虑涨价因素加30%;1572×(1+30%)×12=24523元	24523元
	11	人员费用支出	管理人员1人,按1200元/月,1200×12=14400元;电梯驾驶员4人,按1200元/月,1200×4×12=57600元;14400+57600=72000元	72000元
	12	管理费用支出	按上述1~11项合计乘以3%,321666×3%=9650元	9650元
	总计		321666+9650=331316元	331316元

公寓

表5-12

房屋名称	大华公寓	类型	公寓	年租金收入	居住73962元+非居住74217元=148179元		
占地面积	4725m^2	建筑面积	13296m^2(其中非居住888m^2,居住12408m^2)	居民户数	居住户216户,非居住户7户	人口数	567
						幢数	1

	序号	项目	内容构成	费用金额
物业管理全年发生费用	1	土建、水电、特种修理养护	每平方米小修费1.00元;1.00×13296=13296元	13296元
	2	房屋附属设备修理养护	电梯1部,每月养护费1000元;消防管道、避雷带每月100元;水泵2台,每台每月养护费100元;(1000+100+200)×12=15600元	15600元
	3	路面沟管修理养护	按小修经费40%计算,13296×40%=5318元	5318元
	4	房屋大修基金预提	电梯三年大修一次,每次3万元;水泵三年大修一次,每次3000元;房屋大修80元/m^2,15年为周期;30000÷3+3000×2÷3+80×13296÷15=82912元	82912元
	5	房屋附属设备重置资金预提	电梯更新每部45万元,15年为周期;水泵更新每台4万元,20年为周期;消防管道、避雷带更新1万元,20年为周期;450000÷15+40000×2÷20+10000÷20=34500元	34500元
	6	保安	保安人员配备4人,每人每月700元;700×4×12=33600元	33600元
	7	环卫清运	享受直管公房待遇,暂不计	
	8	保洁	保洁人员配备2人,每人每月700元;700×2×12=16800元	16800元
	9	绿化、灭蚊、打蜡	绿化面积640m^2,养护费2元/m^2;树木购置费2元/m^2;打蜡面积6545m^2,1元/m^2,每季度1次;(2+2)×640+1×4×6545=28376元	28376元
	10	公用水电煤费用支出	电梯动力1200元/月,路灯300元/月,自来水、煤气100元/月;(1200+300+100)×12=19200元	19200元
	11	人员费用支出	管理人员1人,按1200元/月,1200×12=14400元,电梯驾驶员4人,按1200元/月,1200×4×12=57600元;14400+57600=72000元	72000元
	12	管理费用支出	按上述1~11项合计乘以3%,321602×3%=9648元	9648元
	总计		321602+9648=331250元	331250元

新 式 里 弄　　　　　　　　　　　　　　　　　　　表 5-13

房屋名称	沁园村	类　型	新　里	年租金收入	居住56240元+非居住17625元=73865元	
占地面积	4725m²	建筑面积	12239m²(其中非居住869.84m²,内含学校577.88m²,居住11369.16m²)	居民户数	居住户254户,非居住户15户	人口数　约1000
						幢数　56

	序号	项　目	内　容　构　成	费用金额
物业管理全年发生费用	1	土建、水电、特种修理养护	每平方米小修费为1.00元;1.00×12239=12239元	12239元
	2	房屋附属设备修理养护		
	3	路面沟管修理养护	按小修经费40%计算,12239×40%=4896元	4896元
	4	房屋大修基金预提	按80元/m²,周期15年;80×12239÷15=65275元	65275元
	5	房屋附属设备重置资金预提		
	6	保安	保安人员配备4人,每人每月700元;700×4×12=33600元	33600元
	7	保洁	保洁人员配备2人,每人每月700元;700×2×12=16800元	16800元
	8	环卫清运	享受直管公房待遇,暂不计	
	9	绿化、灭蚊、打蜡	无绿化,不提供打蜡服务	
	10	公用水电煤费用支出	公用路灯300元/月;300×12=3600元	3600元
	11	人员费用支出	管理人员1人,按1200元/月,1200×12=14400元	14400元
	12	管理费用支出	按上述1~11项合计乘以3%;150810×3%=4524元	4524元
		总　计	150810+4524=155334元	155334元

多 层 新 工 房　　　　　　　　　　　　　　　　　　表 5-14

房屋名称	向新小区	类　型	职工住宅(二)	年租金收入	居住41905元+非居住49300元=91205元	
占地面积	6830m²	建筑面积	13024m²(其中非居住704m²,居住12320m²)	居民户数	居住户237户,非居住户1户	人口数　824
						幢数　10

	序号	项　目	内　容　构　成	费用金额
物业管理全年发生费用	1	土建、水电、特种修理养护	每平方米小修费为1.00元;1.00元×13024=13024元	13024元
	2	房屋附属设备修理养护	消防管道、避雷带每月100元;水泵2台,每台每月养护费100元;(200+100)×12=3600元	3600元
	3	路面沟管修理养护	按小修经费40%计算,13024×40%=5210元	5210元
	4	房屋大修基金预提	水泵每年按1000元/台计算;房屋大修80元/平方米,15年为周期;1000×2+80×13024÷15=71461元	71461元
	5	房屋附属设备重置资金预提	水泵更新每台4万元,15年为周期;40000×2÷15=5333元	5333元
	6	保安	保安人员配备4人,每人每月700元;700×4×12=33600元	33600元
	7	保洁	扫弄工1人,新工房公用部位保洁2人,每人每月700元;700×3×12=25200元	25200元
	8	环卫清运	享受直管公房待遇,暂不计	
	9	绿化、灭蚊、打蜡	绿化面积862m²,养护费2元/m²,树木购置费2元/m²;(2+2)×862=3448元	3448元
	10	公用水电煤费用支出	泵房电费每台4000元/年,公用路灯300元/月;4000×2+300×12=11600元	11600元
	11	人员费用支出	管理人员1人,按1200元/月;1200×12=14400元	14400元
	12	管理费用支出	按上述1~11项合计乘以3%;186876×3%=5606元	5606元
		总　计	186876+5606=192482元	192482元

(二) 经营性物业管理资金使用

经营性物业管理资金的使用主要有三个方面：管理费用、营租费用、税费。因为物业管理公司接管物业有的空间已出租，有的待出租。其工作包括两部分，一是管理好物业，为现有租户提供良好服务；二是加强管理工作，尽快租出空置房屋，把空置率降低最低限度。

1. 管理费用支出

经营性物业管理的费用支出一般包括下列内容：

(1) 建筑物的维修费用。平均的维修费用取决于建筑物建造和设计的类型、建筑物的楼龄以及租约中规定的租户承担的责任范围。最有效的方法就是参照建筑物实际情况，求出建筑物内、外部修理所需的周期性费用，并将这笔费用折算成年金，再将所算出的结果与类似物业的相关费用进行比较。

(2) 机电设备管理费用。机电设备如发电机、中央空调、电梯、供电、供水、消防、通信等设施设备，其运行与维修费用与设备质量关系大，贵重设备的维修费用较高。

(3) 治安保卫管理费用。保安人员工资和防盗报警设备维修保养费是该项主要支出。

(4) 卫生清洁管理费用。该项费用主要取决于所雇佣清洁工数量的多少，以及清洁工具及用品的消耗支出。

(5) 职员工资以及福利。职员费用要视实际情况来定，应注意考虑实际雇佣的职员数量对物业管理来说是否足够，这些职员主要是为保证建筑物正常使用而必须雇佣的人员。

(6) 办公费。物业管理公司日常工作购置办公用品所需费用，如办公桌椅、电话、传真机、笔墨纸张等。

(7) 保险费。保险费随选择的险种不同，承保范围也不同，一般承保范围越广保险费越高。一般来说，火险是最主要的选择险种，其他还要包括公众责任险、人生财产安全险、电梯保险等。

表5-15反映上述各项费用分配的比例。

广州世贸大厦与香港甲级写字楼管理费用支出统计比例对照　　　表5-15

	工资津贴	电费	办公费	保险费	酬金	设备维修	清洁
广州	15%	37%	2.1%	3.6%	8%	13%	15%
香港	30%	30%	5%	5%	10%	15%	10%

分析表5-15可以看出，在费用比例上，大陆的人工费用较低，而电费和清洁费用则较高。这主要是由于大陆业务管理尚处于起步阶段，许多硬件设施都不能很好地配合，使得水、电等可变费用占管理费用的比重过大。作为物业管理公司应分析原因，尽量将这些费用控制在较低的水平，从而降低物业管理的管理成本，对业主、租户和公司都是大有益处的。

2. 营租费用

物业管理公司接管用于出租的物业的管理任务后，还要花费大量的财力和人力从事营租管理，这是因为：

(1) 保证入住租户的需要。虽然租户签订了租约并入住，但若管理不善或者经营方式不力，达不到租户期望的目标，那么租户会在租约期满后另觅他处。这一点对商业物业特别重要，铺位虽然租出，但如果在一定时间内管理不能采取有效措施吸引顾客来购物，门前冷落，交易暗淡，租户盈利无望，就容易撤离不干。业主和管理公司的经济效益也难以实现。

(2) 吸引新租户的需要。通过高质量的物业管理和有效营租活动吸引潜在租户，尽可能提高物业的出租率。

(3) 增强竞争优势的需要。经营性物业租赁市场不是一成不变的，而是动态的、时刻变化的，竞争性租赁物业不断涌现，租约条件越来越优惠，要使自己始终立于不败之地，就必须加强营租工作，提高竞争能力，为租户提供质高价廉的服务。

营租费用是物业管理公司为开拓市场，加强竞争力所需要的费用。

(1) 广告费。广告是提高物业形象，扩大物业知名度，吸引租户的重要手段。在整个营租费用中，广告费占较大的比重。广州玛莎世界广场就是采取报纸媒体公开招租的。该广场为大型购物中心，占地 $8600m^2$，商场总面积 $20475m^2$，配套足够的写字楼，正门外广场面积 $3000m^2$，停车位 100 个。该广场采取大百货公司式的管理方式，由专业物业管理公司统一经营管理。通过《羊城晚报》把上述信息传递给目标客户，每次广告费至少在 5 万元以上，可见其费用是相当高的。

(2) 代理费。这是指物业管理公司委托他人或单位代理营租业务，利用对方的知识、经验和信息网络办理租赁，并根据代理者业绩大小付给代理服务费的一种费用。由于代理人或单位只起中介作用，所以一般都以中介费标准付费。中介费标准因地而异，一般按成交额的 1‰～5‰ 计算，成交额越大计费基础增大，百分比降低。

(3) 公共关系费用。成功的公共关系活动对营租工作有着巨大的促进作用，因为良好的公共关系而联系的客户成功率高，相处融洽。完善的公共关系方案的实施也需要不少的开支，管理者一定要在充分调查研究的基础上做决策。

(4) 其他费用。这是指进行营租推广活动所需要各种杂项支出，也应在预算中予以考虑。

3. 有关税费

物业出租经营过程中的主要税费包括房产税、营业税、城市建设维修税、教育附加费和土地使用税。

(三) 物业资金使用周期性

任何物业都存在由新到旧最后更新的周期，物业管理也有周期性，即具有起步、成长、成熟、衰退直至消亡的生命历程。不同阶段物业管理重点明显不同，起步阶段重点是建立健全物业管理规章制度并逐一落实，建立管理队伍；衰退阶段的重点则是维修，包括房屋、配套设备和设施。住宅的生命周期一般为 60～70 年。物业管理周期也是 60～70 年，商业房周期或长或短，管理周期随之变化。

物业管理周期的不同阶段，管理资金使用的重点和方式不同，需要量也不同。起步阶段需要投入的项目多，且多为新项目，资金需求量大，但产出率小，许多项目投资后需要长时间消化才能有收入，所以企业利润率低；成熟期，管理工作走向正规，一切有序进行，投资项目少，管理费用低，收入项目多，企业利润高；衰退期，维修费用增加，其他项目不变的情况下，企业利润率逐步降低。所以物业管理周期理论对于物业管理资金的使用，物业管理评价具有很强的指导意义。

二、物业资金使用效率统计

（一）物业资金利用效率指标体系

物业资金指物业管理公司企业进行经营活动所占用的财产物资的货币表现以及物业管理公司所拥有的货币资金的总和。物业管理公司只有筹集足够的资金（以购置必要的设备、物资材料，支付工资等各项有关费用），才能组织正常的经营活动；物业管理公司通过提供劳务和服务维修，从而取得经营收入，收回资金。可见，物业管理公司如何有效利用资金、提高资金的使用效率对物业管理公司的生存发展具有重大意义。

1. 流动资金利用效率指标

（1）流动资金的周转速度指标。该类指标有流动资金周转次数、流动资金占用率（周转次数的倒数）、流动资金周转天数三个指标。理论上应以经营成本作为对应于流动资金投入的产出成果，当它们等值时相当于完成了一次周转；实际操作中为了统计数据采集的方便，习惯以经营收入作为对应于流动资金投入的产出成果，实际上当它们等值时尚未完成流动资金的依次周转；另外，该类指标着重于回收的速度，并不反映是否增值。因此，它们并非严格意义上的大小，在盈利的前提下周转越快、效果越高。

（2）流动资金的利用率指标。该类指标应以流动资金利润率、流动资金利税率、流动资金收益率为主，可辅以流动资金增加值率和流动资金总产值率，前三者是严格意义上的流动资金投入的效率指标，后两者与流动资金销售收入率（周转次数）意义相当。该类指标的基本计算公式为：

$$\text{流动资金的利用率（元/百元）} = \frac{\text{报告期利润额（或利税额或收益额或增加值或总产值）（元）}}{\text{报告期流动资金平均余额（百元）}}$$

式中　收益额＝利润＋税收＋利息＋折旧

2. 固定资金利用效率指标

固定资金的效率指标即固定资产利用率，习惯上称为百元固定资产利润额、百元固定资产利税额、百元固定资产收益额、百元固定资产营业收入、百元固定资产增加值、百元固定资产总产值，计算方法只要将流动资金利用率指标的分母换为报告期固定资金平均余额即可。与流动资金利用率指标意义相同，前三者为严格意义上的固定资金投入的效率指标。实务中经常计算后两者的倒数，称为百元产值占用固定资金。

3. 全部资金利用效率指标

同样，全部资金利用率习惯上称为百元资产利润额、百元资产利税额、百元资产收益额、百元资产营业（销售）收入、百元增加值、百元资产总产值，计算方法只要在固定资金利用率指标的分母中加上报告期流动资金平均余额即可。同理，前三者为严格意义上的全部资金投入的效率指标。实务中也经常计算后两者的倒数，称为百元产值占用全部资金。

（二）资金利用效率变动因素构成设计

1. 效率指标变动因素构成设计的基本原则

效率指标一般均由两个总量指标派生而得，如果能找到与原有两个指标对比均有经济意义的第三个指标，那么就可建立三个指标间的构成关系式，并可依次类推。例如：

$$\text{某效率指标} = \frac{A\text{指标}}{B\text{指标}} = \frac{A\text{指标}}{C\text{指标}} \times \frac{C\text{指标}}{D\text{指标}} \times \frac{D\text{指标}}{E\text{指标}} \times \frac{E\text{指标}}{F\text{指标}} \times \frac{F\text{指标}}{B\text{指标}}$$

上述构成关系式揭示了某效率指标的变化取决于五个指标变化的影响，这样就有助于寻找原因、采取措施，集中力量解决关键因素。

2. 资金效率指标变动因素构成设计举例

(1) 资金利税率因素构成设计

$$资金利税率 = 产值利税率 \times 资金产值率$$
$$= 销售利税率 \times 产值销售率 \times 资金产值率（百元资产总产值）$$
$$= 销售利税率 \times 产值销售率 \times \frac{1}{(1-物耗率)} \times 资金净产值率$$

(2) 流动资金利用率因素构成设计

$$流动资金利润率 = 销售利润率 \times 流动资金周转次数$$
$$= 销售利润率 \times 商品销售率 \times 产值商品率 \times 流动资金产值率$$

(3) 定额流动资金周转天数因素构成设计

$$定额流动资金周转 = \frac{(储备资金平均余额+生产资金平均余额+成品资金平均余额) \times 日历日数}{产品销售成本}$$
$$= (储备资金周转天数 \times 材料费占销售成本比重)$$
$$+ (生产资金周转天数 \times 生产成本占销售成本比重)$$
$$+ (成品资金周转天数 \times 发出商品成本占销售成本比重)$$

(4) 固定资产增加值率因素构成设计

$$固定资产增加值率 = 全员劳动生产率 \times \left(\frac{1}{全员固定资产装备率}\right)$$

第三节 物业管理资金筹措统计

资金筹措统计是物业投资经济活动过程中关键的一环，而广泛地寻找资金来源，大量获取借贷资金，也几乎成了物业投资资金筹措统计的指导思想。

物业企业资金来源不外两种，即自有资金与借贷资金，其具体的来源途径如前所述。

一、筹资资本统计

筹资资本就是通常所说的资金成本。对于企业来说，无论采用何种筹资方式，都要花费一定的代价，付出相应的费用，即使企业使用自有资金，一样要付出一定的代价。企业取得和使用资金而支付的费用（资金成本）统计，包括资金筹集费用统计和资金占用费用统计两部分。资金筹集费用统计是企业在筹资过程中发生的各种费用统计，如委托金融机构代理发行股票、债券的注册费和代办费，向银行借款支付的手续费等；资金占用费用统计是企业因使用资金而向资金提供者支付的报酬统计，如向股东支付的股息、红利，向债券人支付的利息以及向出租人支付的租金等。资金成本统计通常用相对数表示，称为资金成本率，其计算公式如下：

$$K = \frac{D}{P-F} \quad 或 \quad K = \frac{D}{P(1-f)}$$

式中　K——资金成本率；

D——资金占用费率；

P——筹集资金总额；

F——筹资费用；

f——筹资费用率，即资金筹集费用占筹集资金总额的比率。

1. 各种来源资金的资金成本统计

各种来源资金的资金成本　　　　　　　　　　　　　　　　表 5-16

资金来源	资金成本率	备注
发行股票： 优先股 普通股	$K_P = \dfrac{D_P}{P_P(1-f)}$ $K_C = \dfrac{D_C}{P_C(1-f)} + G$	K_P：优先股资金成本率 D_P：优先股总额的每年股息支出 P_P：优先股股金总额 K_C：普通股资金成本率 D_C：下一年发放的普通股总额股利 P_C：普通股股金总额 G：预计每年股利增长率
发行债券	$K_b = \dfrac{J_O(1-T)}{Q_O(1-f)}$	K_b：债券资金成本率 J_O：债券年利息额 Q_O：债券票面价值 T：所得税率
银行借款	$K_L = \dfrac{I(1-T)}{L-M}$	I：银行借款利息（每年） L：借款总额 M：补偿性余额
租赁	$K_r = \dfrac{E(1-T)}{P}$	E：年租金额 P：租赁资产价值
留存收益的资金 （自有资金）	$K_n = \dfrac{D_c}{P_c} + G$	D_c：留用利润按下一年普通股股利计算的股利总额 P_c：留用利润总额 G：普通股股利预计每年增长率

2. 综合资金成本的统计

企业取得资金来源不同，其资金成本也各不相同，为此，需计算统计筹资的综合资金成本率，其计算公式如下：

$$K_w = \sum_{i=1}^{n} W_i \cdot K_i$$

式中　W_i——第 i 种资金来源占全部资金的比重；

　　　K_i——第 i 种资金来源的资金成本率。

【例】　某企业各项资金成本情况如表 5-17 所示。则综合资金成本率为：

【解】　$K = 8\% \times 0.40 + 6\% \times 0.20 + 15\% \times 0.30 + 12\% \times 0.10 = 10.1\%$

某企业各项资金成本情况　　　　　　　　　　　　　　　　表 5-17

资金来源	金额（万元）	权数	资金成本率
长期债券	800	0.40	8
银行借款	400	0.20	6
普通股	600	0.30	15
优先股	200	0.10	12

二、抵押贷款统计

抵押贷款是物业企业一项重要的融资渠道。抵押人以其拥有的物业作为本人或第三人偿还债务或履行合同的担保。用于抵押的物业，必须是当事人共同商议，当地公证机关公证及当地房地产管理部门登记的房地产，包括土地的使用权、房屋和预售房屋的《房屋预售合同》等。

（一）抵押贷款系数确定

抵押贷款通常要求按月或按年等额还本付息。抵押贷款系数就是指等额支付系列复利资金回收系数，它用来描述定期（年或月）等额还贷的还本付息额与贷款额之比，记作 $(A/p, i, n)$。显然，若已知 $(A/p, i, n)$，只须将贷款总额乘以这个系数，便可求得该笔贷款每期还本付息额。抵押贷款系数按下式计算。

$$(A/p, i, n) = \frac{i(1+i)^n}{(1+i)^n - 1}$$

式中　$(A/p, i, n)$——抵押贷款系数（或称资金回收系数）；
　　　　i——贷款利率；
　　　　n——还贷期限。

需要注意的是，该式中的利率表达周期、还贷周期及还贷期限的时间单位应当统一，否则应作适当调整。式中的利率 i 必须是还贷周期的有效利率，还贷期限 n 必须是以还贷周期为单位计算的时间期限。

【例】　某公司向银行贷款1200万元，要求在三年内定期等额偿还，年利率12%。试分别计算按年等额偿还或按月等额偿还的还贷系数与还本付息额。

【解】　（1）按年等额偿还

$$n = 3, i = 12\%$$

$$(A/p, i, n) = \frac{0.12(1+0.12)^3}{(1+0.12)^3 - 1} = 0.4163$$

年还贷额 $= P(A/p, i, n) = 1200 \times 0.4163 = 499.560$（万元）

（2）按月等额偿还

月有效利率　　　　$i = r/N = 0.12/12 = 0.01$

还贷期限　　　　　$n = 3 \times N = 3 \times 12 = 36$（个月）

所以　　　$(A/p, i, n) = \frac{0.01(1+0.01)^{36}}{(1+0.01)^{36} - 1} = 0.03321$

月还贷额 $= P(A/p, i, n) = 1200 \times 0.03321 = 39.857$（万元）

（二）结余贷款额统计

结余贷款额是指每期还贷后余下的贷款额，这是投资者在制定筹资方案、进行方案比较与决策时经常要考虑的指标。

结余贷款额通常由结余贷款占原始贷款之比乘以原始贷款来计算。即

结余贷款额 = 结余贷款占原始贷款之比 × 原始贷款额

式中结余贷款占原始贷款之比计算公式推导如下：

设原始贷款为 P_0，结余贷款为 P_1，等额还本付息额为 A，原始贷款还贷系数为 $(A/P_0, i, n_0)$，结余贷款还贷系数为 $(A/P_1, i, n_1)$，则由等额支付系列复利资金回收公式可得：

$$P_0 = A/(A/P_0, i, n_0)$$

$$P_1 = A/(A/P_1, i, n_1)$$

二者之比即结余贷款占原始贷款之比为：

$$\frac{P_1}{P_0} = \frac{A/(A/P_1, i, n_1)}{A/(A/P_0, i, n_0)} = \frac{(A/P_0, i, n_0)}{(A/P_1, i, n_1)}$$

即：$\qquad$ 结余贷款占原始贷款之比 = $\dfrac{\text{原始贷款还贷系数}}{\text{结余贷款还贷系数}}$

【例】 某公司以一物业向银行抵押贷款1500万元，贷款利率12%，要求10年内按月等额还本付息。若5年后该物业转让易主，试问物业转让时尚欠贷款额为多少？

【解】 月计息利率 $\qquad i = r/12 = 0.12/12 = 0.01$
原始贷款还贷期 $\qquad n_0 = 12 \times 10 = 120$（个月）
结余贷款还贷期 $\qquad n_1 = 12 \times (10-5) = 60$（个月）

$$\text{原始贷款还贷系数} = \frac{0.01(1+0.01)^{120}}{(1+0.01)^{120}-1} = 0.014347$$

$$\text{结余贷款还贷系数} = \frac{0.01(1+0.01)^{60}}{(1+0.01)^{60}-1} = 0.022244$$

由此可得：$\qquad$ 结余贷款占原始贷款之比 = $\dfrac{0.014347}{0.022244} = 0.64497$

该物业5年末转让易主时，尚欠贷款债务

$$1500 \times 0.64497 = 967.455（\text{万元}）$$

【例】 试求贷款后1～5年年末的债务本息分布，即1至5年年末的还本付息计划。

【解】 该笔抵押贷款1至5年的债务本息统计分布如表5-18所示。表中各项数据算式如下：

$$\text{结余贷款占原始贷款比} = \frac{\text{原始贷款还贷系数}}{\text{结余贷款还贷系数}}$$

年末结余贷款 = 贷款总额 × 结余贷款占原始贷款之比

年还贷本息 = 贷款总额 × 月还贷系数 × 12个月
$\qquad = 1500 \times (A/P_0, i, n) \times 12 = 1500 \times 0.014347 \times 12 = 258.246$（万元）

年偿付利息 = 年还贷本息 − 年偿还本金

年偿付本金 = 上年结余贷款额 − 当年结余贷款额

贷款1～5年债务本息统计分布表　　　　单位：万元　　表5-18

年份	结余贷款占原始贷款之比 (1)	年末结余贷款 (2) =1500×(1)	年还贷本息 (3)	年偿付利息 (4) =(3)−(5)	年偿付本金 (5) =(2)$_{i-1}$−(2)$_i$
0	1.0000	1500	258.246	175.596	82.65
1	0.9449	1417.35	258.246	164.946	93.30
2	0.8827	1324.05	258.246	153.246	105.00
3	0.8127	1219.05	258.246	140.046	118.20
4	0.7339	1100.85	258.246	124.746	133.50
5	0.6449	967.35			

三、筹资决策统计

(一) 融资杠杆确定

融资杠杆是指项目贷款对投资收益率的影响，也就是使用贷款或不使用贷款在投资收益率上的差异。一般来讲，这种杠杆效应不外有两种状态。一种是所谓正的杠杆效应，即项目投资使用贷款将产生有利的影响，也就是使用贷款的收益率将大于不使用贷款的收益率；另一种是所谓负的杠杆效应，即项目投资使用贷款将产生不利的影响，也就是使用贷款的收益率小于不使用贷款的收益率。

收益率是投资收益（税前收益）与投资额之比。

$$R=F/P$$

式中　R——投资收益率；
　　　F——税前收益；
　　　P——投资总额。

若项目投资为公司自有资金（即不使用贷款），此时的投资收益率即为自有资金投资收益率。

$$R_e=F/D$$

式中　R_e——公司自有资金投资收益率；
　　　D——公司自有资金投资额。

在进行融资决策时，可以通过以上两式分别考察各种情况下的投资收益率。当项目面临若干可能状态时，若已判定每种状态的发生概率及其相应投资收益率，便可由期望值算式来求投资收益率期望值。

$$E(R)=\sum_1^n P_i R_i=\sum_1^n P_i(F_i/P)$$

式中　$E(R)$——投资收益率期望值；
　　　R_i——状态 i 的投资收益率；
　　　P_i——状态 i 的发生概率；
　　　F_i——状态 i 的税前净收益，$F_i=A_i-I_i$；
　　　P——项目投资额；
　　　n——状态数；
　　　A_i——状态 i 的税前收益；
　　　I_i——状态 i 的应付贷款本息。

【例】某物业投资 2500 万元，A 方案全部由公司自有资金投资；B 方案全部投资的 70%（1750 万元）靠抵押贷款解决。贷款利率 6%，贷款期限 20 年，要求在 20 年内按年等额偿还。假设该项目经营将面临三种效益状态。各状态的发生概率及每年的经营收益如表 5-19 所示。试据此进行该项目的投资收益率分析及融资方案决策。

各状态的发生概率及年经营收益　　　　单位：万元　表 5-19

状态		方案 A		方案 B	
		概率	年经营收益	概率	年经营收益
1	好	0.20	375	0.20	375
2	中	0.70	275	0.70	275
3	差	0.10	250	0.10	250

【解】 方案 A、B 的年度税前投资收益率计算结果如表 5-20 所示。

方案 A、B 的年度税前投资收益率　　　　　表 5-20

状态		概率	方案A（自有资金投资2500万元）				方案B（自有资金投资750万元）		
			收益 A_i（万元）	债务本息 I_i（万元）	净收益 $F_i=A_i-I$	税前投资收益率 $R_i=F_i/P$	债务本息 I_i	净收益 $F_i=A_i-I$	税前投资收益率 $R_i=F_i/P$
1	好	0.2	375	0	375	15%	152.57	222.43	29.66%
2	中	0.7	275	0	275	11%	152.57	122.43	16.34%
3	差	0.1	250	0	250	10%	152.57	97.43	12.99%

其中 B 方案年度还贷债务本息由下式计算：

$$I_i = P \times \frac{i(1+i)^n}{(1+i)^n-1} = 1750 \frac{0.06(1+0.06)^{20}}{(1+0.06)^{20}-1} = 152.57（万元/年）$$

由此可求得：

A 方案投资收益率期望值为：

$$E(R_A) = 0.2 \times 15\% + 0.7 \times 11\% + 0.1 \times 10\%$$
$$= 0.117 = 11.7\%$$

B 方案投资收益的期望值为：

$$E(R_B) = 0.2 \times 0.2966 + 0.7 \times 0.1633 + 0.1 \times 0.1299$$
$$= 0.1866 = 18.66\%$$

由上述分析计算可看出，若该项目采用 70% 的借贷资金用于投资，每年公司的自有资金投资收益率将从 11.70% 提高到 18.66%。这就是融资杠杆的正效应。当然，融资杠杆的作用并不完全是正的效应。当筹资成本过高，融资方案不当，过度的负债，有时会直接影响投资的效益，有时甚至带来极大的风险。如上例，当抵押贷款利率提高到 10%，就会产生负的杠杆效益；而当抵押贷款利率超过 16%，该项目就将出现负的投资收益率期望值，有可能发生亏损。因此，房地产项目投资的融资决策，应十分重视融资成本分析，研究融资杠杆效应。

（二）融资风险与融资经济效益统计

1. 融资风险统计

融资风险是由资金的风险价值构成的。资金的风险价值为实际损益值偏离期望值的程度（标偏差及变异系数）。在这里，直接用这一概念，由描述投资收益率偏离其期望值程度的标准偏差及其变异系数来衡量融资风险的大小。

$$\sigma = \sqrt{\sum_1^n P_i(R_i - E(R))^2}$$
$$V = \sigma / E(R)$$

式中　σ——投资收益率标准偏差；

P_i——状态 i 的发生概率；

R_i——状态 i 的投资收益率；

n——状态数；

$E(R)$——投资收益率期望值；

V——投资收益率变异系数。

【例】 试分析计算上例中 A、B 两种投资方案的风险程度

【解】 由上例可得

(1) A 方案：

$$E(R_A)=11.7\%,$$
$$P_1=0.2 \quad R_1=15\%$$
$$P_2=0.7 \quad R_2=11\%$$
$$P_3=0.1 \quad R_3=10\%$$

代入 σ 及 v 的计算式得：

$$\sigma_A^2 = \Sigma P_i(R_i-E(R))^2 = 0.2\times(0.15-0.117)^2$$
$$+0.7(0.11-0.117)^2+0.1(0.10-0.117)^2$$
$$=0.000281$$

所以 $\sigma_A = 1.676\%$

$$V_A = 0.01676/0.117 = 14.32\%$$

(2) B 方案

$$E(R_B)=18.66\%,$$
$$P_1=0.2 \quad R_1=29.66\%$$
$$P_2=0.7 \quad R_2=16.33\%$$
$$P_3=0.1 \quad R_3=12.99\%$$

代入 σ 及 v 的计算式得：

$$\sigma_B^2 = \Sigma P_i(R_i-E(R_B))^2 = 0.2\times(0.2966-0.1866)^2$$
$$+0.7(0.1633-0.1866)^2+0.1(0.1299-0.1866)^2$$
$$=0.003121$$

所以 $\sigma_B = 5.587\%$

$$V_B = 0.005587/0.1866 = 29.94\%$$

由上述计算分析可看出，该物业项目的投资方案，若采用 70% 的贷款，其投资收益率可由 11.7% 提高到 18.66%，同时，其风险程度也由原来 1.676% 提高到 5.587%，单位投资收益率的风险则由原来的 14.32% 增加到 29.94%。由此可见，在融资决策中，效益总是与风险共存的，在制订投资方案时，应权衡利弊，全面分析，作出正确决策。

2. 融资经济效益统计

融资经济效益统计是指在一定时间内，所筹措的资金给筹资者带来的经济上的收益统计。是融通资金所创造的价值扣除融资本息后所得的纯收益统计，即融资的正杠杆效应。

融资是为了经营，只有在偿还本息后可以获得一定价值增值，融资者才会去筹措这笔资金，而且只有从其价值增值中扣除的债务本息及筹资本息后有余下的部分，对筹资者才

有实际经济意义。因而融资经济效益统计正是指的这部分纯收益的大小。

由于资金的融通一般是在项目投资前或投资过程中发生的,是一种事前行为,因而,融资经济效益统计分析实际是一种筹资方案的财务统计分析,是整个项目投资可行性研究的重要组成部分。

融资经济效益统计分析方法很多,其中大多数分析方法(如净现值分析法、内部收益率法、敏感性分析法等)是经济统计分析中惯用的方法。

(1) 规模效益统计分析法

资金筹措达到一定程度,可以形成规模经济,这时的效益成为规模效益,规模效益统计分析法通过预期融资利润率与筹资成本率的比较,来反映这种规模效益。

$$预期融资利润率 = \frac{预期税后利润率}{融资额} \times 100\%$$

$$筹资成本率 = \frac{筹资成本额}{融资额} \times 100\%$$

显然,预期融资利润率不大于筹资成本率,说明筹资额尚未达到或超过一定量,不能形成规模经济,筹资方案不可取。

(2) 成本效益统计分析法

成本效益统计指投资方案的净现金收益额与净现金负债额之比。显然,只有这个比值大于1,即项目的净现金收益大于净现金负债,筹资方案才是可取的。

$$成本效益指数 = \frac{净现金收益额}{净现金负责额}$$

式中的净现金收益额是指由于融资而带来的预期现金收益的增加额,即由于融资决策而带来得纯收益。它等于筹资方案预期收入的增加额扣除筹资成本增加额后的余额。

净现金收益额 = 预期收入增加额 − 筹资成本增加额

净现金负债量是指因融资决策而新增的负债量。

(3) 返本统计法

返本统计法是利用举债回收期指标,比较不同筹资方案负债回收期的长短,选取回收期最短的筹资方案为最优方案的一种统计分析方法。返本统计法以现值进行计算分析,即以债务发生后每年预期净现金收益折为现值的累计代数和等于或大于债务总额的那一年负债回收期。其计算公式如下:

$$P = \sum_{1}^{d} F_t (1+i)^{-t}$$

式中　P——负债总额;

　　　F_t——第 t 年的预期净现金收益;

　　$(1+i)^{-t}$——第 t 年折现系数;

　　　i——基准贴现率;

　　　d——负债回收期(年)。

四、物业资金管理常用统计报表

1. 物业管理收支季度公布表(表5-21)

_____村（大厦）物业管理收支季度公布表　　　　　表 5-21

年度　　季度　　　　　　　　　　　　　　　　　　　　单位：元

收　　费		支　　出		盈　亏
项　目	金　　额	项　　目	金　　额	
管理费		管理人员工资		
房租		管理人员福利		
停车场收入		办公费		
有偿服务费		差旅费		
其他		机电设备运转及办公水电费		
		设备、工具修理费		
		公共设施维修绿化养护费		
		法定税费		
		保险费		
		管理佣金		
		其他		
		合计		
合　计	本季度盈亏	上季度结转	累积盈亏：	

制表：　　　　　管理处主任：　　　　　管委会主任：

村管理处
____年____月____日

2. 村房屋本体维修基金申请表（表 5-22）

村房屋本体维修基金申请表　　　　　表 5-22

编　　号：

申请人：	住址：	联系电话：
申请用途及金额		年　月　日
初审意见		签名 年　月　日
复审意见		签名 年　月　日
验收情况		签名 年　月　日
确认		签名 年　月　日

3.　年　季度房屋本体维修基金收支情况公布表（表 5-23）

年　季度房屋本体维修基金收支情况公布表　　　表 5-23

栋　号	主要工程内容	项目数	上季结构	本季支出	本季余额	备　注

填表：　　　　　管理处主任：　　　　　管委会主任：

年　月　日

4. 房屋本体维修清单（表 5-24）

_____村房屋本体维修清单　　　表 5-24

日期	栋号	维修内容	维修金额				申请表编号	备注
			单位	数量	单价	合计		

维修负责任人：　　　　　主管：　　　　　审核：

第四节　物业管理经费统计

本节仅以住宅小区公共性服务收费的统计方法作简要介绍。住宅小区公共性服务收费主要由管理、服务人员的工资和按规定提取的福利费；公共设施、设备日常运行、维修及保养费；绿化管理费；清洁卫生费；保安费；办公费；物业管理单位固定资产折旧费；法定税费等 8 项构成，现就分项统计方法逐一说明。

一、管理、服务人员的工资和按规定提取的福利费——X_1 统计

该项费用包括企业人员的基本工资，按规定提取的福利费、加班费、服装费，不含奖金。

1. 基本工资 F_1（元/月），其标准根据企业性质、效益和当地工资水平而确定。

2. 福利费 F_2（元/月）包括：

（1）福利基金，按工资总额的 14% 计算；

（2）工会经费，按工资总额的 2% 计算；

（3）教育经费，按工资总额的 1.5% 计算；

（4）社会保险费，含医疗、工伤保险、养老保险、待业保险、住房基金等，其中待业保险按工资总额的 1% 计算，其他各项按地方统计部门规定由企业自行确定。

3. 加班费 F_3（元/月），按人均每月加班 2 天，乘以日平均工资，每月按 22 个工作日计算。

4. 服装费 F_4（元/月），按每人每年 2 套算，将年服装费总额除以 12 个月，即每月服装费。

其计算公式为

$$X_1 = \frac{(基本工资总额 + 各项福利费、社会保险费 + 加班费 + 服装费)}{总建筑面积(S)}$$

$$= \frac{(F_1 + F_2 + F_3 + F_4)}{S}$$

二、公共设施、设备日常运行、维修及保养费——X_2 统计

该项费用只限小区公用部位，如过道、门厅、楼梯及区间道路环境内的各土建零修费，各公共设施、设备如室外上下水管道、电气、燃气部分的日常运行维修保养费，楼宇公共照明费等。可按如下简单测算法：

普通多层住宅公共设施、设备建造成本按建筑成本的 15% 计取，折旧按 25 年计算，每月/平方米建筑面积应分摊的公共设施、设备维修保养费按月折旧费的 40% 提取，其框算公式为：

$$X_2 = \frac{每平方米建筑成本 \times 15\%}{25\ 年 \times 12\ 月/年} \times 40\%$$

三、绿化管理费——X_3 统计

按每平方米绿化面积确定一个养护单价如 0.10—0.20 元/月·m^2，乘以总绿化面积再分摊到每平方米建筑面积。绿化面积按总建筑面积除以容积率再乘以绿化覆盖率计算。绿化工定编数可据各地季节变化、气候条件、植被花木养护难易程度等实情而定，通常每 4000～6000 m^2 设绿化工 1 人。其计算公式为：

$$绿化管理费\ X_3 = \frac{绿化面积 \times 养护单价}{总建筑面积}\ (元/月·m^2)$$

$$绿化面积 = \frac{总建筑面积}{容积率} \times 绿化覆盖率\ (m^2)$$

四、清洁卫生费——X_4 统计

小区日常清洁保养费包括工具购置费 F_1、劳保用品费 F_2、卫生防疫消杀费 F_3、化粪池清理费 F_4、垃圾外运费 F_5、环卫所需其他费 F_6，可按实际统计情况框算总支出，再分摊到每

月每平方米。

$$X_4=\frac{F_1+F_2+F_3+F_4+F_5+F_6}{12\text{个月}\times\text{总建筑面积}}(\text{元}/\text{月}\cdot m^2)$$

五、保安费——X_5 统计

指封闭式小区公共秩序维持费，包括：

1. 保安器材费 F_1（元/年），含：
(1) 保安系统日常运行电费、维修与养护费；
(2) 保安器材费（如对讲机、警棍等）；
(3) 更新储备金 = $(M_{保}+I_{保})/Y_{保}$

$M_{保}$——保安系统的购置费；

$I_{保}$——保安系统安装费；

$Y_{保}$——保安系统正常使用年限。

2. 保安人员人身保险费 F_2（元/年）；
3. 保安用房及人员住房租金 F_3（元/年）。

框算各项年总支出，再分摊到每月每平方米

$$X_5=\frac{F_1+F_2+F_3}{12\text{个月}\times\text{总建筑面积}}(\text{元}/\text{月}\cdot m^2)$$

六、办公费——X_6 统计

1. 交通费 F_1（元/年）（含车辆的耗油、维修保养、保险、养路费等）；
2. 通讯费 F_2（元/年）（含电话、传真、传呼、电报等）；
3. 低值易耗用品费 F_3（元/年）（含纸张、笔墨、打印等）；
4. 书报费 F_4（元/年）；
5. 广告宣传社区文化活动费 F_5（元/年）；
6. 办公用房租金（含水电费）F_6（元/年）；
7. 其他费 F_7（元/年）。

对已实施物业管理小区可依据上年度年终决算数据得到该值，计算公式为：

$$X_6=\frac{F_1+F_2+\cdots\cdots+F_7}{12\text{个月}\times\text{总建筑面积}}(\text{元}/\text{月}\cdot m^2)$$

七、物业管理企业固定资产折旧率——X_7 统计

企业拥有交通工具、通讯设备、办公设备、工程维修设备及其他设备等，固定资产平均折旧一般以5年为限，其计算公式为：

$$X_7=\frac{\text{固定资产}}{\text{平均折旧年限}\times 12\text{个月}\times\text{总建筑面积}}(\text{元}/\text{月}\cdot m^2)$$

八、法定税费——X_8 统计

物业管理企业享受国家对第三产业的优惠政策，应缴纳的税费主要是两税一费，即

1. 营业税 F_1（元/月·m^2）；

按企业经营总收入的5%征收,按前7项之和作为基数再乘以5%即可得出每月每平方米应分摊的数额:

$$F_1=(X_1+\cdots\cdots+X_7)\times 5\%$$

2. 城市建设维护税——F_2（元/月·m^2）；

按营业税7%征收,每月每平方米应分摊的数额为:

$$F_2=F_1\times 7\%$$

3. 教育附加费F_3（元/月·m^2）。

按营业税的3%征收,每月每平方米应分摊的数额为:

$$F_3=F_1\times 3\%$$

两税一费合计为经营总收入的5.5%,即

$$X_8=(F_1+F_2+F_3)\times 5.5\%$$

物业管理企业的全部经营收入中很大一部分是以实际发生的成本支出为依据统计的,基本无利润可言,有时还会发生亏损,而其中一部分如水费、电费、房租费等只是代收代缴,属帐上收支,如按现行税法,对物业管理企业统计的全部经营收入计税,势必加重业主负担,也遏止物业管理企业的发展,各地政府部门正在谋求解决途径,将在立法中予以解决。

思 考 题

1. 物业管理资金性质对其资金来源有何影响？
2. 物业管理资金筹措渠道有哪些？需进行哪些指标统计？
3. 如何进行物业管理资金使用效率统计？
4. 物业资金管理常用统计报表有哪些？
5. 物业管理经费测算的基本构成是什么？

第六章　电梯的运行、保养和维护统计

第一节　电梯设备的运行统计

一、电梯设备管理的组织机构

电梯是一种具有高科技含量的专用设备。物业管理企业可设置专门的机构进行集中的专业化管理，也可委托社会上专业机构进行管理，对于楼宇多、电梯数量大、种类多的物业管理公司组织专业队伍直接进行集中管理，有利于提高服务水平和经营效益。电梯设备管理组织机构见图6-1。

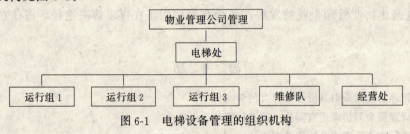

图6-1　电梯设备管理的组织机构

二、电梯的运行制度统计分类

24 小时连续运行制可分为以下几种类型

（一）单梯（包括有备用梯的单梯）

24 小时运行，夜间值班（即司机不在轿箱内，在值班室随叫随到或预约开梯）运行。司机上、下午吃饭时间有人替班，运行不间断。如运行梯发生故障时备用梯投入运行。

（二）并列双梯和有通道的双梯

按设计客流量应为双梯同时运行，但可以执行一部 24 小时，另一部 18 小时，即夜间只设一部电梯值班运行，白天吃饭时间错开，保证全天任何时间都有电梯可用。为省电也可以执行一部 24 小时，另一部高峰运行。高峰时间为早、中、晚 3 个高峰。高峰时间的长短按具体情况确定，每日不超过 4 小时。

（三）三梯有通道电梯

执行 1 部 24 小时，2 部 18 小时制，白天 3 部电梯同时运行，夜间只有一部电梯值班运行。吃饭时间不停梯。此电梯也可以执行一部 24 小时，一部 18 小时，一部高峰梯。

以上三种运行制的运行梯其白天运行时间均为 6：00～24：00。

（四）无司机运行电梯

严格执行巡逻制度，夜间设值班工人，同样执行按时开关梯制度。写字楼、商厦、宾馆等高层建筑电梯的运行时间与制度，可根据实际需要来确定。

三、电梯的设备管理统计

完好的设备是优质服务的基础，良好的维修保养是延长设备寿命和安全运行的保证。电梯的设备管理统计主要内容有：电梯的接管验收统计、维修统计和技术档案资料统计。

（一）接管验收统计

1. 验收统计的作用

验收统计工作是由设备安装转入使用的一个重要过程，把住这个关口，对日后的管理和使用有着重要的意义。应对每部电梯进行个别验收。物业管理企业接到建设企业的"接管通知"后，即应组织验收统计小组，其成员应包括物业管理企业主管负责人及若干技术人员，验收统计时应有原施工单位负责人参加。物业管理企业若无技术力量，可委托"质量监督站"进行验收。第一次验收为初验，在登记发现问题的同时商定解决意见并确定复验时间。复验仍不合格的应限定解决期限。对设备的缺陷及不影响使用的问题，可作为遗留问题与建设单位签订协议保修或赔款补偿，但这类协议必须在设备能用，不致出现重大问题时方可签订。验收后的验收单等统计资料应由物业管理企业签署。

2. 验收统计中重点检查部位及基本要求

（1）曳引机：运行平稳，振动与噪声不超标，油箱无渗漏；

（2）轨道：轨距与垂直度偏差不超标；

（3）钢丝绳：张力应均衡不超标；

（4）轿厢：运行平稳，平层准确，噪声不超标；

（5）各部位安全装置：最主要的是门锁、限速器、限位与极限开关必须动作灵敏、准确、可靠；

（6）电气装置：接地良好，绝缘合格；

（7）使用性能和程序应完全得到实现。

3. 其他有关问题的统计

（1）保修期。按规定，产品在出厂1年半内保修，安装质量在1年内保修。特殊要求可与施工单位协商决定。

（2）司机休息室与维修间。按常规每幢独立的塔楼单梯应在首层配一居室的值班休息室，双通梯及三通梯均只设1间休息室。每维修1～10部电梯应配一个维修点（相当于2居室面积），但附近建有集中维修用房的除外。

（3）通向楼顶的楼梯口未设计梯门的应补装铁栅栏门，并装防盗报警装置。

（4）提供高档电梯贵重的易损件和备件费。

以上4项问题应在验收时协商决定。

（二）维修统计

电梯是一种使用相当频繁的设备。电梯设备在整个运行过程中，其主机与各零部件都在发生不同程度的自然损耗，而良好的维修保养可减少损耗，提高可靠性，确保安全，延长电梯的使用寿命，节约资金。

1. 电梯维修等级、周期的分类统计

（1）零修

指日常的维护保养，其中包括排除故障的急修和定时的常规保养，因故障停梯接到接修后应在 20min 内到达现场抢修。常规保养分为周保养、半年保养和 1 年保养。

周保养：每梯每周一次，每次不少于 4h。

半年保养：每梯每半年一次，每次不少于 8h，侧重于重点部位的保养。

1 年保养：每梯每年一次，每次不少于 16h，是较全面的检查保养。

为不影响电梯运行，保养工作应安排在低峰或夜间进行，同时可将连续工作分阶段进行。

(2) 中修

指运行较长时间后进行的全面检修保养，周期一般定为 3 年，但第 2 个周期是大修期，如需大修则可免去中修。

(3) 大修

指在中修后继续运行 3 年时间。因设备磨损严重需要更换主机和较多的机电设备配套件以恢复设备原有性能而进行的全面彻底的维修。如设备性能良好，周期可适当延长。

(4) 专项修理

指不到中、大修周期而又超过零修范围的某些需及时修理的项目，如较大的设备故障或事故造成的损坏，称为专项修理。

(5) 更新改造

电梯连续运行 15 年以上，如主机和其他配套件磨损耗蚀严重，不能恢复又无法更换（旧型号已淘汰或已换代）时，就需要进行更新或改造。

2. 维修工程的审批统计

除零修外，中、大修与改造更新均列为电梯维修工程。电梯应每年进行 1 次全面普查，从而制定大、中修、改造、更新计划，经上级物业管理部门批准实施，具体内容如下：

施工要严格把住工程质量关，竣工后要按规范组织验收并进行全面、系统的登记。

对工程费用也应实行预决算审批制，以降低成本，加强施工管理。

为了缩短施工中的停梯时间，方便用户，中修工程全月停梯天数最好不超过 7~10 天，大修不超过 2 周。其余施工日可在低峰、客疏或夜间进行。

3. 维修队伍的统计

电梯是集机械、电气于一体的高技术设备，电梯维修工同样是一种技术密集型工种。他们既要有一定的文化理论知识，又要有较高的操作技艺。电梯的高效和安全性能不但取决于先进的技术和制造，安装人员的经验，还取决于维修保养人员的知识和技巧。因此，对维修人员的统计包括以下内容：

(1) 懂技术要求，按有关质量标准、验收规范进行修理组装、调试和鉴定。

(2) 精通电梯设备的原理与构造，熟悉所管电梯的性能及有关图纸。

(3) 当接到故障通知时，应快速赶到现场，正确分析故障原因，排除故障，使电梯尽快恢复运行。

(三) 技术资料统计

1. 设备档案统计

每部电梯均应在接管后建成独立的档案，应按以下内容进行统计。

(1) 电梯验收文件：包括验收记录、测试记录、产品与配套件的合格证、电梯订货合同、安装合同、设备安装与建筑结构图、使用维护说明书、遗留问题处理协议与会议纪要等。

（2）设备登记表：主要记载设备的程式面基本参数与性能参数，如型号、功率、载重量等。

（3）大、中修工程记录：记载大、中修时间、次数、维修内容与投资额及工程预决算文件等。

（4）事故记录：记载重大设备、人身事故发生的时间、经过与处理结论等。

（5）更新记录：记载电梯更新时间、批准文件。

2．维修资料统计

（1）报修单：每梯专用的报修单每次维修坚持填写，每月统计1次，每季装订1次，由维修部门保管以备查阅。

（2）运行记录：每梯每月记录1册，每年装订1次，电梯运行管理人员应把运行记录交给物业管理工程部妥善保管以备存查。

（3）普查记录：每年进行1次普查，该记录由管理部门统一保管普查。

（4）运行月报：由管理单位每月上报，每年装订1次以备存查。

（5）技术改造资料：运行的改进、设备的革新、技术改进措施等资料，应按每部电梯单独记录。

（6）考评资料：各类检查记录、奖惩情况、先进班组、个人事迹材料，每年归纳汇总装订成册以备存查。

四、安 全 管 理 统 计

电梯作为一种交通运输设备，本身就具有一定的危险性，对它的使用必须有严格的安全管理统计制度。对电梯的生产、安装、使用和维修，政府有关部门都制定了严格的资质审查制度和监督措施。电梯的安全管理统计首先是司机、维修人员的安全操作训练统计，其次是对设备安全的统计。

（一）对司机、维修人员的安全操作的统计内容

1．持证上岗

根据政府有关规定，电梯作业属特种作业，电梯司机和维修工要经统一考核后持证上岗。

2．制定安全操作规程

制定《司机安全操作规程》、《电梯维修安全操作规程》，人手一册，严格执行。

3．组织对司机的培训

对司机的培训主要是讲授和操作两部分。

（1）讲授内容

电梯各部件的名称、作用；对控制图纸的初步理解，对电梯性能的熟悉；遇到安全突发事件时的应急处理方式。

（2）操作训练

在授课基础上进行实际操作训练，除掌握操作规程以外，还要摸拟一些紧急情况并学会相应的处理方法。

(3) 岗前训练

司机正式上岗前应经过两周的岗前训练,由有经验的司机带班,熟练地掌握操作程序、服务规范后才能单独上班操作。

(4) 定期考核

对所有司机每半年要进行一次安全规程的考核。可以口试、笔试,同时考核"实际操作",考核成绩记录在册以作为评比、晋级的依据。

4. 企业对维修工的培训

(1) 定期学习《电梯维修安装安全操作规程》。

(2) 上岗前严格培训,使维修人员熟悉维修的基本程序与技术标准、故障的检查及排除方法。

(3) 培训后应进行严格的考核,合格者发给"维修操作执照",不合格者只能发给"学习工执照",待下一个考核年度再考,通过后换照。

(4) 开展经常性技术培训。进行经常技术培训,不断提高维修技术水平,此外还须经常对维修人员进行职业道德教育,提高为人民服务和遵纪守法的自觉性。

(二) 设备安全管理统计

为了运行安全,电梯设备本身在设计和制造上已设置了多种安全装置。在使用中必须经常检查这些装置的可靠性,定期进行安全机构动作试验与整体性能试验。这些在维修使用说明中有明确的规定,关键是严格执行、认真做好有关资料的登记。

五、电梯运行的统计报表

为掌握电梯运行状况和搞好经营,应建立起填写运行记录与报表制度。各种表格应由物业管理公司统一印发,其中包括:

1. 电梯运行记录(表6-1)。是对电梯运行情况的记录,由司机每天填写,一式二联。一联存班组,二联交统计,每月应统计一次。

2. 报修单(表6-2)。是对电梯零修情况的记录,由维修工填写,报修人(司机)签字验收,一式三联。一联由司机保存,二联由维修班保管,三联交核算员。

3. 电梯运行月报(表6-3)。这是电梯每个月运行基本情况的报表,是考核本单位(或每部)电梯运行率、故障率指标的依据。月报由统计员填报。

4. 电梯设备年报(表6-4)。

5. 电梯日巡视统计表(见表6-5)。

电 梯 运 行 记 录   表6-1

电梯编号: 日期:

班次	计划运行小时	实际运行小时	故障停梯		事故停梯		司机姓名	备注
			次数	小时	次数	小时		
早班								
中班								
晚班								

报 修 单　　　　　　　　表 6-2

电梯编号：　　　　　　　　　日期：　　　　　　　　制单编号：

报修地点		报修时间		报修人	
报修项目		修理工时		修理人	
修理情况					
耗用材料					
备注					

电梯运行情况月报表　　　　　　表 6-3

日期：　　　　　　编号：

电梯编号	位置	使用单位	计划运行时间	实际运行时间	运行率	故障停梯时间	故障率

电梯设备年报表　　　　　　表 6-4

日期

电梯编号	位置	使用单位	运行状况	型号	开始使用日期	载重量	速度

电梯日巡视统计表　　　　　　　　　表 6-5

大厦名称：　　　　　　　　　　　　　年　月　日

巡检项目		电梯号						
		1	2	3	4	5	6	7
机房	机房各部清洁							
	油镜、油杯油位							
	盘车工具、救援规程							
	应急灯、灭火器							
	控制柜内继电器接触器							
	照明、通风设备							
	警告牌及门窗、门锁							
	牵引电动机							
	减速箱及绳轮							
	安全装置							
	机房温度							
轿箱	轿箱门联锁							
	安全触板及开关							
	轿内显示器、按钮							
	对讲电话与警铃							
	天花板、壁板、地面							
	通风扇							
	照明灯							
	异音、异感（启动、行车、加减速的平稳性、振动、噪音、平层差等）							
井道	厅门按钮及显示							
	钥匙开关及消防按钮							
	厅门联锁							

说明：良好打"√"，不良打"×"，并填写《电梯维修登记表》

巡视检查人：　　　　　　　　　　　　巡视时间：

第二节　电梯保养维修统计

电梯是一种使用相当频繁的设备。电梯设备在整个运行过程中，其主机与各零部件都在发生不同程度的磨损，而良好的维修保养可以减少损耗，提高可靠性，确保安全，延长电梯的使用寿命，节约资金。

一、电梯小、中、大修保养项目和统计内容

（一）小修（又称零维修）保养项目与统计内容

见表6-6，其中带"☆"者为周保养项目，带"△"为半年保养项目，带"○"为一年保养项目。

小修（又称零维修）保养项目与统计内容　　　　　　　表6-6

检查部位和项目	保养与零维修统计内容
I 机房	
1. 控制柜：（包括动磁柜）各电器元件的性能、触头烧蚀情况、电器连接导线外观与端子等	开关接触器、继电器、熔断器等各种元件的修理、调整与更换，调整继电器延长时间，紧固松动的螺丝与接线
☆2. 曳引机：油位、油质、油温制动器闸间隙与磨损、蜗杆窜量与啮合绳槽磨损等	调整抱闸间隙、蜗杆窜量，修理与更换轴承，定期加油换油，紧固松动的螺栓
☆3. 电动机与发电机组：轴承、油位、油温、油环带油情况、铜头与铜架积炭、电刷与电刷压力	调整、修理、更换电刷刷架，修磨整流子，消除积炭，润滑部位添加与更换润滑油，测速机调整更换传动带、张紧轮
△4. 选层器：传动机构的动作钢带有无裂纹、电气的动、静触头	调整、修理、更换传动部件、钢带、动静触头，润滑部位加油
☆5. 限速器：安全绳与楔块间隙、螺栓紧、因开关动作	调、修与更换限速器部件或整机，润滑部位加油
△6. 极限开关：熔断器与动作机构	更换熔丝，清除铅灰，调整与更换部件
○7. 检查以上各部位接地线	定期检测接地电阻值，紧固松动的接地线
II 轿厢	一、检查以下部位所列各项
☆1. 轿顶轿底：导靴间隙、靴衬磨损情况，接线盒的电线与端子有无松动，轿内操纵盘元件动作与显示	调导靴间隙、更换靴衬，调整与更换操作与显示元件，照明、电扇、警铃等器件的调修、更换，各部位螺钉、螺栓的紧固
△2. 感应器：位置与平层精度	感应器各部件的调修与更换
△3. 开门机：电动机碳刷磨损量，皮带的松紧，电气开关完好情况	开门机开关及传动部件的调修与更换
○4. 安全钳：拉杆机构与电器开关安全钳间隙	调整安全钳间隙，调修动作机构，更换部件
△5. 开关门速度：开门刀与安全触极的位置	调整开关门速度，调修轿门各部件，更换触承、吊门轮、开关等
二、各部位螺栓紧固情况，转动部分润滑情况，轿厢各部位卫生	以上各项润滑部分加油与保洁工作
III 井道	一、检查以下各部件中所列各项
○1. 轨道：接道板、压道板、支架螺栓有无松动与锈蚀	紧固各处松动的螺栓，消除锈蚀，定期加注润滑油洗轨道
☆2. 厅门：吊门轮、挡轮、门锁的门滑道	调整厅门各部件间隙、门、把手与杠杆，修换吊门轮、接绳开关、门锁沟、滑道清洗加油
○3. 钢丝绳：张力、磨损情况	调整张力、长度（截绳）等
☆4. 对重：导靴间隙、靴对磨损情况、螺栓紧固情况	调整导靴间隙，更换靴衬，紧固螺栓
△5. 器具与管线路：中线各层灯、呼梯盒是否完好，显示是否正确，端子压线有无松动	调整与更换楼层，按钮层灯电锁及部件线路，改变零星配件配管、遥测绝缘，清扫接线盒
△6. 各安全开关：位置有无位移	各安全开关的调修与更换、锁轴部位加油
○7. 随线：外观与线芯	紧固电缆架螺栓，位移复位
☆8. 底坑：有无积水、垃圾	清除积水与垃圾，钢带胀紧轮，保险轮加油
○9. 缓冲器：油压式缓冲器、油标、渗漏情况	加油，检查水平度，紧固螺栓
10. 接地线连接情况	定期遥测接地电阻
二、检查以上各项的润滑情况与卫生	以上各项的保洁工作和润滑部位加油

（二）中修项目与技术统计要求（见表6-7）

电梯中修项目与技术统计内容　　表6-7

序号	工程项目	内容	技术统计内容
1	减速机	各部位拆卸清洗，损坏部件的修换，换油；各部件螺栓紧固，组装位置调整，水平调整与测试	1. 拆卸过程中避免人为损坏，各部件齐全。清洁光亮无油污 2. 装配精度：(1) 轴心歪斜度公差 $\Delta l \leqslant 42\mu m$；(2) 齿面接触斑点按齿长不少于50%，齿高不少于50%；(3) 侧隙应略低于初次装配精度在 $190 \sim 250\mu m$ 之间；(4) 蜗轮轴向窜动在中心距为 $200 \sim 300mm$ 时应在 $0.02 \sim 0.04mm$ 之间，中心距大于时应在 $0.03 \sim 0.05mm$ 之间；(5) 蜗杆轴向窜量当中心距在 $200 \sim 300mm$ 之间时应在 $0.1 \sim 0.15mm$ 之间，中心距大于 $300mm$ 时应在 $0.12 \sim 0.17mm$ 之间；(6) 蜗杆径向跳动应不大于 $30\mu m$；(7) 蜗杆与电机连接不同心度允许误差；刚性连接为 $0.02mm$，弹性连接为 $0.1mm$；(8) 油类应符合本机种的要求，注油量为油标与下限的中间；盘根式轴头漏油允许 $3 \sim 5min$ 漏一滴，并备有接油盒，轴头温升不高于 $75℃$，油温不高于 $85℃$
2	制动器	拆卸清洗、修换易损件（闸瓦），组装、调整、测试线圈绝缘电阻	(1) 各部件清洗无油污，闸瓦应不偏磨，闸瓦与制动轮应保证中心接触，接触面不少于70%；(2) 闸瓦不得有铆钉划擦制动轮现象；(3) 运行时两侧闸瓦与制动轮间隙应不大于 $0.7mm$；(4) 铁芯润滑尽量采用石墨粉，保证动作灵敏可靠；(5) 线圈温升不超过 $60℃$，线圈的绝缘电阻不低于 $0.5M\Omega$
3	电动机与发电机	抽芯检查，清洗各部位油污（轴承油池、油环端盖、绕组、电枢等）；更换易损件（轴承油封、碳刷、刷握弹簧等），组装、调整、测试绝缘、测量转速等	(1) 拆装过程中应小心，严禁碰损绝缘，各部位清洗光亮无油污，发现损坏元件应更换，易损件应彻底检查；(2) 滑动轴承椭圆度不大于 $0.023mm$；组装后电机转动自如平稳，润滑正常；(3) 轴容量不大于 $4mm$，电机温升不高于铭牌规定；(4) 轴头温度不大于 $65℃$；(5) 绕组绝缘电阻不低于 $0.5M\Omega$；(6) 碳刷压力适当，电枢应无明显划痕和烧蚀；(7) 在额定电压供电时转速应不低于额定转速，各相电流平衡；(8) 接地线压接牢固，电阻值不大于 4Ω
4	主绳轮与抗绳轮	主绳轮、抗绳轮拆卸、清洗、轮槽检测、轮槽重车或更换，其他部件的修整或更换，安装调整，注润滑油	(1) 各部分清洗无油污，油路通畅；(2) 轴与滑动轴承表面应无损（尼龙绳套须常更换）；(3) 轮缘绳槽无偏磨，磨损程度均匀，无明显压痕；(4) 装配后转动自如，位置偏差前后不超过 $\pm 3mm$，左右不超过 $\pm 1mm$，铅重度不大于 $0.5mm$；(5) 油量注足
5	曳引钢丝绳	曳引钢丝绳拆挂、清洗，根据需要换绳，截绳重挂（24h）调整张力	钢丝绳清洁，绳头脊母紧固，并装配开口销，截绳工艺应符合有关规定，对垂下平面空程应在 $200 \sim 350mm$ 之间，钢丝绳之间张力相等，偏差不大于5%
6	限速系统	限速器、涨绳轮、安全钳解体清洗，检测零部件磨损情况，磨损较严重的部件要更换	(1) 限速器组装完毕，达到测滑良好，动作灵敏，机械电气性能安全可靠，动作速度不低于额定转速的115%，不高于140%；(2) 涨绳轮底罩距地应符合有关规定；(3) 安全绳清洁无油污，涨绳轮安装后要自然垂直；(4) 安全连杆机构螺栓紧固，但应保证动作灵活可靠，调整紧定器（防跳器），使拉力不小于 $150N$，不大于 $500N$；(5) 安全钳楔块距导轨侧平面不大于 $3mm$，对称均匀
7	控制柜与励磁装置	修配检修接触中继电器动作机构，严重烧蚀的触点要更换，线扉子号全部校对重描，遥测绝缘电阻和接地电阻	(1) 柜内电气元件齐全，各种接点，清洁，无烧蚀；(2) 接触器工作时噪声不超过 $50dB$；(3) 柜内无积尘，导线端压线牢固；(4) 接地电阻不大于 4Ω；(5) 仪表显示，灯正常，各线路缘电阻不低于 $0.5M\Omega$

续表

序号	工程项目	内容	技术统计内容
8	选层系统	传动部位解体清洗，更换损坏零件，位置调正，触头调整修正	(1) 润滑部分油量充足，转动灵活；(2) 触头清洁；(3) 传动链条松紧适当；(4) 各部位灵敏可靠；(5) 钢带轮与张紧轮横向垂直中心不大于3mm；(6) 张紧轮底平面与底坑平面距离应在300～400mm之间；(7) 支撑臂灵活可靠，各部位螺丝紧固；(8) 接地电阻不大于4Ω
9	操作与显示系统	检查操纵盘、层灯呼梯系统、检查零件并进行更换，电扇解体检修	(1) 操作元件完整、正确、灵活可靠；(2) 各种显示正常；(3) 风扇清洁正常，噪音在60dB以下，运行平稳，必须加设牢固的安全护网
10	轿厢	(1) 各部位螺丝紧固除锈；(2) 轿门活动部位解体清洗加油；(3) 导靴解体清洗，更换靴衬，调整间隙，弹簧疲劳要更换；(4) 门导靴磨损要更换；(5) 开关门电机解体清洗加工厂油，并检查附加电阻；(6) 安全触板解体洗调整；(7) 各开关检查更换；(8) 轿顶线路整理更换，轿底线盒清洁，压线检查除尘，紧固螺丝，检查接地装置；(9) 电缆支架、补偿装置链检查紧固；(10) 超载装置检查调整	(1) 各部螺丝牢固，吊门轮、轴承油量充足，转动自如，磨损严重要更换；(2) 轿门安装要求：轿门门扇垂直度误差≤0.5mm，下端距地坎应在6±2mm；吊门轮底下的偏心轮与滑道下端距离≤0.5mm，中分式门扇对口缝隙≤1mm，在整体门扇高度上≤2mm；轿门打开时应与厅门口垂直误差≤5mm，安全触板夹力≤5N，运行时平稳无噪音；皮带轮传动皮带无损伤，松紧适当，保证在断电情况下司机一人能将轿门扒开；(3) 轿顶护栏安全可靠；(4) 轿顶水平线路一律用金属管敷设，管口使用绝缘套管；(5) 轿厢各导靴清洁，活动自如，间隙，符合标准；(6) 轿底"老虎口"与导轨轨面间隙均匀；(7) 轿厢接地线不少于2根，随线接地电阻小于4Ω；(8) 调整平层感应器相对位置，修换损坏的元件；(9) 开门电机电阻值型号应符合设计规定
11	厅门	解体清洗吊门轮轴承钢丝绳轨道、轨道、吊门轮轴承导靴块磨损严重的应更换，检修门锁，调正厅门门扇	(1) 厅门设备齐全，各层厅门完整，紧固件齐全；(2) 厅门间隙同轿门；(3) 钢丝绳松紧适当；(4) 行走时噪音不超过65dB；(5) 门锁电气触点接触良好；(6) 保证从厅门外扒不开厅门；(7) 厅门本身间隙，与建筑物的空隙应符合设计规定
12	轨道	轨道清洗、调正、紧固螺栓	轨道清洁，无变形、无损伤，偏差应基本符合有关规范的要求，轨距大道≤1mm，小道≤2mm，接D处平直误差≤0.5mm，轮道在高度为50m以内的垂直度误差≤5mm，50m以外≤10mm
13	对重	紧固并调正对重块；检修对重测钢丝绳绳头、补偿链部位，导靴解体清洗，修换零部件，检查补偿装置是否有刮碰、开焊断坏现象	(1) 各部位螺栓牢固；(2) 曳引绳绳头应有双螺母和开口销，对重块压板牢固；(3) 补偿链运行无噪音；(4) 导靴间隙，符合要求
14	安全装置	检查调整电气机械安全装置，更换坏零部件	(1) 各安全装置设备齐全，性能可靠，转动部位灵活；(2) 限位开关越程50～150mm，极限开关越程150～250mm，均厅门地坎距轿厢地坎为准；(3) 机械缓速开关位置在换速准确的前提下应滞后于电梯电气换速，并保证制动过程完整
15	线路	各线盒除尘，端子螺丝紧固，整理线扣子号，摇测绝缘，检查接地装置，更换部分老化残、损线路，多绞线测锡	(1) 各线盒完整、清洁，线路排列整齐，线扣子号清晰，导线压接牢固，测锡饱满（严禁使用盐酸及焊油等高强腐蚀物）；(2) 线路绝缘≥0.5MΩ，接地电阻≤4Ω；螺栓齐全牢固

续表

序号	工程项目	内容	技术统计内容
16	缓冲器	检查弹簧、液压缓冲器,运作试验是否符合要求	清洁、无锈蚀,动作可靠,零件齐全
17	性能调试	对电梯的负载、运行、平层、舒适感、外呼、截车、记忆、超载、电压、电流、绝缘、接地等进行测试,并填写测试记录	(1)电梯运行平稳、舒适;(2)平层应符合有关规定;(3)噪声应符合有关规定

(三)大修工程项目与技术统计内容（见表6-8）

电梯大修工程项目与技术统计要求　　　表6-8

序号	项目	内 容	技术统计内容
1	减速机	减速机大修:解体、清洗、修理、测量、组装、校正、清油、试运转、磨合,更换和修理油封、减震垫等易损件,轴承与其他部件或整机视需要进行更换,整机位置调整	整机安装和调整后的位置偏差应符合有关规范规定的要求,其他要求同中修
2	抱闸	同中修	同中修
3	电动机与发电机组	抽芯、检查、清洗、更换油封、电动机的滑动轴承、刷握弹簧、碳刷等;修理电枢,组装调整,遥测绝缘,测量转速等	同中修
4	导绳轮	拆卸清洗、轮槽检测,修换轴承或轴,安装调整、重车严重磨损的轮槽或更换绳轮	同中修
5	钢丝绳	曳引钢丝绳的更换,钢丝绳的拆挂、清洗、截绳、垂挂、调整张力 注:更换钢丝绳的鉴定标准,钢丝绳在各绳股之间一个捻距内最大的断丝数量超过32根时,断丝集中在一个或两个绳股中一个捻距内最大断丝超过16根,或有较大的磨损和锈蚀,钢丝绳严重磨损后其直径小于或等于原直径90%时,符合以上要求予以更换	更换钢丝绳的工艺应符合有关规范的规定,其他同中修

二、电梯的保养检修报表

(一)电梯保养项目及记录（表6-9）

电梯定期保养项目及记录　　　表6-9

电梯编号:　　　　位置:　　　　日期:

序号	保养项目	清洁	检查	调整	不良情况记录

保养人:　　　　　　　　　　　验证人:

注:表中的保养项目可依据《电梯维修保养的标准》、《自动扶梯维修保养的主要标准》及有关电梯国家标准进行检验。

(二）电梯故障维修登记表（6-10）

电梯故障维修登记表　　　　　　　　　　　　　　表 6-10

大厦名称：　　　　　　　　　　　　　　　　　　　　日期：

登记时间	报告人/记录人	故障电梯编号	位置及内容	转呈处理（方式、单位接受人）	处理结果	完成时间	验证人

(三）电梯定期保养检验报告及记录（表 6-11）

电梯定期保养检验报告及记录　　　　　　　　　　表 6-11

电梯编号：　　　　　　　　　　　日期：

项目编号	检验项目	检查结果	检验人	审核人	备注

(四）电梯维修记录（表 6-12）

电梯维修记录　　　　　　　　　　　　　　　　　表 6-12

大厦名称：

电梯编号	故障位置	开始时间	结束时间	维修人员

故障原因及内容：

维修过程及安全措施：

检验结论：

备注：

(五)电梯维修保养单位月考评表(表6-13)

电梯维修保养单位月考评表　　　　　　　　　　表 6-13

电梯保养单位：　　　　　　　　　　日期：

项 目	内 容	检 查 情 况	检查人	得分
1. 完成工作情况(20分)				
2. 完成工作的质量(20分)				
3. 记录情况(5分)				
4. 故障处理情况(10分)				
5. 劳动纪律态度(5分)				
6. 照明、指示信号灯(5分)				
7. 清洁分(5分)				
8. 巡视时提出的整改项目(10分)				
9. 安全(15分)				
10. 其他(5分)				
备 注				总分

思 考 题

1. 简述电梯的运行制度的几种类型。
2. 电梯的维修资料主要包括哪些?
3. 电梯的设备档案统计包括哪些内容?
4. 电梯的保养检修报表主要有哪些?

第七章 物业空调和电力系统管理统计

第一节 空调系统管理和维修统计

人类在长期生活和生产的发展过程中，一直寻找能克服空气环境对人类活动造成威胁和影响的有效办法。随着科技发展，人类由开始的消极防御到逐步掌握、能动控制和创造空气环境的技术，这种技术称为空气调节，这种设备称为空气调节器，简称空调。空调设备的功能是对送入室内的空气进行过滤、加热或冷却、干燥、加湿等各种处理，使空气环境能满足不同的使用要求。为了达到让空调更好地为用户服务之目的，要对不同形式的空调系统进行分类统计。

一、空调系统的分类

（一）空气调节系统按其功能分类

空气调节系统按其功能来分，可分为工艺性空调和舒适性空调两种。

1. 工艺性空调

通常是指在生产或科学实验时，其过程需在特定受控的空气环境中进行。有时必须是恒温，以确保产品质量和科学实验的结果。这种通过空气处理技术，能满足对空气环境不同要求的空调，称为工艺性空调。

2. 舒适性空调

通常是指满足人的生理感受，使人感到舒适的空气处理技术。一般办公楼、住宅、医院、宾馆、商场、剧院等建筑物所应用的空调（中央空调和小型分离式、窗式空调）均属于舒适性空调。舒适性空调对环境有温度、湿度、清洁度、风度等方面的要求。但这些参数的允许波动范围远不如工艺性空调。

（二）空气调节系统按其处理设备配置情况分类

空气调节系统按其处理设备配置情况来分，可分为集中式空调、局部式空调、半集中式空调三种。

1. 集中式空调

集中式空调也称为中央空调，由系统制冷机即空气处理部分、冷气管道即空气输送部分、冷却塔、回笼泵等部分组成。目前，我国具备集中供冷设备的住宅还不多，但对一些高级公寓、商厦、高档办公商住楼、宾馆饭店才安装中央空调，这样才能更有效率。

2. 局部式空调

局部式空调就是我们所说的空调机组（包括用户自行安装的单体式、分体式空调），它由空气处理和冷媒两部分组成。常用的空调组有恒温恒湿机组和窗式（热泵型）空调器。

3. 半集中式空调

半集中式空调集中了集中式和局部式空调系统的优点，是一种混合式空调系统。

（三）空气调节系统按其结构分类

可分为窗式空调、分体式空调两种。

1. 窗式空调

窗式空调（单体式）是一个完整而独立的整体。它适合安装在窗台或墙孔位置上，空调的操作面板朝向室内，主体大部分在室外。这种空调价格低，安装简单，使用方便，其缺点是工作时噪音声较大。

2. 分体式空调

分体式又称分离式空调，它把空调分为室内、室外机组两部分。空调的噪声源，部分安装在室外，空调的控制部分，如蒸发器、毛细管等部分构成室内机组，安装在室内，两个机组之间用铜管相连。分体式空调克服了窗式机噪声大的缺点，它的室内机组噪声通常小于35dB，是理想的空调结构形式。此外，分体式空调比窗式空调利用效率高，一个室外机组可以供几个房间使用，而室内机组可以独立工作，互不影响。分体式空调的室外机组也可以扩大成中央空调，集中控制各个空调房间，这种分体式空调使用于宾馆、厂矿等大面积、多房间的空调。目前分体式空调室内组有三种形式：落地型（柜式）、挂壁型、吊顶型。

（四）空气调节系统按其利用回风的程度不同分类

空气调节系统按其利用回风的程度不同来分，还可分为直流式空调、封闭式空调、回风式空调三种等等。

1. 直流式空调

直流式空调所需要处理的空气全部来自室外新风，适用于不允许采用室内回风的情况。

2. 封闭式空调

封闭式空调所需要处理的空气全部来自空调房间本身，无室外新风补充，适宜于库房及无菌室。

3. 回风式空调

回风式空调是结合了上述两种空气处理方式的优点而设计的，适宜于大多数工业与民用建筑使用。

二、空调系统管理统计规章制度

为了确保空调系统的正常工作，要建立必要的统计规章制度，以便准确的、及时的、系统的、全面的记录有关数据信息，为提供高质量的服务创造条件。常见的规章制度有：

1. 统计人员岗位责任制

对空调岗位负责人、操作人员和保障工作人员履行职责的情况进行统计；对空调运行过程中所出现问题的性质进行统计；对故障的处理情况进行统计。

2. 空调运行统计制度

包括对值班守则、巡检守则、维修守则和调试守则等的遵守执行情况进行记录。

3. 重要设备操作统计制度

对冷水机组、组合式空调、水泵等重要机械设备，应监督操作人员按照生产厂家提供的使用说明书制定符合要求的开机、停机、中间巡检和异常现象处理，并对处理结果进行统计。

4. 安全操作和事故报告统计制度

对空调的安全操作和事故报告情况及时进行统计。

5. 业务培训和信息交流统计制度

6. 用户走访统计制度

7. 重要设备台帐统计制度

8. 运行期和维修期工作日记统计制度

以上这些统计制度，各物业管理企业统计机构，可依照空调系统的规模，合理予以增减，关键在于对上述各项统计制度持之以恒地贯彻执行。

三、中央空调设备的日常保养与维修统计

1. 操作规程。根据空调设备的工作原理及操作调整方法，制定出相应的操作规程并严格监督执行。

2. 定期巡查统计。记录设备运转情况，使设备的润滑、水、制冷剂等保持在正常范围内。

3. 仪表读数统计。机组运行时应注意观察仪表读数，是否处于正常范围内。如果不正常，应及时记录下来予以调整，必要时可关机，防止事故发生。

4. 水处理统计。定期进行水处理情况的记录，以便及时消除水垢，提高空调制冷效率。

5. 运转情况统计。定期检查记录各风机、水泵的运转情况，观察其有无杂音、振动、渗水情况，并定时加润滑油及检修。

6. 皮带松紧统计。定期检查统计各风机、冷却塔皮带的松紧情况，当磨损数字太大时应及时作出处理。

7. 除炭统计。记录定期消除锅炉燃烧室及烟道的炭灰情况，以防炭灰过多；

8. 水管通畅统计。对各管网有无裂缝或漏水以及赌塞情况的检查结果定时记录，以利及时排除故障，保证水管通畅。

9. 清理过滤统计。定时统计检查清理过滤中积存的尘污和杂物、定期统计检查风管中的各种风阀，防止卡死。

第二节 制冷机操作规程统计

一、制冷机的维护统计

进行制冷机的维护和保养统计，不仅可以提高空调的制冷效果，延长其使用寿命，还可以节约能源，使之更好地服务于业主和用户。对制冷机的维护和保养统计，主要是以下几方面：

1. 经常检查空调制冷机的安全用电设施，记录熔断器更换是否严格按操作规程进行；定期检查电路系统的保护器，防止烧毁、受潮和漏电。

2. 记录清洗过滤网板的情况。因为，过滤网板积灰过多会引起堵塞，使气流流通不畅而影响制冷效果。所以应每 20 天清理一次，并予以记录。

3. 定期检查机体的清洗情况，记录电气元件是否受潮。

4. 检查是否按时进行机体的润滑保养，记录是否按规定的方法加油。

5. 进行空调长期停机之前保养情况的统计。

6. 熟悉空调设备的工作原理及操作调整方法，统计记录相应的操作规程准则和执行标准。

7. 定期统计设备的运转情况，使设备的制冷剂等保持在正常的范围内。

8. 机组在运行时，记录仪表的读数是否处于正常的范围，若不正常则及时通知有关人员进行处理。

二、空调常见故障原因统计

空调常见故障分成三类，即电器故障、机械故障、制冷系统故障。引起故障的原因是多种多样的，三类故障有时相互影响，因此，及时对这些故障原因进行统计分析，进而排除故障是十分重要的。

（一）电器故障统计

空调的电器结构比较简单，故障的现象比较明显，引起的原因比较清楚。因此，对各种故障原因进行分类统计，以使电器故障在排除时比较有序。常见的电器故障分为电源、工作电器、保护电器三种。

1. 电源故障统计

对电源故障现象进行统计时，要分清楚故障属于下列哪一类原因造成的，才能采取相应的维修手段。

（1）停电；

（2）电源线断线；

（3）插头接触不良；

（4）熔丝烧断；

（5）漏电保护器失灵；

（6）选择开关接触不良。

2. 工作电器故障统计

对电器不工作故障进行统计时，要明确故障类别，进而提供出有针对性的统计资料以利于故障的排除。电器不工作故障如：

（1）电源电压低；

（2）电容损坏；

（3）风扇损坏；

（4）压缩机损坏；

（5）超载使保护器失灵；

（6）温度控制器失灵；

（7）制冷系统故障。

3. 保护电器故障统计

对保护电器故障进行统计时，要弄清压缩机频繁启动故障出现的原因，以便为采取相应的处理措施提供依据。保护电器故障主要有：

（1）电压不足启动困难；

(2) 温度控制器位置失灵；
(3) 电流过载保护器频繁工作；
(4) 冷凝器通风不畅而影响散热性能。

(二) 机械故障统计

空调的机械部分故障，除了压缩机损坏之外，其余故障排除都比较简单。对机械部分常见故障的统计分为：

1. 压缩机不工作故障统计

对压缩机的机械故障进行统计时，区分下列原因：风叶紧而螺钉松、风卡被卡而打滑、风道堵塞等。记录这些故障出现的次数。

2. 振动声大故障统计

对该类故障出现的原因作以下统计：防振螺钉位置错误、机脚螺钉或橡胶圈损坏、压缩机内部部件被卡、座簧断裂等故障各自出现的时间、频率，向维修人员及时提供准确的信息。

3. 运行噪音大故障统计

主要对下列原因作详细记录：风扇碰撞机壳、支架共振、制冷系统管路碰撞机壳、风扇叶片变形等，以便作出相应处理。

4. 冷凝水外流室内故障统计

对造成冷凝水外流室内故障如：空调水平位置不对、接水盘和水管堵塞渗漏等，作出相应统计，为及时修理提供准确的时间和地点。

(三) 制冷系统故障统计

空调制冷系统故障情况较复杂，有空调环境因素，也有空调本身的故障，常需对下列故障进行统计：

1. 冷气不足故障统计

室外温度过高使空调制冷量下降、室内热源增加、室外热传入室内、空气滤网进灰太多、蒸发冷凝表面灰化太严重、电源电压偏低、空调房外环境变化、制冷剂不足、压缩机效率下降、制冷系统内过滤器不畅、新风门漏气。

2. 无冷气故障统计

制冷系统破损、制冷系统内过滤器堵塞、压缩机气阀坏、蒸发器冻结、制冷系统堵塞。

3. 空气循环不良故障统计

风力受阻、风机运转慢、风机风叶打滑。

4. 空调制热不足故障统计

电磁换向阀不正常、电磁阀线圈烧坏、换向阀失灵、室外温度太低、温度控制器失效，等等。

对上述内容的统计，要严格按相应的统计制度、操作规程、故障原因及检查标准执行，以确保其反映的信息客观、有效。同时，应用信息统计分析技术，对问题作出正确的判断，使得统计真正有效地行使其在提供信息、服务咨询、监督控制方面的职能。

第三节 供电系统管理与操作统计

一、供电系统管理统计分类

在现代化城市中,一切活动都离不开电。物业管理公司对供电设备统计的目的是为了在技术上保证其长期运作,不发生事故,不间断供电,为此,物业管理公司必须进行整个管辖区内的电力设备情况分类统计。对供电设备的分类统计,是一项专业性很强的工作。首先要求统计人员具备一定的供电设备基本知识,当发生供电故障时,能迅速地作出反应,进而为专业人员进行维修提供方便。

电力设备主要由以下设备构成:

(一) 室外供电设备

是指室外设备中的供电系统。它包括铁盒子、电表、总开关、供电线路、户外型负荷开关、漏电保护自动保护开关、室外照明器等。

(二) 室外弱电设备

这是指室外设备中的弱电设备系统。它包括广播设备、电线、电缆及电话设备、共用天线电视系统设备等。

电力系统包括弱电和强电两个系统。生活用电属于弱电系统。目前,强电系统仍属于供电部门的"独家经营"。电力系统包括有:总电表、总开关、分电表、电源外线、进户线;入户电话、电视天线等系统设备;避雷设备;通讯设备等。作为物业管理公司,发生弱电故障时,应及时进行检修并予以记录。当发生强电事故时,有必要采取应急措施并向供电部门及时反映以便作出处理。

二、电力系统的统计范围

物业管理统计部门在对供电系统进行统计时,应掌握以下原则:

(一) 低压供电

以供电接户线的最后支持物(该支持物属于供电部门)为分界点作为物业管理部门的统计范围。

(二) 高压供电

以用户区外或配电室前的第一断路器或进线套管(其维护责任有双方商定)为分界点进行统计。

(三) 电缆供电

采用电缆供电的,应由供电部门与物业管理部门协商解决其统计范围。

(四) 线路产权属于业主

产权属于业主的线路,以分支点或以供电部门变电所的第一基电杆(其维护责任由双方议定)为分界点予以统计。

(五) 计费电度表等

计费电度表及附属件的购置、安装、移动、更换、校验、拆除、加封、启封等的统计范围属于供电部门。

三、供电系统管理统计内容

对上述两类设备,不仅要对其运行状况进行统计,而且要对系统的维修、检修、养护等情况进行统计,下面是具体统计内容。

1. 统计供电范围内各建筑物的构造方式、用电内容及主要的要求情况。
2. 统计供电方式、电压等级、用电容量、分配方案、配线方法(如高、低压重点保护单位,单、双路供电)等。
3. 记录全部电器平面图、系统图和原理图,所有专用设备的产品说明书、配件图、个类产品的出厂合格证明、有关设备的实验、检验报告单等。
4. 填制施工中的各级、各阶段的验收证明书,变更洽谈记录(如绝缘遥控测记录、接地电阻值得测定、单全负荷实验结果报告、各支路的负荷电流实测记录、电压变化情况)等。
5. 核对实际按装线路及设备的数量、规格、型号、位置是否与图纸要求一致,记录地下埋设管路的具体位置与平面图是否一致。
6. 统计正式使用后,各用户内的主要用电数量、容量及使用规律与负荷变动情况等。

四、供电系统管理统计制度

(一)建立用电统计档案

1. 对所有较大得用电设备均应按台分别编码,记录功率、用电要求,建立档案(锅炉内的风机、水泵、空调、厨房内机具如微波炉、电热蒸锅等)。
2. 对整个所管理范围内的用电情况进行统计,绘成电气平面图、设备原理图,并粘在工程管理部墙上,以便随时查看、了解。
3. 以每幢楼为单位,记录其用电电压、功率、电流等有关数据,为今后维修、排除故障提供依据。
4. 建立维修记录、运行记录、巡视记录及实验报告。

(二)配电房统计规定

1. 配电房应有机电技术人员负责管理和值班情况记录、送停电情况记录。
2. 对室内照明、通风情况进行记录,室温控制在40℃以下,墙上配挂温度计。
3. 建立配电运行记录,每班巡查1次,半年大检修1次,查处问题及时处理,不能解决的问题要及时书面上报主管部门。
4. 检查供电回路操作开关的标志、检修停电拉闸时的挂牌标志是否明显,以向非有关人员表示。
5. 对房内乱接乱拉线路、供电线路严禁超载情况及时记录,书面报告有关主管人员处理。
6. 对配电房内设备及线路的更改情况随时记录下来,报经主管部门同意作出处理。
7. 严格作好交接班、安全、防火、清洁、卫生等情况的记录。
8. 监督岗位责任制执行情况,以及电力系统有关各项规定的执行情况。
9. 对各种设备安全操作规程的执行情况进行统计。
10. 对操作及检修时是否按规定使用电工绝缘工具、绝缘鞋、绝缘手套等进行记录。
11. 作好在恶劣的气候环境下对设备的特巡、事故发生时按操作规程及时排除故障的记录工作。

12. 对配电房必须配备消防灭火装置并配备应急照明灯情况进行统计。

五、供电线路故障维修统计

线路的常见故障包括短路、断路、接触不良及漏电几种。在统计时，应根据情况作出统计分析，寻找出故障的原因以利于故障的排除。

（一）断路

断路分为相线断路和中性线断路两种，出现此类问题，应换新线。

（二）短路

发生短路，是指相线与相线、相线与中性线或相线与接地线之间出现短接现象（即电阻等于或接近于零），此时，应换线或重新包扎。

（三）接触不良

在正常使用中发现电压有较大的波动或者照明灯发光、发暗或忽明忽暗，这种情况属于接触不良。

（四）漏电

漏电是因导线老化、受潮、绝缘层损坏或受环境破坏而造成电流泄漏，严重的能造成人身事故，或造成不能正常用电。检查方法是用兆欧表测量线路或设备的绝缘电阻，然后记录下来并按具体情况予以修复或更换。

（五）管子配线的绝缘电阻的测量及换线

由于管子里导线在长期不通风、散热极差的状态下工作，导线的绝缘层极易发生粘连、变脆、老化，导线绝缘电阻下降。此时，要及时进行统计并对管内导线进行更换。

总之，空调和电力系统的统计，是一项非常重要的工作。物业管理统计工作者必须认真的收集、整理、保管好各种有关技术资料及设备档案，按要求定期编制统计报表并汇总、存档和及时上报，以便各专业管理工作的顺利进行。

思 考 题

1. 空调故障原因统计分为哪几类？
2. 供电系统统计有哪些具体的内容？
3. 空调统计规章制度有哪些？

第八章 物业供暖、给排水系统管理统计

第一节 物业供暖设备的运行和维修统计

一、物业供暖系统的运行统计

采暖是寒冷地区建筑物不可缺少的组成部分。在严寒的冬季，利用采暖技术在室内制造适宜的温度，这对于改善居住和工作环境，满足生产工艺的需要具有十分重要的意义。随着中国城市居民生活水平的逐步提高和环保节能需要，居民的生活采暖和生产车间采暖越来越多地推广使用集中供热系统采暖，因而供暖管理统计日益成为物业管理统计中的重要组成部分。

（一）集中供暖系统的运行调节

1. 供暖方式

（1）连续供暖

连续供暖是指建筑物的使用时间为 24 小时，要求室温昼夜保持在设计温度的供暖方式。如医院、三班制的工厂等场所。

（2）间歇供暖

间歇供暖是指建筑物的使用时间不是 24 小时，只要求建筑物的室温在使用时间内保持为设计温度，其他时间可以自然降温。如办公室、商店、一班制的工厂等场合。

2. 住宅供暖方式

目前国内住宅供暖采用的方式主要有三种。

（1）昼夜 24 小时连续供暖

这种方式的供暖效果好，但是夜间室内也保持在设计温度不利于节能。

（2）每昼夜 16 小时的间歇供暖

这是把一般住宅的使用时间定为从早晨 7 点到晚上 11 点，共 16 个小时。对于晚上的 8 小时，可做为非使用时间，允许自然降温。这样，既不影响使用要求，又可以减少能耗。

（3）每昼夜 12 小时，烧烧停停的间歇供暖

这种供暖方式不如昼夜 16 小时的间歇供暖方式，且供暖能耗也不一定少。

3. 运行调节

（1）运行调节意义

在室外气温变化时，通过合理地调节供水的温度和流量，既保证供暖房间的室内设计温度，又有利于减少供暖能耗。

(2) 运行调节方法

1) 质调节。指在供暖期间,供暖系统的热水流量保持不变,只是随着室外气温的变化,调节供水温度的高低来保持室内设计温度。

2) 量调节。指在供暖期间,供水温度保持不变,通过改变供暖系统的热水流量来保持室内温度的设计要求。

3) 分阶段变流量的质调节。指在供暖期间,把供暖期按室外气温的高低分为几个阶段,在室外温度较低阶段中保持较大的流量,而在室外气温较高的阶段中保持较小的流量,但在每一个阶段内采用质调节来保持室内设计温度。

4) 间歇调节。这是在室外气温升高时,不改变供暖系统的循环流量和供水温度,通过减少每天的供暖时数来保持室内设计温度。

4. 供暖管理

(1) 供暖期工作阶段划分及工作要点

1) 准备阶段。配备和培训司炉供暖人员,检查修缮设备,系统上水、备煤,作好供暖经济承包准备工作。

2) 初寒期。按时点火,贯彻执行规章制度和操作规程,努力降低炉灰含碳量,确保运行安全,完成进入严寒期前的设备检修工作。

3) 严寒期。加强设备维护保养,努力提高供暖质量,交流运行管理经验,制订下一年度设备的普查和修缮计划。

4) 末寒期。善时善终作好末寒期的供暖节能工作,认真完成停炉后的现场清扫、整理等收尾工作。

5) 总结阶段。作好成本分析和能耗分析,总结经验,指出不足,提出今后的改进意见。

(2) 非供暖期的工作要点

落实年度供暖设备修缮计划的资金、材料和人力的安排,实施年度计划;作好供暖收费工作。

(3) 建立供暖人员岗位责任制

主要包括专业技术人员、维修人员、供暖管理人员、司炉班长、司炉工、水暖工、电工、水处理化验员、煤炭质检员、推煤工、铲车司机等的岗位责任制。

(4) 供暖运行技术标准

由于还没有统一规定的技术标准,可参考下面指标:

1) 供暖系统泄漏率为循环流量的5%;

2) 供暖能耗控制指标。每0.7MW (1t/h) 负担 8000~10000m²供暖建筑面积;

3) 循环流量控制指标。对于供水温度≤95℃的系统,每平方米建筑面积为2~3 kg/h;

4) 循环水泵耗电量指标。每平方米建筑面积耗电量为0.5W;

5) 供暖耗煤指标。每单位面积的标准煤耗煤量根据地区的不同为20~30 kg/m²。

(二) 集中供暖系统的运行统计

1. 集中供暖系统设备数量统计

(1) 集中供暖系统设备的数量统计指标

1) 实有设备。也称现有设备、拥有设备，该指标是指企业实际拥有的、可供企业调配的全部集中供暖系统设备的数量，包括企业自有的、租用的和借用的，且无论其是否安装（若需要安装的话）的设备，但不包括已报废或严重损坏不能修复的设备，以及租借给外企业和未运抵本企业的设备。

2) 已安装设备。是指需安装的设备已安装完毕，并经验收正式投入集中供暖运营的设备；对于不需安装的正式投入使用的移动使用设备也应统计在内。

3) 未安装设备。是相对于已安装设备而言的尚未正式投入使用的需安装和不需安装的全部设备。

4) 实际使用设备。即已安装设备的使用数，是指只要在报告期内使用过一个班次以上的设备均应统计在内，包括因季节性生产和大修理而停止使用的设备，也包括正常使用或替代使用的设备。

5) 已安装未使用设备。是相对于实际使用设备而言的，即报告期已正式投入生产经营而实际未使用的设备。

6) 待报废设备。是指经企业有关部门核准的，由于有形和无形磨损准备报废的设备，它可以是已安装设备，也可以是未安装设备。

上述指标应按不同种类的设备分别统计，然后就全部设备进行汇总。可见实有设备是企业最大可能投入集中供暖系统设备数量，而实际使用设备与其之间的差额是企业设备尚可利用的最大潜力，它取决于已安装设备的数量。

(2) 集中供暖系统设备数量统计的计算单位和指标形式

企业设备数量统计的计算单位有自然单位、能力单位和价值量单位三种。自然单位有"台"、"座"、"部"、"套"、"个"等，该计量单位使用于同类设备的汇总；能力单位用"年产量"或"年处理资材数量"表示，如瓦、卡、千卡或万吨年等，该计量单位使用于同种产出或处理同种资材的设备汇总；价值量单位一般用设备原值或净值的万元或亿元表示，该计量单位使用于全部设备的汇总。

企业集中供暖系统设备数量指标一般有年末数和年平均数两种形式：

年末设备数量＝年初设备数量＋年内增加设备数量－年内减少设备数量

$$年平均设备数量=\frac{（年末设备数量＋年初设备数量）}{2}$$

常用设备统计报表见表 8-1～表 8-3。

设施设备清单 表 8-1

小区（大厦）名称： 年 月 日

系统	设备编号	设备名称	设备型号	主要参数	安装位置

设 备 台 帐　　　　　　　　　　　　　表 8-2

小区（大厦）名称：　　　　　　　　　　　　　　　　　　　　　　年　月　日

设备名称		制造国别		出厂日期	
型　号		厂家		进厂日期	
规　格		出厂编号		安装日期	
安装地点		设备编号		使用日期	
总重量		电机数量		验收日期	
外形尺寸		电机功率		设备原值	

主　要　技　术　性　能

序　号	名　　称	型　号	规　格	数　量

设 备 标 识 卡　　　　　　　　　　　　表 8-3

小区（大厦）名称：　　　　　　　　　　　　　　　　　　　　　　年　月　日

设备名称				设备编号			
型号规格				安装位置			
设备参数				附　　件			
功率	电压	电流	转速	名称	型号	规格	数量
操作方法及注意事项：				维修保养要求：			
备注							

上述表格均由物业公司统计人员填制。

2. 集中供暖系统设备的质量统计

(1) 设备出厂年代分类统计和设备平均出厂年代

某设备铭牌年份或设备卡片记录年份或经技术部门鉴定的技术改造年份，按 5 年（例如，1991~1995，1996~2000）归类统计设备数量指标及其结构相对数指标；以出厂年份为变量，以同一年份的设备数量为权数，可计算设备平均出厂年代指标，说明企业全部设备的总体质量水平。

用出厂年代只能比较粗略地反映企业设备的技术水平，这是因为由于制造商不同，同一出厂年代的设备具有不同的技术水平。

(2) 设备技术水平分类统计和设备平均技术水平

设备技术等级一般分为国际水平、国内先进水平、国内一般水平、国内落后水平四个级别。分别统计四个级别的设备数量及其结构相对指标,对四个级别分别赋值1、2、3、4,并以此为自变量,以同级别的设备数量为权数,可以计算设备平均技术水平指标,说明企业全部设备的总体的质量水平,但需要测试手段相配合,故有一定的困难。

(3) 设备自动化程度分类统计

根据自动化的控制方式和规模不同可分为单机自动化、半自动化生产线、自动化生产线以及机械手和机器人,除分别统计上述类别的设备数量外,还应计算自动化设备数量和计算自动化设备数量占全部设备数量的比重。

(4) 电子计算机的代际和类型统计

应按电子计算机的代际和类型分别统计拥有量和结构相对数指标。

(5) 设备完好程度统计

完好设备是同时满足规定性能良好、运转正常、零部件齐全、计量测试润滑系统完备、磨损腐蚀度不超过标准、原材料燃料油料消耗正常、基本无跑、冒、滴、漏现象等条件的设备。具体指标是:

$$设备完好率 = \frac{完好设备数量}{全部设备数量} \times 100\%$$

与前四个说明设备本身质量水平的指标不同,设备完好率指标是说明企业设备管理的工作质量水平的指标。

二、物业供暖系统设备维修统计

(一) 集中供暖设备系统维修统计

1. 集中供暖设备新旧程度统计

(1) 设备使用年限统计

设备在生产经营的长期使用过程中虽不改变其实物形态,但其价值逐步转移到产品的价值中,同时设备的功能也逐步降低。因此设备年限越长,设备越旧,其有形磨损和无形磨损也就越大。故应按设备使用年限分组,并计算设备平均使用年限指标,以简略反映企业设备的新旧程度。

$$设备平均使用年限 = \frac{\sum(某设备使用年限 \times 某设备拥有数量)}{全部设备拥有量}$$

(2) 设备年有形磨损统计

设备在生产经营过程中和自然力作用下所发生的磨损属于有形磨损。

1) 设备年低劣系数。该指标用以反映设备因有形磨损而性能衰退、精度下降的程度,指标越高说明设备陈旧的速度越快。

$$单台设备精度年低劣化系数 = \frac{相邻两次所测得的设备精度指数值差}{相邻两次精度测量的时间间隔年数}$$

式中 分母的时间间隔必须折算为年数;

分子精度指数 T:

$$T=\sqrt{\frac{\sum(\text{精度实测值}/\text{精度允许值})^2}{\text{测定项目数（不少于全部项目的}70\%）}}$$

精度值数越小，说明精度越高，反之则越低，一般有如下标准：

$T\leqslant 0.5$　　　　　　新设备验收条件之一
$T\leqslant 1$　　　　　　　设备大修理后验收条件
$T\leqslant 2$　　　　　　　设备必须调试后使用
$2<T<2.5$　　　　　设备需中修
$2.5\leqslant T\leqslant 3$　　　　　设备需大修
$T>3$　　　　　　　设备必须更新

2）设备年有形磨损系数。该指标用价值量计算，既可按单台设备计算，也可按某类设备或全部设备计算，与其互补的是设备年有形有用系数。磨损系数越高说明设备越陈旧，反之有用系数越低说明设备越陈旧。

(3) 设备年无形磨损统计

由于科学技术进步和社会生产力发展而引起的设备贬值属于无形磨损，设备的无形磨损程度可以用价值量计算，具体公式为：

$$\text{设备年无形磨损系数}=\frac{\text{年末设备原值}\times\text{物价指数}-\text{年末设备重置完全价值}}{\text{年末设备原值}}$$

(4) 设备年综合磨损统计

设备年有形磨损与设备年无形磨损相加即为综合磨损，因此综合磨损系数为：

设备年综合磨损系数＝设备年有形磨损系数＋设备年无形磨损系数

由此，设备年综合有用系数＝1－设备年综合磨损系数

2. 集中供暖设备事故统计

(1) 设备事故的概念与种类

设备因非正常损坏而造成停产或降低效能称设备事故。根据事故发生后设备的损失程度，可分为：设备故障、一般事故、重大事故和特大事故。区分的标准各行业各不相同，但一般均以中断生产经营的时间长短和维修费用多寡加以区分。根据产品（设备本身就是工业产品）可靠性分析中的失效规律，设备事故可分为：基本事故、初期事故、偶发事故、磨损事故、破损事故、劣化事故、波及事故和间歇事故。

(2) 设备事故的统计指标

1) 设备事故发生台次数统计。应分别统计设备事故的总台次数和设备事故分类台次数，并进一步计算各类事故台次数占事故总台次数的比重，作为用ABC分类法对主要事故种类加强控制的依据。

2) 设备事故发生率。也称为设备事故频率，可从设备开动台数和台时两个角度计算，以满足不同的分析需要。

$$\text{设备事故发生率（次/台）}=\frac{\text{设备事故发生台次数}}{\text{实际开动设备台数}}$$

$$\text{设备事故发生率（次/单位时间）}=\frac{\text{设备事故发生台次数}}{\text{实际开动设备台次数}}$$

3) 设备事故损失

设备事故损失不仅应包括修复设备支付的费用，还应包括由于设备事故导致的产值或收入的损失和设备因无法修复如初造成的设备贬值损失。

设备事故损失＝设备修复费用＋因设备事故停工损失金额＋设备贬值损失金额

3. 集中供暖设备维修统计指标体系

(1) 设备维修的概念与分类

随着科学技术水平的提高，设备有效性对物业经营的正常运行越趋重要。所谓设备的有效性是指在某种使用条件下和规定时间内设备保持正常使用状态的概率。实际工作中，一般以时间频率代替：

$$设备的有效性（\%）=\frac{设备处于正常工作的时间}{设备处于正常工作的时间＋设备处于停机维修或待修时间}\times100\%$$

设备的有效性取决于设备自身的可靠性和可维修性（除了无可维修设备），可靠性给予企业严格按规定条件使用的设备质量保证允诺，可维修性给予企业通过设备维修恢复设备性能的允诺，两者都要求企业对设备加强合理的维修，以保障设备的有效性。

设备维修可分为设备维护和修理两大类。前者又可分为日常保养、一级保养和二级保养三个级别；后者按不同的标志有恢复性修理与改善性修理，事故后修理、计划预修（又分为小修、中修和大修）和机会修理，定期修理、标准修理、检查后修理和状态检测修理。

(2) 设备维修工作量统计指标

1）设备修理复杂系数

修理复杂系数是表示设备修理复杂程度的一种标准单位，其中一般用字母 F 表示，设备机械部分的修理复杂系数用字母 JF 表示，电器部分的修理复杂系数用字母 DF 表示，其数值大小取决于设备的结构、工艺特性、规格、零部件尺寸和可维修性等因素，修理复杂系数数值越大越难修、越小越易修。

各种设备均订有标准和计算公式，可根据所需修理设备的参数对照标准和通过计算确定其修理工作量—— 修理复杂系数总和。

2）修理工作量定额

修理工作量定额是统计设备修理工作所需投入劳动的依据，一般以单位维修复杂系数所需劳动时间表示，即设备修理工时定额：

$$预修设备修理工作量定额（工时/1F）=\Sigma\frac{标准设备修理定额工时}{预定修理设备\ F\ 的总和}\times（1+按修理条件不同给与的调整系数）$$

修理工作量定额应先分别按不同工作（一般需配备钳、焊、电等工种）计算标准设备修理定额工时，然后加总再除以预修设备 F 总和，得 1F 需要多少标准修理工时定额，再通过调整系统数得出预算设备的修理工时定额。

3）修理停歇时间定额

修理停歇时间定额是指设备从停止运转交付修理开始到修理完毕、验收合格为止所需的全部的定额时间：

$$修理停歇时间定额（天数）=\frac{预修设备修理工作量定额\times预修设备\ F\ 的总和}{每天班计划投入修理工人数\times工作日长度（每工班小时数）\times每天工作班次\times修理工作量定额完成指数}+其他停机天数$$

在限定修理停歇天数和其他停机天数的情况下，通过上式可求应投入的修理工人数：

$$\text{每工班计划投入修理工人数} = \frac{\text{预算设备修理工作量定额} \times \text{预算设备} F \text{的总和}}{\left(\begin{array}{c}\text{修理停歇} \\ \text{时间定额} \\ \text{(天数)}\end{array} - \begin{array}{c}\text{其他停} \\ \text{机时间} \\ \text{(天数)}\end{array}\right) \times \begin{array}{c}\text{工作日长} \\ \text{度（每工} \\ \text{班小时数}\end{array} \times \begin{array}{c}\text{每天} \\ \text{工作} \\ \text{班次}\end{array} \times \begin{array}{c}\text{修理工作} \\ \text{量定额完} \\ \text{成指数}\end{array} \times \begin{array}{c}\text{修 理} \\ \text{工 人} \\ \text{出勤率}\end{array}}$$

(3) 集中供暖设备维修工作评价统计指标

1) 反映维修工作量计划与执行的统计指标

a. 应修台数安排率。设备应予维修是设备的运行时间决定的，但由于种种原因使应修设备未能及时列入修理计划，如果差距过大会影响设备的有效性，进而危及产品质量。

$$\text{应修台数安排率}(\%) = \frac{\text{本期计划检修设备台数}}{\text{本期应修设备台数}} \times 100\%$$

b. 修理及保养计划完成率。设备管理部门应按年、季、月制定设备的修理及保养计划，凡是已列入计划的设备，均是迫切需要修理和保养的设备，因此必须严格执行计划。

$$\text{设备一、二级保养计划完成率}(\%) = \frac{\text{本期一、二级保养实际完成台数}}{\text{本期一、二级保养计划台数}} \times 100\%$$

$$\text{设备修理计划完成率}(\%) = \frac{\text{本期实际完成修理台数}}{\text{本期计划修理台数}} \times 100\%$$

c. 设备大修理计划（进度）完成率。大修理计划一般按年度编制，故在年内该指标可用作检查计划完成进度，除了用台数计算外，还应用复杂系数计算。

$$\text{设备大修理计划完成进度}(\%) = \frac{\text{年初至本期止实际完成大修理设备台数}}{\text{全年设备大修理计划台数}} \times 100\%$$

$$= \frac{\text{年初至本期止实际完成大修理设备总} F \text{数}}{\text{全年设备大修理计划总} F \text{数}} \times 100\%$$

$$\text{设备大修理计划年度完成率}(\%) = \frac{\text{全年实际完成大修理设备总} F \text{数}}{\text{全年设备大修理计划总} F \text{数}} \times 100\%$$

d. 设备大修理基金利用率。该指标为了保证设备性能良好、精度符合生产经营要求、确保大修理基金的专款专用而设置，可将其作为考核企业设备管理等级的一票否决指标，例如指标值达95%以上为优等。

$$\text{年设备大修理基金利用率}(\%) = \frac{\text{年设备实际使用的大修理金额}}{\text{年设备计划提取大修理基金额}} \times 100\%$$

2) 反映设备维修质量的统计指标

a. 设备修理质量平均等级。该指标用以考核修理后的设备本身质量，如达不到规定标准，应返工重修。该指标即可用于评价多台设备修理平均质量，有可用于单台设备多性能间的修理平均质量。同时，应计算修理设备的返修率，以考察设备修理的工作质量。

$$\text{多台设备修理质量平均等级} = \frac{\sum(\text{质量等级} \times \text{修理完毕该质量等级的台数})}{\sum \text{修理完毕各质量等级的台数}}$$

$$\text{单台设备修理质量平均等级} = \frac{\sum(\text{性能质量等级} \times \text{修理完毕该质量性能的} F \text{数})}{\sum \text{修理完毕各性能的} F \text{数}}$$

$$\text{修理设备返修率}(\%) = \frac{\text{修理设备的返修台数}}{\text{修理设备的送检台数}} \times 100\%$$

b. 设备大修理平均成本。该指标从修理费用投入的角度反映设备大修理的质量，因为合理的修理成本投入是为了设备性能恢复更为理想,同时应在达到修理质量标准的前提下降低成本。另外,应计算设备大修理平均工时消耗和设备大修理平均停歇天数指标,即要为修理质量提供充分的时间,又要尽可能地节约时间减少停产损失。

$$设备大修理平均成本（元/F）=\frac{\sum 单台设备大修理实际成本}{\sum 单台设备修理复杂系数(F)}$$

$$设备大修理平均时消耗（工时/F）=\frac{\sum 单台设备大修理消耗工时}{\sum 单台设备修理复杂系数(F)}$$

$$设备大修理平均停歇天数（元/F）=\frac{\sum 单台设备大修理停歇天数}{\sum 单台设备修理复杂系数(F)}$$

c. 设备维修费用率。该指标以年设备维修费用占年固定资产原值或生产经营总费用的比重的合理性,来评价维修工作的质量情况。

$$设备维修费用率（\%）=\frac{设备维修费用}{固定资产原值（或生产经营总费用）}\times 100\%$$

d. 百元增加值维修费。虽然该指标也是从维修费用投入的角度反映设备维修的质量,但其侧重是通过企业单位产出开支的维修费用的多寡说明对维修质量的保证,同时要求在企业生产经营质量保证的前提下降低维修费用。

$$百元增加值维修费（元）=\frac{设备总维修费（元）}{企业增加值（百元）}$$

e. 万元增加值设备事故损失。该指标从损失的角度说明设备维修的质量,也是衡量设备大修理平均成本和百元增加值维修费降低是否合理的标准。

$$万元增加值设备事故损失（元）=\frac{设备事故损失（元）}{企业增加值（万元）}$$

f. 年设备有效利用率。该指标通过设备年平均维修间隔期内时间有效利用率的比率反映设备维修的工作质量。

$$年设备有效利用率=\frac{年设备平均维修间隔期}{年设备平均维修间隔期+年设备平均停机维修时间+年设备平均停机待维修时间}\times 100\%$$

（二）集中供暖设备系统维修工作常用统计报表

1. 水泵月保养记录表（表8-4）

水泵月保养记录　　　　　　　　　　　　　表8-4

大厦

名称		编号		保养人	
外表清洁		主电路螺丝紧固		审核人	
接触器触点		手动盘转		滴漏水检查	
运转响声		轴承温升		单向阀	
		加润滑油		压力表	
泵自动启停		泵手动启停		指示灯仪表	
电极电流	A相		B相		C相
备注:					

2. 水泵电机半年保养记录表（表8-5）

水泵电机半年保养记录　　　　　　　　　　　表8-5

部门：　　　　　班：　　　　　　　　　　　　　年　月　日

设备编号		设备名称		供水范围		负责人		保养人	
扬程		额定功率		额定电流		转速		审核人	
保 养 记 录									
盘根检查		联轴器连接							
电机接线端紧固		绝缘测定							
基座及连接固定								防锈处理	
进水阀						出水阀			
泵外观检查		管道外周清扫				放空阀		压力表阀	
开动泵检查	电机电流	A相：		B相：		C相：	压力表	MP	
备注：									

3. 水泵房巡查记录表（表8-6）

水 泵 房 巡 查 记 录　　　　　　　　　　　表8-6

小区（大厦）名称：　　　　　　　　　　　　　　年　月　日

	班次	早班（8:00～16:00）			中班（16:00～0:00）			晚班（0:00～8:00）		
	巡查人									
水泵房	时间	12:00			20:00			6:00		
	水　泵	出口压力	截止阀关闭	电源与控制	出口压力	截止阀关闭	电源与控制	出口压力	截止阀关闭	电源与控制
	生活泵									
	消防泵									
	喷淋泵									
	补压泵									
	蓄水池水位									
	渗漏情况									
其他	早班：				中班：			晚班：		

4. 值班记录表（表 8-7）

值班记录表　　　　　　　　　　表 8-7

单位：　　　　　　　　　　　　　　　　　　　　　　年　月　日

班次	早班（8：00～16：00）	中班（16：00～0.00）	晚班（0：00～8.00）
值班人			
气温			
交接班记录	交班人 接班人	交班人 接班人	交班人 接班人
值班内容记录			

序号	班次	时间	内　　容	处理情况	值班人

5. 设备保养计划表（表 8-8）

设备保养计划表　　　　　　　　表 8-8

部门：　　　　　　　　　　　　　　　　　　　　　　年　月　日

序号	设备标号	设备名称	保养内容	保养周期	保养时间	保养人	完成情况

计划编制人： 日　　期：	审核人： 日　期：	批准人： 日　期：

6. 设备（机具）外委维修申请表（表8-9）

设备（机具）外委维修申请表　　　　　　　　　　表8-9

小区（大厦）名称：　　　　　　　　　　　　　　　年　月　日

设备标号	设备名称	规格型号	安装位置	台数	维修费用（元）	维修单位

内部检测判断结果：
需要修复返回时间：
维修内容：

　　　　　　　　　　　　　　　　　　　维修班长：　　　　日期：

管理处主任意见：

　　　　　　　　　　　　　　　　　　　签名：　　　　日期：

机电安装维修工程部经理意见：

　　　　　　　　　　　　　　　　　　　签名：　　　　日期：

主管副经理（或总经理）审批：

　　　　　　　　　　　　　　　　　　　签名：　　　　日期：

7. 设备维修记录表（表8-10）

设 备 维 修 记 录　　　　　　　　　　　　表8-10

小区（大厦）名称：　　　　　　　　　　　　　　年　月　日

设 备 名 称	设 备 编 号	开 始 时 间	结 束 时 间	维 修 人 员

设备故障原因：

维修处理（外委、自修）：

维修过程及安全措施：

　　　　　　　　　　　　　　　　　　　维修人：
　　　　　　　　　　　　　　　　　　　维修班长：

维修检定结论（含技术参数功能）：

　　检定人：　　　　日期：

备注：

8. 设备事故报告单（表8-11）

设 备 事 故 报 告 单　　　　　　　　　　表 8-11

小区（大厦）名称：　　　　　　　　　　　　年　月　日

设备编号	设备名称	型号规格	所属单位
事故类别	当事人	设备负责人	发生事故时间
事故经过情况			
设备损坏情况			
原因分析			
事故损失	停工时间	修理费	减产损失
管理处处理意见			
机电部处理意见			
总经理批示			

填制上述统计报表的目的，是确保供暖设备始终处于良好的运行或备用状态，以保证整个供暖系统正常运行。

第二节 给排水设备的管理与维修统计

一、给排水设备管理的统计

（一）给水设备系统的合理使用和管理

合理地管理使用室内给水系统，对节约用水有着重要的作用，这主要体现在以下几个方面：

1. 一水多用。如把洗浴水处理后用于冲洗粪便、洗车和绿化用水的中水系统。把生活中的洗菜、洗米水储存起来浇花或冲洗大便器等。

2. 防止水的跑、冒、滴、漏。杜绝日常生活中的常流水现象，发现阀门滴水，水龙头关不住的情况应及时修理。

3. 采用节水型的卫生设备。

4. 制定节约用水的规章管理制度，专人负责实施。

（二）排水设备系统的合理使用和管理

排水系统合理使用的关键问题在于防止管路堵塞。为此，主要采取的措施有：

1. 定期对排水管道进行清通、养护和清除污垢；

2. 定期检查排水管道是否有锈蚀和漏水现象，以便发现问题及时解决；

3. 卫生器具使用完后应及时用水冲洗干净，必要时采用清洗剂清洗，确保清洁和防止污垢生成；

4. 普及使用常识，教育人们不要把污物倒入排水管道。同时，在卫生间、盥洗室等处设置污物桶，在拖布池、洗碗池上装笆网，以防大块杂物堵塞管路。

为了确保排水系统正常工作，还需制定出一些行之有效的管理制度。管理人员按此来维护保养排水系统。例如用图表的形式记录维护保养和检修的情况。对每次检查维修的项目、检查出问题、检查时间、维修时间、检查人、维修人等登记在册。这样，既可对设备的完好率作到心中有数，还可为管道设备的普查提供重要的依据。

（三）给排水设备管理的统计

1. 给排水设备潜力统计

（1）拥有设备安装率。该指标是已安装设备与拥有设备的比率，其互补指标拥有设备未安装率揭示了第一层次的设备潜力。

$$拥有设备安装率 = \frac{已安装设备数量}{拥有设备数量} \times 100\%$$

（2）拥有设备完好率。该指标是完好设备与拥有设备的比率，适用于不需安装即可运行的设备，其互补指标拥有设备未完好率揭示了该类设备第一层次的潜力。

$$拥有设备完好率 = \frac{完好设备数量}{拥有设备数量} \times 100\%$$

（3）已安装设备完好率。该指标是完好设备与已安装设备的比率，其互补指标已安装设备未完好率揭示了第二层次的设备潜力。

$$已安装设备完好率 = \frac{完好设备数量}{已安装设备数量} \times 100\%$$

(4) 完好设备使用率。该指标是实际使用设备与完好设备的比率,其互补指标完好设备未使用率揭示了第三层次的设备潜力。

$$完好设备使用率=\frac{实际使用设备数量}{完好设备数量}\times100\%$$

(5) 拥有设备使用率。该指标是实际使用设备与拥有设备的比率,其互补指标拥有设备未使用率揭示了总体上的设备潜力。

$$\begin{aligned}拥有设备使用率&=\frac{实际使用设备数量}{拥有设备数量}\times100\%\\&=拥有设备安装率\times已安装设备完好率\\&\quad\times完好设备使用率\\&=拥有设备完好率\times完好设备使用率\end{aligned}$$

可见,拥有设备使用率高低的取决于拥有设备安装率、已安装设备完好率和完好设备使用率的高低,企业可通过提高拥有设备安装率、已安装设备完好率和完好设备使用率来挖掘设备潜力。

2. 给排水设备更新决策统计

(1) 持续性设备更新决策指标最佳役龄

企业持续性长期使用设备是指在相当长的时期内,企业不可能转产的生产经营性专用设备要经历若干次的大修理和每年的中、小修理,以部分或全部地恢复设备因磨损而丧失的功能。在正常的情况下设备的磨损程度与役龄是同步上升的,因此随着时间的推移,维修费用逐步上升,当包括设备的购置成本等在内的年平均使用成本最低时的年份,即为设备的最佳更新年份,自设备投入使用到最佳更新年份止的累计年份即为设备的最佳役龄。年平均使用成本的计算公式为:

$$设备第N年年平均使用成本=\frac{设备购置成本(原值)-第N年残值}{设备役龄(第N年)}\\+\frac{至N年止累计设备维修费}{设备役龄(第N年)}$$

该指标应逐年计算,按一般规律,设备刚开始投入使用时,年平均使用成本是逐年下降的,当接近最佳役龄时下降速度放缓,即应注意年平均使用成本向上转折点——最低年平均使用成本,随后年平均使用成本将逐年上升。转折点出现后,应对后续年份的维修费用作出准确预测,并代入上式计算,以确认最低年平均使用成本年份,即设备最佳役龄。

(2) 阶段性设备更新决策指标——使用期限总成本

企业阶段性短期使用设备是指在一定时期内,企业因可能转产而废弃不用的给排水专用设备。当设备的使用寿命不能满足企业使用期限时,必须在期限内更新设备,但更新设备的寿命却长于所余使用期限,这就需要寻求最佳更新时期,显示使用期限总成本最低是更新决策的依据。

为了便于理解,假设在使用期限 T 内只需更新一次。则正在使用设备的使用年限为 N,其使用总成本为:

$$\begin{matrix}正在使用设备\\使用至第N年\\的使用总成本\end{matrix}=\begin{matrix}正在使用\\设备的购\\置总成本\end{matrix}-\begin{matrix}正在使用\\设备第N\\年的残值\end{matrix}+\begin{matrix}正在使用设备\\使用至第N年\\的累计维修费\end{matrix}$$

更新设备的使用年限为 $T-N$，假设其使用效果是被更新设备的 A 倍，则使用总成本为：

$$\begin{matrix}\text{更新设备使用}\\\text{至第 } T-N \text{ 年}\\\text{的使用总成本}\end{matrix} = \frac{1}{A}\left[\begin{matrix}\text{更新设备}\\\text{的}\\\text{置总成本}\end{matrix} - \begin{matrix}\text{更新设备}\\\text{购}\\\text{年的残值}\end{matrix} + \begin{matrix}\text{更新设备使用}\\\text{使用至 } N+T-N \text{ 年}\\\text{的累计维修费}\end{matrix}\right]$$

于是该种设备使用期限总成本为：

$$\begin{matrix}\text{设备使}\\\text{用期限}\\\text{总成本}\end{matrix} = \begin{matrix}\text{正在使用}\\\text{设备的购}\\\text{置总成本}\end{matrix} - \begin{matrix}\text{更新设备}\\\text{设备第 } N\\\text{年的残值}\end{matrix} + \begin{matrix}\text{正在使用设备}\\\text{使用至第 } N \text{ 年}\\\text{的累计维修费}\end{matrix}$$

$$+ \frac{1}{A}\left[\begin{matrix}\text{更新设备}\\\text{的}\\\text{置总成本}\end{matrix} - \begin{matrix}\text{更新设备}\\\text{购}\\\text{使用至 } T\\\text{年的残值}\end{matrix} + \begin{matrix}\text{更新设备使用}\\\text{} + T-N \text{ 年}\\\text{的累计维修费}\end{matrix}\right]$$

只要求得使该种设备使用期限总成本最小的 N，即为设备更新的年份。显示在上述指标中，除了正在使用设备的购置成本、正在使用设备前若干年的累计维修费是实际数据外，其他数据均需由统计人员作出估计和预测。

二、给排水设备维修统计

（一）给排水设备维修统计

参见本章第一节供暖系统设备维修统计。

（二）给排水设备维修统计常用报表

1. 供水系统周期保养记录表（表 8-12）

供水系统周期保养记录 表 8-12

系统安装地点				设备编号				记录人			
供水泵	电机			水泵				控制柜			其他				
	轴承响声	机体温度	接线头	电流	润滑油	盘根检查	联轴器	泵体响声	空气开关	保护开关	交流接触器	点启动	自动控制	显示表	单向阀	软接头	固定连线	防锈处理	压力表
1#																			
2#																			
3#																			
4#																			
5#																			
6#																			
功能柜	指示灯：				功能：				继电器：			线路：							
水位控制																			
浮球阀检查																			
减压阀																			

2. 水池、水箱清洗、消毒工作时间安排表（表8-13）

水池、水箱清洗、消毒工作时间安排表　　　　　　　表8-13

小区（大厦）名称：　　　　　　　　　　　　　　　年　　月　　日

工作日期	停机时间	停水范围	工作项目	水质化验结果	备注
申报人		审核人		主任/经理	

3. 水池（箱）加药记录表（表8-14）

水池（箱）加药记录　　　　　　　　　　　表8-14

小区（大厦）名称：　　　　　　　　　　　　　　　年　　月　　日

加药日期		水池（箱）位置	
加药名称		生　产　厂	
加药配比		加　药　量		加药人身体情况	

加药方法：

负责人：	加药人：

备注

注：每年5～10月份每个月加药2次（15天1次），1～4月及11～12月每个月加药1次。

4. 水池（箱）清洗记录表（表8-15）

水池（箱）清洗记录　　　　　　　　　　　　　　　表 8-15

小区（大厦）名称：　　　　　　　　　　　　　　　　　年　月　日

清洗日期		清洗人		审核人		主任/经理	
工作日期		容积		供水范围		水池（箱）位置	
设备保养	浮球阀		进水阀		出水阀		放空阀	
	水位标尺		检查阀		照明灯		消防阀	
	水位控制模拟实验							

加药情况：

池壁污染、池底淤泥、青苔	
水质化验结果（附复印件）	化验单位
备注	

说明：屋面水池、地下室水池半年清洗 1 次。

5．更换水表记录表（表 8-16）

更换水表记录　　　　　　　　　　　　　　　　　　表 8-16

单位：　　　　　　　　　　　　　　　　　　　　　　年　月　日

序号	日期	更换地点	更换原因	旧表数	新表数	新表型号（厂家）	更换结果	维修人	备注

思 考 题

1. 如何进行集中供暖系统运行调节统计？
2. 常用集中供暖系统维修统计报表有哪些？
3. 常用给排水设备维修统计报表有哪些？

附录 1

中华人民共和国建设部部令
城市房屋便器水箱应用监督管理办法
（1992年4月17日　　第17号）

第一条 为加强对城市房屋便器水箱质量和应用的监督管理，节约用水，根据《城市节约用水管理规定》、《关于改造城市房屋卫生洁具的通知》（计资〔1987〕2391号）（简称《通知》，下同）和《印发"关于推广应用新型房屋卫生洁具和配件的规定"的通知》（计资〔1991〕1243号简称《规定》，下同）制定本办法。

第二条 各有关部门应当按照《通知》和《规定》的职责分工，加强对房屋便器水箱和配件产品生产、销售以及设计、施工、安装、使用等全过程的监督管理。

各级人民政府城市建设行政主管部门依照本办法，对城市规划区内的房屋便器水箱和配件的应用实施统一的监督管理。

第三条 新建房屋建筑必须安装符合国家标准的便器水箱和配件。凡新建房屋继续安装经国家有关行政主管部门已通知淘汰的便器水箱和配件（以下简称淘汰便器水箱和配件）的，不得竣工验收交付使用，供水部门不予供水，由城市建设行政主管部门责令限期更换。

第四条 凡《通知》限定期限以前竣工的房屋，安装使用淘汰便器水箱和配件的，房屋产权单位应当制定更新改造计划，报城市建设行政主管部门批准，分批分期进行改造。

第五条 凡《通知》限定期始至《规定》施行之前竣工的房屋，仍安装淘汰便器水箱和配件的，城市建设行政主管部门可责令房屋产权单位在本办法实施之日起1年内更换。

凡《规定》施行以后竣工的房屋。仍安装淘汰便器水箱和配件的，城市建设行政主管部门可责令房屋产权单位自本办法实施之日起半年内更换。

第六条 第四条规定的公有房屋淘汰便器水箱和配件所需要的更新改造资金，由房屋产权单位和使用权单位共同负担，并与房屋维修改造相结合，逐步推广使用节水型水箱配件和克漏阀等节水型产品。

第七条 第五条第一款、第二款规定期间竣工的房屋仍安装淘汰便器水箱和配件的。应当追究责任者的责任，经主管部门认定属于设计或者施工单位责任的，由责任方赔偿房屋产权单位全部更换费用和相关的经济损失。

第八条 城市建设行政主管部门对漏水严重的房屋便器水箱和配件，应当责令房屋产权单位限期维修或者更新。

第九条 房屋产权单位安装使用符合国家标准的便器水箱和配件出现质量问题，在质量保证期内生产企业应当对产品质量负责。由于产品质量原因漏水的，生产企业应当包修或者更换，并赔偿由此造成的经济损失。

第十条 违反本办法有下列行为之一的，由城市建设行政主管部门或其授权的部门责令限期改正、按测算漏水量月累计征收3~5倍的加价水费，并可按每套便器水箱配件处以

30～100元的罚款。

（一）将安装有淘汰便器水箱和配件的新建房屋验收交付使用的；

（二）未按更新改造计划更换淘汰便器水箱和配件的；

（三）在限定的期限内未更换淘汰便器水箱和配件的；

（四）对漏水严重的房屋便器水箱和配件未按期进行维修或者更新的。

第十一条 按本办法征收的加价水费按国家规定管理，专项用于推广应用符合国家标准的便器水箱和更新改造淘汰便器水箱，不得挪用。

第十二条 当事人对行政处罚不服的，可在接到处罚通知之日起15日内，向作出处罚决定机关的上一级机关申请复议。对复议决定不服的，可以在接到复议决定之日起15日内向人民法院起诉。逾期不申请复议或者不向人民法院起诉，又不履行处罚决定的，由作出处罚决定的机关申请人民法院强制执行。

第十三条 城市建设行政主管部门的工作人员在房屋便器水箱应用监督工作中玩忽职守，滥用职权，徇私舞弊的，由其所在单位或者上级主管部门给予行政处分。构成犯罪的，由司法机关依法追究刑事责任。

第十四条 各级城市建设行政主管部门可以授权供水和节水管理部门对本办法具体组织实施。

第十五条 各省、自治区、直辖市城市建设行政主管部门可以根据本办法制定实施细则，报建设部备案。

第十六条 本办法由建设部负责解释。

第十七条 本办法自1992年6月1日起施行。

附录2

城市区域锅炉供热管理办法

第一章 总 则

第一条 为了加强城市区域锅炉供热管理、节约能源、减少环境污染，发展城市集中供热，特制定本办法。

第二条 城市区域锅炉供热是指大型锅炉所产生的蒸气、热水，经过管网供给城市部分地区生产和生活用热的方式。城市区域锅炉供热包括：锅炉房、热网、热用户三部分组成。

区域锅炉供热的规模为：特大城市锅炉供热能力在12兆瓦以上（单台容量在20吨/时以上），民用建筑供热面积应在25万平方米以上；大中城市锅炉供热能力在7兆瓦以上（单台容量在10吨/时以上），民用建筑供热面积应在10万平方米以上；小城市锅炉供热能力在3兆瓦以上（单台容量在4吨/时以上），民用建筑供热面积在4万平方米以上；工业余热要按照城市供热规划的要求，就近向市区供热，其供热能力在7兆瓦以上（锅炉单台容量不得小于10吨/时）。

第三条 本办法适用于城市规划区范围内区域锅炉供热设施的规划、建设和管理。

第四条 国务院建设行政主管部门负责全国城市区域锅炉供热管理工作，省、市、自治区和县级以上地方政府城市建设主管部门负责本行政区域的城市区域锅炉供热管理工作。

第二章 规划与建设

在供热规划的指导下，做到远近结合、合理布局、统筹安排、分期实施。对于不按城市供热规划盲目建设的锅炉房，要坚决制止。

第五条 城市供热规划是在城市总体规划指导下的规划，城市区域锅炉供热建设要在供热规划的指导下，做到远近结合、合理布局、统筹安排、分期实施。对于不按城市供热规划盲目建设的锅炉房，要坚决制止。

第六条 凡是新建开发区和住宅、公用设施建筑和工厂用热，都应采用集中供热（包括热电联产和区域锅炉供热），不允许再建分散式的锅炉房；对现有的分散供热锅炉房必须采取措施，有计划、有步骤地限期改造、逐步淘汰。

第七条 严格新建区域锅炉房审批制度。凡新建或扩建区域锅炉供热的单位，必须符合供热规划要求，并到城市政府建设行政主管部门办理审批手续，批准后方可建设。

第八条 经批准建设的区域锅炉供热工程要履行基本建设工程审批手续。

第九条 城市区域锅炉供热工程的设计、施工应由具有供热专业资质的设计单位和施工单位承担。

第十条 城市区域锅炉供热的建设资金可采取多种渠道解决：一是地方自筹，二是向受益单位集资，国家可采取无息、低息、贴息、延长贷款偿还期限等优惠政策，扶持城市区域锅炉供热的发展。主要来源于：节能贷款、城市建设维护费、市政公用设施配套费、环境污染治理费、受益单位集资、利用外资或合资、银行贷款等。要逐步实现建设资金用贷款，供热收支包括偿还贷款本息的价格机制。

第十一条 新建、扩建、改造区域锅炉房，应采用先进的技术设备和高新材料。锅炉必须选用功率大、效率高、耗能低、经劳动部门批准的国家规定产品，除尘设备要符合国家环保部门有关标准的要求。

第三章 管理和经营

第十二条 凡生产、经营城市区域锅炉供热的单位，必须按照《城市集中供热企业资质管理规定》的要求，经城市建设行政主管部门批准后方可到工商行政管理部门办理登记注册手续。

第十三条 城市区域锅炉供热企业，必须符合"城市集中供热企业资质标准"的要求。凡是不符合资质标准的供热单位，根据区域锅炉供热设施是城市基础设施和建设时收取配套费的原则，应将区域锅炉供热设施移交给国家办的符合资质标准的供热单位。具体移交范围、办法、手续等由当地城市政府负责处理。

第十四条 根据国务院规定，城市区域锅炉供热单位属于工业企业性质，按行业划分属于城市市政公用企业类。现在仍是事业单位的，要实行企业化管理，逐步转为企业单位。

第十五条 城市区域锅炉供热企业要按照《全民所有制工业企业转换经营机制条例》的要求，适应市场需要，逐步成为依法自主经营、自负盈亏、自我发展、自我约束的供热产品生产和经营单位，成为独立享有民事权利和承担民事义务的企业法人。

第十六条 城市区域锅炉供热价格按保本微利的原则定价。供应工业、营业性用户的价格高于民用价格，实行按量分级定价。当供热价格达不到保本微利或水、煤、电等主要生产材料调整价格时，企业有权要求政府相应调整供热价格。

企业提供的其他产品及加工、维修、技术协作等劳务，可以自主定价。

第十七条 城市区域锅炉供热由于定价原因而形成的政策性亏损，物价部门应有计划地调整，不能调整的，经财政部门审查核准，给以相应的补贴或其他方式补偿。财政部门可按照同行业生产经营同类产品或商品的平均实际成本、费用和平均合理利润，以及市场情况，实行定额补贴。

第十八条 城市区域锅炉供热单位要强化企业管理。对能源消耗、劳动生产率、设备安全状况、供热服务质量等进行考核，不断降低消耗，确保服务质量，提高社会效益和经济效益。

第十九条 城市区域锅炉供热企业要积极试验、推广和应用新技术、新材料、新工艺和新设备，不断提高现代化管理水平。

第二十条 城市区域锅炉供热设施任何单位或个人不得在供热管网、阀门井盖上进行建筑、堆杂物，不得往管网沟内排放水等，对阀门、仪表、除污器等供热设施，一律不准动用，严禁破坏供热设施。

第二十一条 距供热管网及附属设备围周1.5米以内不得建设各类地上、地下建筑物，不得挖坑掘土植树，打桩、爆破等作业；供热设施如需要移动或改建应在动工前报供热单位批准并由供热单位负责施工。

第四章 供热及用热管理

第二十二条 凡需要供热的单位（包括新用热户、扩大供热面积、增加供热、用热单位变动等），要按当地政府规定的申报和审批程序办理手续，经批准后方可用热。

第二十三条 用热单位必须按照国家有关技术规范、标准和规定建设或改造所属供热系统，并保证工程质量。工程竣工时，应向供热单位提供必要的竣工资料，经检查验收合格后，方可供热。用热单位如需停止供热，对供热设施进行改造、维护或检修，需先向供热单位申报，经同意后方可停止供热。

第二十四条 供热单位与用热户应按合同法的要求签定供热合同，明确双方的权力及义务。供热合同内容应包括供、停暖日期、供热参数、室内温度、事故及维护、收费标准和结算办法、用户遵守的规定等，做到保证供热质量和合理用热。

第二十五条 供热单位巡检人员应配带标志，经常对用户进行走访，发现问题及时解决，用热户对巡检人员不得无理阻挡。

第二十六条 用热单位必须配备专职工作人员，负责对本单位用热设施的管理、巡查和维护，杜绝跑、冒、滴、漏。

第二十七条 违犯本办法有下列行为之一的，按有关法规的规定给予批评教育、罚款、赔偿经济损失或停止供热处理，直至追究刑事责任。

1. 不按规定交纳热费的；
2. 毁坏和盗窃城市供热设施的；
3. 对供热设备及设施不进行维护，不按期检修而造成事故损失的（以检修记录为依据）；
4. 未经批准私自用热或增加供热面积和增加供热量的；
5. 擅自泄放蒸气和热水的；
6. 私自乱动开启、关闭供热阀门及其他设备的；
7. 随意拆除或增加供热设备的；
8. 阻挠或影响工作人员对供热设施检查、维护及检修作业的；
9. 在埋设供热管道的地面上新建建筑物、堆放杂物等。

第二十八条 对于不符合城市供热规划和未经城市建设行政主管部门批准乱建分散锅炉房的违章行为，要坚决制止，并不允许供热。

第二十九条 对于未经城市建设行政主管部门批准取得资质证书擅自供热的违章行为，予以罚款处理，并则令其停业整顿，直至合格后取得资质证书方可供热。

第三十条 对违章操作、玩忽职守、滥用职权、徇私舞弊等造成重大事故和经济损失的供热单位工作人员，给予经济制裁、行政处分，构成犯罪的由司法机关追究刑事责任。

第五章 附　则

第三十一条 各省、自治区、直辖市人民政府城市建设行政主管部门可以根据本办法制定实施细则。

第三十二条 本办法由国务院建设行政主管部门负责解释。

第三十三条 本条例自发布之日起实行。

第九章 物业管理安全工作统计

第一节 物业管理安全工作统计的重要性

一、物业管理安全工作的涵义

物业管理安全工作是指物业管理公司采取各种措施和手段，保证业主和使用人的人身财产安全，维持正常的生活和工作秩序的一种管理工作。具体内容包括治安工作和消防工作。

在人的生理、生活需求相对满足以后，人类就会产生新的需求，安全就是其中之一。随着整个社会经济的发展、科学技术水平的提高和人们生活条件的改善，安全问题越来越引起人们的重视。物业管理安全工作作为一项职业性的服务工作，是介于公安机关职责和社会自我防范之间的一种专业安全保卫工作，较之于社会治安管理工作的另两种形式（公安机关和企事业单位的治安联防）具有补充国家安全警力的不足、减轻国家财政负担及工作职责范围的优点。因此，物业安全管理的服务内容和规范会随着社会总体经济水平的提高、社会分工的进一步细化得到进一步的扩展和延伸。

二、物业管理安全工作的意义

无论是居住物业还是非居住物业，作为人们生活、工作和休息的场所，基本功能之一就是为业主和使用人的人身财产提供安全和保护。从这种意义上讲，安全工作是最基础的工作。另外，从法律角度来看，物业管理公司（或者专业保安公司）与业主或使用人签定的物业管理委托合同，安全工作是主要内容之一。

从合同双方的权利和义务来讲，业主及使用人按规定交纳了保安费，物业管理公司就有义务来保护业主及使用人的人身和财产安全。如果在安全工作上发生了问题，那么该物业管理公司的信誉也将受到损害，在日益激烈的市场竞争中，其竞争力也将受到削弱。所以，安全工作不仅对业主和使用人来讲是必不可少的，而且对于一个物业管理公司来讲，是其业务中不可缺少的和必须搞好的部分，以至它对整个社会而言也是非常重要的，所以讲，物业管理的安全工作是物业管理中各权利主体都十分关心的。

三、物业管理安全工作统计的重要性

（一）指导日常工作

将日常的管理工作分解为具体、详细的项目，据以编制统计报表。然后通过填写相应的统计报表，逐一落实该日常工作。

（二）明确责任

通过填写有关统计报表，督促有关责任人明确责任，履行职责。

（三）消除隐患

管理部门通过相应的统计报表，了解有关安全措施的落实情况，及时掌握有关信息，消除可能引发的不安全因素。

（四）提高服务水平

系统的统计报表，应全面反映物业安全管理的整体水平。通过分析统计报表的信息，可使管理部门掌握合理、科学的数据，促使其管理更加科学、规范，从而不断提高整体的服务水平。

第二节　物业管理治安工作统计

一、治安工作的意义及特点

治安工作是各物业管理公司为防盗、防破坏、防流氓活动、防灾害事故而对所管物业进行的一系列管理活动。其目的是为了保障物业管理公司所管物业区域内的财物不受损失，人身不受伤害，工作、生活秩序正常。治安工作在整个物业管理中具有举足轻重的地位，它保证业主（使用人）的安居乐业，奠定社会安定的基础。从某种意义上说，它可促进社会经济的发展，同时也能为物业管理的成功提供见证。

治安工作具有以下特点：

（一）综合性强，管理难度大

某些物业，如一些大型的商住区，不但楼层高、楼幢多、建筑面积大、进出口多，而且物业区内公司、餐厅、歌舞厅、电影院等娱乐场所也较多，造成区内人流量大，人员复杂，所有这些都给制定和落实安全措施带来一定的困难。同时，众多的单位又有各自的管理部门，物业管理公司不可能干预过多，只能和有关管理部门，如上述单位的主管部门、派出所等密切合作，协商处理，才能较好地完成治安工作。

（二）服务性强

从本质上看，物业的治安工作就是服务，即提供保安服务，为保障业主（使用人）的人身和财产安全服务。作为保安人员，要树立"服务第一，用户至上"的思想，既要有公安人员的警惕性，又要有服务人员的和颜悦色；既要坚持原则，按制度办事，又要文明礼貌、乐于助人。

（三）保安人员素质要求高

保安部作为物业管理中的一个综合执法部门，对人员素质要求较高。保安人员不但要有较好思想品德，还要求知法、懂法和用法；不仅要坚持原则，依法办事，还要讲究处理问题的方法和艺术。保安工作除与违法犯罪分子作斗争外，更多的是与违反规章制度的群众打交道，治保人员一定要区分情况分别进行处理。否则一件很小的事情，也可能因处理不当而变大，造成矛盾激化而使治安工作陷于被动。

二、治安工作统计的内容

下列妨害公共安全和社会治安秩序的行为，都属于治安工作统计的范围。

1. 使用音量过大或发出噪音的器材,影响他人正常的工作和休息;
2. 从楼上往下乱扔杂物;
3. 擅自撬开他人信箱,私自开拆他人邮件、电报信函等;
4. 非法携带、存放枪支弹药,非法制造、贩卖、携带匕首、弹簧刀等管制刀具;
5. 未经批准,私自安装、使用电网;
6. 非法侵入他人住宅,损毁他人财物;
7. 使用气枪,在住宅小区内进行各种射击活动;
8. 制造、销售各种赌具或利用住宅聚赌;
9. 利用住宅窝藏各类犯罪分子和嫌疑人员;
10. 利用住宅作据点,进行盗窃活动;
11. 制造、复制、出售、出租或传播淫书、淫画及淫秽录像;
12. 利用住宅进行嫖宿卖淫活动;
13. 在车辆、行人通行的地方施工,对沟井坎穴不设覆盖物、标志、或故意损毁、移动覆盖物及标志;
14. 故意损坏邮筒,公用电话等公共设施,故意损坏路灯、消防栓、公用天线、电梯等配套设备,故意损坏园林绿地、停车场、娱乐场等公共场所。

三、物业管理治安防范服务的统计内容

(一)保安人员的资质条件和培训的统计内容

1. 保安人员的资质条件

(1)热爱中国共产党,拥护社会主义制度,能遵纪守法、法制观念强。

(2)简历清楚,品行端正,思想作风正派,无劣迹记录。

(3)具有正常人的体力、智力和体型,身体健康,五官端正,视力正常(0.8以上),身高1.72m以上。

(4)恪守职责,具有敬业精神。

2. 保安人员的培训要求

要带出一支好的保安队伍并非一件容易的事,它必须经招聘、面试、军训、培训、考试、试工、上岗等过程。

(1)通过社会招聘,从填写表格中可心粗略地判断其是否适合做保安工作。

(2)初试合格,进入面试阶段,在与他们的谈话中,可以了解到他们的工作动机、家庭情况、社会关系、语言表达能力等。

(3)面试合格,派人政审。政审的范围,从他们填写的表格中最后一个单位的工作情况看是否辞职、除名等,地区政审看他们在地区中是否有劣迹。

(4)政审合格,进入为期2周的军事训练。其目的是培养他们吃苦耐劳的意志品质和进行行姿、坐姿的训练,掌握一般的擒拿、格斗动作。

(5)体能过关后,进入正常的业务培训,结合本公司的具体情况,一般有保安部服务管理模式、保安部奖惩考核办法、保安部各岗位工作程序、保安部日常规范服务、保安部规范上岗条例,突发事件的预案、保安部接待工作系列方案、非常时期安全防范预案等专题的培训。

(6) 培训结束后，进行思想小结，业务考试。考试分部分，一部分是业务知识培训考试，另一部分是监控中心上岗操作考试。

(7) 以上项目全部过关，转入 4~6 个月的试岗阶段。在这期间，可以考查一个保安人员的实际操作能力，并使其逐步对业主、使用人有所了解。

(8) 试岗结束，转为正式员工，公司与他们签定合同。如在合同期内，保安员工有违反合同及保安部的有关规定、制度的情况，按有关规定处理，或者解除合同。

(二) 治安防范服务的动作程序和制度的统计内容

1. 班次的设置与岗位轮转的统计

保安部管理层人员为日常班。

保安员工实行"四班三运转"，即 2 天早班、2 天中班、2 天夜班、1 天休息。另一种是 12 小时一班的动作方法，即工作 1 天，休息 1 天。

岗位轮转的原则是固定岗位，流动人员。

现代化的大楼管理，需要依靠先进的科学技术，因此如何切实有效地实现技防与人防的结合，是摆在我们面前的一项重要课题。我们认为，随着科学技术的不断进步，在现有技术范围基础上，作为一名保安人员，更应起到一种技防所不能达到的作用，如巡视监控未及的死角，发现异常情况要及时处理等。

在实际操作中，每一岗位的设置都应根据物业管理公司所管辖的区域而设立，每一岗位的人员配置也应相对固定。在实际运作中，采取固定岗位、流动人员这一操作模式，可使保安人员在有效的工作时间内达到最佳的工作效率。例如，针对保安所设置的岗位，在上海广播大厦 4.7 万 m^2 的建筑面积中，每个班设 8 名保安，采取 12 小时工作制，即可以实施 2 人一组的方式：3 小时在监控，3 小时在门卫，3 小时在大堂、地下车库，3 小时在巡视。这样最大的优点是：a. 不因某一人的缺席而影响一个班的实际操作；b. 在有效的工作时间内，发挥每一个人的实际工作能量；c. 减少工作疲劳性；d. 全面提高员工的工作积极性；e. 增强岗位的竞争意识。南京帝豪花园城（涉外别墅区）近 3 万 m^2 的建筑面积，每个班设 10 名保安人员，采取 24 小时两班制。其中门卫 2 人，白天全在，站在花园城门口，晚上才能到达传达室值班；只设 4 个岗位哨及部分区域巡视，需要 4 名保安；另外 4 名每到一段时间进行交换，如发现问题，可直接派出。这样做，使小区既有重点区域，又有面上巡视，更能处理意外情况提高效率。

2. 岗位操作程序统计

(1) 监控中心工作程序

1) 上岗前自我检查，按规定着装，仪表端庄、整洁，做好上岗签名。

2) 保安监控、消防报警系统昼夜开通，设立 24 小时监控值班岗，全面了解和严密监视大厦安全状况。

3) 当班员工要密切注意屏幕情况，发现可疑情况定点录像。在大堂、客梯、楼面及要害部位发现可疑情况要采取跟踪监视和定点录像措施，并通知有关岗位上的保安人员，另行注意或询问盘查，同时向保安部报告。

4) 如发现火灾自动报警装置报警，应立即通知使用人（保卫科）和保安巡视，迅速赶赴报警现场，查明情况。如是误报，应在设备上消除报警信号。

5) 与工作无关人员，不得擅自进入监控室，工作联系持介绍信在有关领导的陪同下方可入内,并做好登记手续。

6)建立岗位记事本,发现有异常情况,应记录备案,做好交接班的口头和书面汇报。

7)进入监控中心必须换拖鞋,保持室内整洁,严禁吸烟,严禁使用电水壶及其他明火,设备与操作台上不得堆放物品。

(2)大厅内保安工作程序

1)上岗前自我检查,按规定着装,仪表端庄、整洁,做好上岗签名。

2)精神饱满,站姿端正,真诚微笑,在大堂内执行安全保卫任务。

3)遇不明身份者,问清情况,与使用人及时联系,办理有关手续后方可入内。建立岗位记事本,发现可疑情况,不论如何处理,都应有记录。做好交换岗和交接班的口头与书面汇报。

(3)门卫流动岗、广场外保卫工作程序

1)上岗前自我检查,按规定着装,仪表端庄、整洁,做好上岗签名。

2)精神饱满,勤巡逻,勤观察,勤思考,发现衣冠不整者和其他闲杂人员,劝阻其入内。

3)维持大厦门口交通秩序,指挥和疏导进出车辆,引导要及时,手势要规范。

4)遇有运输车出入,进门时问清来车单位和目的,出门时要检验出门证(出门证由需方部门签证,各项手续完备才能放行)。

5)建立岗位记事本,发现有异常情况,不论如何处理,都应有记录。做好交换岗和交接班的口头与书面汇报。

6)发现垃圾及时请清洁工打扫,保持工作环境的整洁。

(4)巡视稽查工作程序

1)上岗前自我检查,按规定着装,仪表端庄、整洁、做好上岗签名。

2)巡视范围包括主楼各层楼面、裙房、员工通道、男女更衣室、其他各处通道。

3)按责任路线巡视检查,登楼至高,徒步下楼,呈S型巡视,按规定敲打巡更仪,发现问题及时解决。遇重大问题通知领班,巡视中严防"死角"。

4)巡视中应思想集中,通过"看、听、闻、问",发现问题及时向领导、领班汇报。巡视时还得注意消防设施及器材。

5)巡视时见业主(使用人)要主动打招呼问好,有礼貌地回答业主(使用人)的查询,实行文明服务。

6)建立岗位记事本,发现有异常情况,应记录备案。做好交换岗和交接班的口头与书面汇报。

7)接到治安、火警报警,应及时赶到现场,了解情况,做出正确处理。

四、保安服务预案的设计(实例)

根据物业和业主(使用人)的实际情况,对可能发生的突发事件,做出相应的处理。

(1)接到报警后火速赶到现场,发现保安主管尚未到现场,应立即通知,并与有关人员做好现场保护。

(2)保安人员应及时奔赴各处要道,协助各大门警卫做好对嫌疑犯的布控(在没有明确堵截对象时,以保卫现场为主)。

(3) 发生重大灾情重大事故，负责事故现场周围的巡逻防范。

(4) 夜间发生重大抢劫、杀人、盗窃、爆炸等突发性事件，立即会同各大门警卫封锁大门，查实无疑经保安部门同意后方可离去。

(5) 监控中心发现可疑人员要进行定点录像，善于捕捉各类疑点，掌握第一手资料，对画面上的可疑的人与事，要正确及时地通知保安部门和巡逻队，起到监控中心应有的作用。

1. 大堂内保安及门卫流动岗的职责

(1) 接到一般行窃、抢劫、流氓滋事等报案后，立即加强对离楼人员的盘问、观察，注意从中发现可疑人员。

(2) 做好现场保护工作，对重伤员进行及时抢救。

(3) 发生重大案件（包括自然灾害事故、爆炸、行凶抢劫、杀人、盗窃等），大堂内外保安必须坚守岗位，听从保安部门统一调配，离开本岗时要招呼其他人员照应一下。

2. 管理部所有员工的职责

(1) 当大厦内发生重大事件时，各部员工不必惊慌，立即报告各部领导或保安部门，见机行事。

(2) 做好现场保护工作，对重伤员进行及时抢救。

(3) 遇重大凶杀、抢劫等现场，一经发现立即报告保安部门，如场内无重伤人员，立即封闭现场，等部门主任和保安部门前来处理。

(4) 遇发生盗窃案件立即封闭现场，除部门主任、保安部门同意外，严禁他人进入现场。

五、治安工作统计报表

1. 交接班记录（表9-1）；
2. 月岗位安排表（表9-2）；
3. 小区治安巡逻记录表（表9-3）；
4. 大厦巡逻记录表（表9-4）；
5. 保安工作班检验表（表9-5）；
6. 保安巡逻签到卡（表9-6）；
7. 请销假报告单（表9-7）；
8. 保安训练考核表（表9-8）；
9. 治安案件报案登记表（表9-9）；
10. 来访登记表（表9-10）。

交 接 班 记 录　　　　　　　　　　表9-1

班次：　　　　　　日期：

日期	班次	值班员	本班发生情况及处理结果	交接班时间	接班人	交接物品

____月岗位安排表　　　　　　　　　　　　　　　　　　　　　表9-2

		大堂岗	巡逻岗	道口岗	备 注
1日~10日	8：00~16：00				
	16：00~24：00				
	24：00~8：00				
11日~20日	8：00~16：00				
	16：00~24：00				
	24：00~8：00				
21日~30日	8：00~16：00				
	16：00~24：00				
	24：00~8：00				

小区治安巡逻记录表　　　　　　　　　　　　　　　　　　　　表9-3

部门：　　　　　　　　　　　　　　　　　　　　　　　年　　月　　日

班次：　　　当班时间：　　　值班员：　　　　　例巡时间：

	检 查 内 容	检查情况
1	是否有可疑情况或可疑人徘徊、窥视	
2	是否有机动车停在绿地、人行道、路口、在小区内修车、洗车等违章停车现象	
3	是否有业主（住户）在室外动土施工，搭建和牵拉电线的	
4	是否有未按规定的时间、要求进行违章装修的	
5	是否有饲养家禽和宠物的现象	
6	是否有乱摆摊点的	
7	业主（住户）有无意见、建议	
8	是否有有收捡破烂、乞讨等三无人员	
9	是否有乱堆放装修垃圾和生活垃圾的；是否有高空抛物的现象	
10	是否有漏水、漏电、漏气等现象	
11	是否有在绿地或树木上挂晒衣物的现象	
12	是否有污水井或化粪池堵塞、冒水的现象	
13	房屋本体内楼道灯、电子门、天面门、消防栓、公共门窗等设施的完好情况	
14	小区内道路、路灯、污水井盖、游乐设施、消防路桩、路墩等设施有无损坏	
15	其他	

说明：1. 没有发现问题的在检查情况栏内打"√"，有问题的记载；
　　　2. 发现紧急情况，马上报告队长和总值班室，对于大量渗漏、冒水、设施严重损坏和违章等一时难以处理的问题，由总值班室或队长立即报告房管员、分管副主任或主任处理。

大厦巡逻记录表   表9-4

部门：　　　　　　　　　　　　　　　　　　　　　　　年　月　日

班次：　　当班时间：　　　　值班员：　　　　例巡时间：

	检 查 内 容	检查情况
1	大厦内是否有可疑、陌生人徘徊、窥视	
2	室内外车辆停放情况，注意渗水与漏电	
3	是否有未按规定的时间、要求进行违章装修的	
4	大厦内是否有乱摆卖现象	
5	业主（住户）有无意见、建议的	
6	公共照明（灯、开关）	
7	公共地方门、窗	
8	消防设施（消火栓、广播对讲器、报警按钮等）	
9	水表、阀门是否漏水	
10	住户家内是否有异常气味和响声，注意煤气泄漏	
11	天面、电梯机房情况	
12	公共卫生情况（墙面、地面、顶棚、门窗和灯具等设施）；走廊是否堆放垃圾	
13	大厦内道路、路灯、室外污雨水井盖、消防路桩、路墩等设施有无损坏	
14	其他	

说明：1. 没有问题在栏内打"√"，有问题记载；
　　　2. 发现紧急情况，要及时报告队长和总值班室，对于给水、消防设施渗、漏、堵现象和违章一时难以处理的由总值班室立即报告房管员、分管副主任或主任处理。

保安工作班检验表   表9-5

部门：　　　　队：　　　　班：　　　　检查人：

日期	受检人	岗位	检 验 内 容						不合格次数	处理结果
			仪容仪表	服务态度	工作纪律	服务要求	工作要求	其他		

保安巡逻签到卡 表9-6

岗位：　　　　　　　区域：

时　间	签　名	时　间	签　名	时　间	签　名

巡视记录（房管员填写）：

请销假报告单 表9-7

单位：　　　　　　　　　　　　　　　　　　　　年　月　日

请假人：	岗位：
请假时间：	归队时间：
请假事由：	
队长意见： 签字：　　　　年　月　日	管理处意见： 签字：　　　　年　月　日
备注：	

说明：1. 请假1天内由队长批准，1天以上由管理处批准；
　　　2. 此报告单在请假人销假后统计表统一存档。

保安训练考核表 表9-8

单位：　　　　　　　队　　　　　　　年　月　日

内容＼姓名	单兵队列(40分)	擒敌(18分)	体能(16分)	消防(16分)	车辆指挥(8分)	得分	评定结果
	军人军姿停止间转法,齐步与立定,跑步与立定,正步与立定各5分,步伐变换7分,礼仪8分	基本功(打、踢、推、击、勾、绊、抓)8分,声音2分,拳术完整、准确、流畅5分	百米跑(14'达标)6分,俯卧撑(50个达标)6分,爬楼(20层45秒)6分	消防知识4分,消防报警3分,灭火器使用4分,消防水带使用5分	手臂动作2分,两手有节奏2分,会识转向灯2分,姿势正确2分		

治安案件报案登记表　　　　　　　　　　　　　　　　　表 9-9

单位：　　　　　　　　　　　年　月　日　　　　　　　　　　编号：

报告人	姓名		性别		年龄		工作单位	
	住址					报案时间		报案方式
发案时间						发案地点		
被告人或嫌疑人	姓名					单位或住址		
	特征							

简要案情：

受害情况、损失物品数量等	
处理情况	
备注	

　　　　　　　　　　　　　　　　　　　　　　　　　　　　　　　记录人：

来 访 登 记 表　　　　　　　　　　　　　　　　　　表 9-10

单位：

日期	来访人姓名	证件名称、号码	来访时间	被访人楼座、房号	离开时间	值班员	备注

第三节　物业管理消防工作统计

　　消防工作在物业管理中占有头等重要的地位，因为物业工作中最常见的意外事故是火灾，它将给社会和人民带来财产损失和生命损失。物业管理公司必须把消防工作纳入到日常工作中来，把消防安全纳入到经营管理之中，按照《中华人民共和国消防条例》、《高层建筑消防管理规则》建立安全责任制，认真做好物业管理消防工作统计，对防火工作进行全面地监督、检查。

一、消防工作的方针

消防工作的目的是预防物业的火灾发生，最大限度地减少火灾损失，为业主（使用人）的生命和财产提供安全环境。

消防包含"消"和"防"两个方面，即"灭火"和"防火"。灭火是在起火后采取有效措施进行扑救，防火是把工作做到前头防患于未然。人们通常比较注重灭火而忽视防火。日常的防火工作比较薄弱，这也是造成火灾较频繁的根本原因。1984年5月颁布的《中华人民共和国消防条例》明确指出，我国的消防工作的方针是"预防为主、防消结合"，江泽民主席"隐患险于明火，防患重于救灾，责任重于泰山"的指示成为我国消防工作的指导性纲领。要把预防火灾放在首位。要采取一切措施（包括行政的、技术的和组织的）防止火灾发生。

二、消防工作统计的内容

（一）各类场所及人员的消防工作统计

1. 住宅（大厦）装修消防工作统计内容

（1）装修人必须事先写出装修申请，列出装修计划，汇同装修图纸上报管理处审批，在确保大厦消防设施和电气管网不受损坏的前提下方可施工。

（2）装修面积在 $50m^2$ 以下，由物业管理处负责审批；超过 $50m^2$ 的，应经消防机关审批，经批准后方可施工。

（3）装修应采用不燃或难燃材料，使用易燃材料的，必须经消防机关批准，按规定进行防火处理。

（4）施工过程中严禁动用明火，确需动用明火时，必须事先向主管部门办理审批手续，并采取严密的消防措施，切实保证安全。

（5）施工结束后要经管理处验收，不合标准要返工直至合格。

2. 服务场所（酒楼、歌舞厅）消防工作统计内容

住宅小区的（大厦）的服务设施，如酒楼、歌舞厅、俱乐部、游乐场所的消防管理尤为重要。除了强化消防责任制外，还要定期进行消防检查，尤其是以下几个方面必须按消防法规执行：

（1）安全出口处是否设置明显的标志加装自动开启应急灯，疏散通道必须保持畅通，严禁堆放任何物品。

（2）安装、使用电器设备必须符合防火规定，临时安装、使用电气设备，必须按有关规定采取相应措施保证安全。

（3）严格控制明火，确实需要使用时，必须采取安全预防措施；严禁使用鞭炮、烟火。

（4）各服务场所每天的值班经理为当天的消防值班负责人，节假日领导要坚守岗位和排班值班，加强消防管理，确保安全。

3. 特种行业工种人员的消防工作统计内容

物业管理处和辖区内的酒楼、歌舞厅、公司所聘用的电工、电焊工、油漆工以及从事操作和保管化学物品的人员均为特种行业的工作人员。这些人员的工作与消防工作有着密切的关系，应从以下方面加强管理：

（1）必须有国家劳动部门颁发的操作证才可上岗工作。同时，必须参加每两年一次的技术考核和年审并达到合格才能继续工作。

（2）管理处或物业辖区内各单位电工有权对消防设施和各公共通道、各房屋进行电线、线路隐患和消防防火的检查。

（3）电焊工明火作业要向管理处报告，经批准并采取防范措施后方可施工，严禁无操作证的人员进行电焊作业。

（二）制定消防管理人员的岗位职责，并对其执行情况进行统计

1. 消防员职责（物业管理公司专职消防班）

（1）认真学习有关消防知识，掌握各种器材操作技术及使用方法。

（2）值班人员要忠于职守，工作严肃认真。

（3）管好消防监视中心的各种设备、设施，保证监视中正常工作。

（4）做好小区（大厦）消防器材、设备检查，保证设备处于完好状况，一旦发生火警即可投入使用。

（5）定期检查各楼电器、电线、煤气管道等有无霉坏、锈坏、氧化等情况，防止短路或爆炸引起火灾。

（6）制止任何违反消防安全的行为。

（7）积极开展防火安全宣传教育，定期向业主（使用人）传授消防知识。

2. 义务消防员职责

（1）物业管理公司全体员工都是义务消防员，必须履行消防员职责。

（2）积极做好防火、防范宣传教育活动，深入辖区内住户、酒楼、商场、歌舞厅、公共娱乐场所开展安全检查，做到及时发现，及时整改，防患未然。

（3）所管辖区一旦出现火情，公司全体员工无论是否当班，都必须投入现场抢救工作，不得借故逃避。

（4）发生火灾事故，必须采取下列应急措施：

1）报告有关部门和消防队，火警电话：119；

2）组织人员抢救险情，并注意查找起火原因，采取适当措施力争尽快把火扑灭；

3）组织群众撤离危险地区，做好妥善安排；

4）做好现场安全保卫工作，严防坏人趁火打劫和搞破坏活动；

5）协助有关部门做好善后工作，包括查明原因，调查损失情况和安置工作。

（三）制定消防管理规章制度及消防值班制度，并对其执行情况进行统计

1. 消防管理规章制度

（1）坚持"预防为主、防治结合"的消防工作方针，始终把预防火灾放在首位。

（2）增强防火意识，组织全体业主（使用人）定期学习消防知识。

（3）发动全体住户，坚决贯彻各项防火行政措施、技术措施和组织措施，从根本上防止火灾发生。

（4）按照《中华人民共和国消防条例》和公安部颁布实施的《高层建筑消防管理规

则》，认真做好"三落实"：

1）责任落实。按照项目管理方法把消防责任层层落实到基层、部门，落实到每个人，定人员、定时间、定措施。

2）器材落实。坚持做到每幢住宅楼宇的消防器材齐全，随时均可使用。

3）检查落实。定期组织大检查，每月管理处进行普查，每周科室进行自查，平时设置专人重点抽查，做到发现隐患立即消除。

4）普及消防知识，做到应知应会。定期举办培训班，组织专业消防人员学习消防基本知识，掌握灭火的各项技能。

5）落实消防责任制。每年年初由物业管理处主任招集物业辖区内的单位和住户签订《防火责任书》，确定消防联络员名单，并订立职责，以便层层明确责任，建立全方位的监督体系。

2. 消防值班制度

为加强物业的消防管理，物业管理公司应成立专职消防班，消防班的主要任务是进行消防值班。具体工作有：

（1）负责消防监控中心的日常值班。消防监控中心接受火灾报警、发出火灾信号和安全疏散指令、控制消防水泵、固定灭火、通风、空气调节系统等设施。中心应实行24小时值班，要对整个住宅小区（大厦）进行消防监视，值班人员要忠于职守，工作认真负责，并做好值班记录。

（2）定期巡视、试验、大修、更新消防器材和设备，并负责保养和管理好消防器材、设备，使所有设施处于完好状态。

（3）普及防火知识，落实防火岗位责任制。广泛开展防火宣传，动员和组织区内群众接受教育，增强防火意识。宣传方式可灵活多样，生动活泼，可以发通告、帖广告、出墙报、观看消防自救演习、采用闭路电视等等。大力宣传在消防工作中涌现出来的好人好事，群众积极参与群防群治的典型事例，表彰先进；同时揭露批评违章违法行为，进行正确的引导，培养健全全民的消防意识。

（4）定期进行消防安全检查。进行消防安全检查是预防火灾的一项基本措施，必须做到：

1）专职消防人员必须每天巡视住宅小区（大厦）的每个角落，及时发现并消除火灾隐患；

2）定期对防火责任制、防火岗位责任制执行情况进行检查，通常每月1次。半年进行汇报交流1次，每年进行1次评比；

3）定期对业主（使用人）的住处进行防火、防盗的管理检查，阻止私自乱拉乱接电源及违反安全用电、用气的错误行为。

三、消防设施、器材的统计

（一）消防设施、器材的分类

消防设施、器材是灭火工作的物质基础，它包括以下几类：

1. 灭火器

灭火器是一种使用方便、操作简单的灭火器材。火灾初起时，完全有可能用灭火器控制火灾,因此小区内的各幢楼宇内外都要安放一些。常用灭火器主要有两种:泡沫灭火器和干粉灭火器,可根据其情况应用。值得注意的是这些灭火器里的药物有一定时效性,应根据规定定期更换,防止真正出现火情时,某些灭火器失灵而不能发挥作用。

2. 消防栓

高层楼宇和商贸楼宇在设计建造时一般都在关键部位设置消防栓和水龙带、水枪,遇有险情及时采用扑灭火灾。

3. 自动喷水灭火系统

自动喷水灭火系统是按照适当间距和高度装置一定数量喷头的供水灭火系统,它主要由喷头,阀门报警控制装置和管道附件等组成,具有安全可靠,控制灭火成功率高、结构简单、维修养护方便、使用时间长、灭火成本低等特点,许多高档公寓、别墅、酒店都安装此种灭火装置。

4. 火灾自动报警系统

火灾自动报警系统是用于探测初期火灾并发出警报,以便采取相应措施,如疏散人员呼叫消防队,启动灭火系统,操作防火门、防烟排烟机等系统。自动报警系统有三种基本形式:

(1) 区域报警系统

由火灾探测器、手动火灾报警按钮及区域火灾报警控制器组成,适用于小范围的保护。

(2) 集中报警系统

由火灾控测器、手动火灾报警按钮、区域火灾报警控制器和集中火灾报警控制器组成,适用于管辖范围内多个区域的保护。

(3) 控制中心报警系统

(二) 消防器材的保养统计

消防器材最大的特点是平时不使用,只有在发生火险时才使用,必须确保其随时处于完好状态,随时可以启用,因此物业管理公司必须强化对消防器材的保养统计。物业管理公司对消防器材的日常管理最终要落实到人,也就是首先要确定专人负责,只有通过专人的定期保养及统计,才能保证各类消防器材处于完好状态。

四、消防管理预案的设计(实例)

为了使消防工作真正落实到实处,一旦有突发性火灾发生,有关部门、人员均应严格按照预案的程序进行操作。下面列出上海××大厦突发火灾反应预案实例。

上海××大厦突发火灾反应预案

为了增强全体员工及各租赁单位对突发火灾事件的反应能力,做到遇到火灾事件不慌乱,有步骤、有秩序地实施紧急措施,以确保大厦的国家财产及使用人的安全,特制定大厦突发火灾反应预案。

1. 报案程序

物业管理部全体员工及各使用人,凡发现大厦内有火警火灾发生,一定要保持清醒的头脑,及时采取边扑救、边报告的有效措施。一般先报消防中心或就近保安人员,当消防中心接警后,立即通知领班和保安人员,赶赴现场进行扑救,然后通知总值班、保安经理及有关领导。

2. 各岗位职责

（1）管理部主任总值班职责

接到报警后，除一个留守消防中心进行监控联络外，所有人员迅速赶到现场，并带上氧气呼吸器、应急电筒、对讲机、消防战斗服等，马上投入扑救工作，并积极做好抢救人员、保护和疏散物资的抢险救灾工作。如火势已失去控制，当公安消防队赶来之际，保安人员要向公安消防队介绍火场情况，并做好向导工作，积极配合公安消防队做好灭火战斗任务，维护好火场秩序，限制无关人员进入火场。

（2）工程部职责

在接到报警后，工程部要密切和保安加强联络，准备随时切断电源，打开备用电源，随时准备开启消防供水，要保证足够的消防用水，并要使各风口、管道的防火阀门全部关闭，阻止火势的蔓延，并使消防电梯到底层待命，其他客梯一律禁止使用，当公安消防需要了解情况时要能及时拿出大楼图纸以供查阅。

（3）电话总机职责

接到报警后，先与保安部消防中心取得联系，随时了解火势情况，并逐级通知各个部门、总值班、管理部主任以及其他单位的领导等。在整个火灾处理过程中要起到上传下达的作用，确保通信设备的线路畅通。

（4）管理部门各员工职责

当大厦发生重大火灾，各部门员工要保持镇静，立即报告各级领导或保安部。见机行事、力所能及地协助保安部做好救人、保护和疏散物资工作。自觉维护大厦的秩序，引导火场内全体人员迅速撤离，防止有人破坏灭火工作的正常进行。

<h3 style="text-align:center">五、消防工作统计报表</h3>

1. 消防设施月保养记录（表9-11）；
2. 消防设备年保养记录（表9-12）；
3. 消防中心值班记录（表9-13）；
4. 消防器材检查表（表9-14）。

消防设施月保养记录　　　　　　表9-11

（大厦）名称：　　　　年　月　日

设备名称	保养项目	保养情况及处理	保养人	日期	检查人
火灾报警控制系统	自检、消音、复位功能				
	主电源与备用电源功能正常				
	井道分线箱与3440介面箱正常				
	随机抽5%烟感报警验证				
	烟、温感检查和清洗				
	各接线端子坚固				
	集控箱内抹灰除尘				

续表

设备名称	保养项目	保养情况及处理	保养人	日期	检查人
防火卷帘门系统	外观完好、无变形、卡阻				
	帘门升降正常、与操作一致				
	受烟（温）控，卷门动作正常				
广播	嗽叭的固定				
	进行选层广播一次				
风机	开机试运转5分钟				
烟感控测器	器身抹灰除尘				
	3440介面功能正常				
	环境恶劣处烟感作特别检查				
	按5%比例喷烟验证报警				
温感控测器	器身抹灰除尘				
	探测器与底座接触				
	安装牢固				
	按5%比例加温验证报警				
手动报警按钮	安装牢固				
	器身除尘，破损修补或替换				
	报警检验（任选二处）				
疏散出口指示	灯箱抹灰除尘，灯具牢固完好				
	交流试验指示灯正常				
	电池充放电				
气体自动灭火系统	贮存器压力符合规定				
	系统无机械损伤、无失灵				
	铅封、保险带完好无损				
	喷嘴在封闭空间位置正确				
	控制器面板电路显示正常				
	系统各部件抹灰除尘				
干粉灭火器	压力表指针指在绿色区				
	手托度重量基本符合要求				
	器件清洁，有检验标志				
自动喷水灭火系统	喷头外观检查				
	打开试警铃阀试验报警				
	压力表指示				
	末端放水试验水流指示器，压力开关，报警控制器联动情况				
	手动、自动试运行起动正常				
	检查控制阀门处于开启状态				

续表

设备名称	保养项目	保养情况及处理	保养人	日期	检查人
消火栓	栓门、锁下玻璃无破损				
	指示灯、报警按扭、警铃齐全，无脱落和损坏				
	抽取总数5％按动报警按钮检查报警情况				
	消火栓出口压力试验（每2月一次）				
消防泵	手动、自动试运行起动正常（每2个月一次）				
补压泵	手动、自动试运行起动正常（每3个月一次）				

消防设备年保养记录　　　　表9-12

（大厦）名称：　　　　　　　　　　　　年　月　日

设备名称	保养项目	保养情况及记录	保养人	日期	检查人
消防栓	检查水带并交接摺边				
	检查阀门、阀杆上油				
	栓内清洁无异物				
	各路口无损坏，连接方便可靠				
	检查指示灯、试验报警按钮				
手提灭火器	各部位清查个数，悬挂紧，急取方便				
	取下摇动几下，防止结块，压力表指针在绿区				
	手感检查每个重量，抽样10％称量，减轻10％需补充				
	还个检查铅封及操作手柄，达到坚固良好，但不卡阻				
	抹灰除尘，贴上检验标志				
气体自动灭火系统	气瓶、阀门、管路表面完好铅封，保险带、安全阀完好，全面抹灰除尘				
	系统内每组控测器模拟报警验证				
	拆下压力表送市计量站检定				
	控制器电路显示情况				
	模拟电动启动释放气体				
	球形储气罐压力及控制验证				
	喷气灭火区的出口畅通，防火门完好				
防火阀	开闭灵活，持勾可靠位置有标志				
	阀内无异物、锈蚀，位置显示正确,油漆良好				

续表

设备名称	保养项目	保养情况及记录	保养人	日期	检查人
正压送风口	叶片无脱落、无变形				
	开闭操作正常,信号显示正确,线头紧固				
	风口外观良好,无脱落、无机械损伤				
	风口内外抹灰除尘				
抽烟、送风风机	外观无机械损伤,接地线牢固				
	绝缘电阻 0.5MΩ 以上				
	风叶转动灵活无卡滞,检查(更换)轴承润滑油				
	拆盖检修主电路主触头				
排烟、送风风机	紧固风机控制柜内线头,抹灰除尘				
	电器动作顺序,控制正确,手柄位置实际相符,指示灯、电压、电流表完好				
	转向正确,运行无异声,电流平衡				
	运行 24h 后,电机及轴承正常				
防火卷帘门	门锁良好,开停按钮牢固				
	导轨、卷帘无变形,油漆良好				
	按钮手动操作开闭方向正确,开闭灵活、无卡滞无异常声响,上下限位开关动作正确				
	控制中心手动操作卷帘门动作正常				
	烟感器喷烟后卷帘门自动关闭,控制中心信号正确				
	电机绝缘高于 0.5MΩ,线头压接良好,继电器接触良好				
	全面清洁控制箱、卷帘门、导轨、电动机、限位开关				
消防水系统 水泵控制柜	拆盖整理主电器主触头,保证接触良好,运行无声				
	柜内所有接头紧固,元件无破损、脱落				
	线路标号清晰,柜门内有本柜电气原理图				
	线路绝缘电阻不低于 0.2MΩ,无破皮裸露				
	电路联接正确,启停过程电器运动作顺序正确				
	指示灯完好,操作手柄灵活指示与实际相符,各设备手动、自动的启、停正确				
	柜内外清洁无灰尘、无杂物,门锁好				

续表

设备名称		保养项目	保养情况及记录	保养人	日期	检查人
报警系统	控制器	逐个测试公共场所烟感报警器信号点、报警的正确性，电源电压显示的正确性				
		主电源、备用电源及互相切换检查				
		自检、消音、复位功能检查				
		全面检查室内所有接线端子				
		柜内及电子板、各电器元件表面灰尘清理				
		电子板元件表面状态检查、抹灰除尘				
		同报警器联合检查各点报警的正确性				

说明：消防设备年检修时间在每年11月；所列保养结果用文字准确表达。

消防中心值班记录　　表9-13

单位：　　　　　　　　　　　　　　　　　　　　年　月　日

班次	早班8：00~16：00	中班16：00~0：00	早班0：00~8：00
值班人			
报警电话及对讲			
控制柜检查			
气体灭火控制器			

序号	班次	报警时间	地点	报警类别	情况检查	处理过程及结论	值班人
1							
2							
3							
4							
5							
6							
7							
8							
9							

消防器材检查表　　表9-14

单位：　　　　　　　检查人：　　　　　　年　月　日

名称	型号、规格	数量	检查情况	备注

思 考 题

1. 简述安全管理统计的重要性。
2. 简述消防设施及器材的分类。
3. 消防工作中,"消"和"防"的关系是怎样的?

第十章 计算机在物业管理统计中的应用

第一节 计算机在物业管理统计中应用的意义

一、计算机在物业管理统计中应用的意义

目前我们在日常工作、生活中最常接触到、使用到的就是微型计算机。微型计算机从功能上讲，已经和通讯、影视、音乐、出版等紧密地结合在了一起，并成为它们发展的新的动力；从使用的方便性上讲，统一的图形界面简单到稍加培训即可使用的地步，数据库技术也已成熟到把物业管理统计中要用到的数据，如图像、报表等方便地输入输出的程度；从应用的广泛性上讲，重量轻、功能强、电池寿命长的便携式电脑已经在商务旅游者中普及使用开来；通过在电信部门注册（此项业务已在我国大中城市逐步展开），计算机也可以进入 Internet 网（国际互联网），查看世界各地的资料和分布在各个地区的网上用户自由的通信、交流，在企业内部也可以通过网络实现上下级之间畅通的信息交流和协调合作；从文字编辑到动画制作，从电子表格到电子邮件……，不断更新的辅助设备和成千上万的应用软件不但以其令人惊叹的高效率和齐全的功能极大地改进着传统的工作方式，而且使得计算机的使用越来越方便，完全可以参与我们的日常管理活动中，起到无可替代的作用；从价格上讲，网络和远程网络已经应用的相当普遍，查询、拷贝、统计分布与不同地区的资料可以相当容易地完成。在西方经济发达国家，计算机普及率高达 70%，办公楼内几乎到了离开计算机就不能工作的地步，连家庭妇女买菜都要把价格输入电脑，以统计本月家庭的支出。因而可以这样说，现在使用计算机参与管理所发挥的作用已经完全超过了它的投资价值，因而早一天使用，早一天受益。

物业管理统计作为房地产设计、开发、服务三大环节中的最后一环，也是延时最长、与社会各方面接触最多的部分，它承担着楼宇验收与交接、房屋装修、房屋质量综合评测、住户各项费用的收缴、设备保养与维修、保安、消防、清洁、美化环境等大大小小的繁琐事务，而且需要与设计单位、发展商、市政工程部门等多家部门相互合作，交流资料。如果单纯应用过去的手工统计方式进行管理，不但将消耗很多的人力、物力和时间，而且很难达到规范化管理的效果。以全国优秀住宅小区评比为例，准备资料恐怕是各参评小区一项非常繁重的工作，从小区的设计图到各幢楼宇的管道图、竣工图，从每个住户的费用收缴情况到小区的经营统计数字，从每天的治安值班记录到每块绿化地的植被等等，哪个小区都有几十本资料，但检查下来仍有缺失。即使按类整理得较好，查询、统计花费的时间也相当多，而且很不方便。要改善我国物业管理统计这方面的落后状况，把事务繁杂、资料众多的统计工作系统地、规范地管理起来，就必须使用计算机参与物业管理统计。

物业管理较先进的地区，如香港、新加坡等，在计算机管理方面比国内起步要早，经验也较为丰富，所以其计算机统计技术虽然和国内处于同一档次，但他门的综合使用能力、

软件质量、统计管理效果等却比国内高出许多，计算机不仅已成为存储各类资料、记录各项事务不可缺少的工具，而且还成为物业管理统计规范化操作的一部分。国内住宅小区中的一些佼佼者从硬指标（规划、设备、绿化等）方面讲，已经可以同国外的住宅相比拟了，但其软件水平（人员素质、计算机的应用、服务质量等）却差得远。

作为物业管理统计中最活跃因素的统计管理人员，他们的素质决定了统计业务的质量。在香港，有专门为物业管理中层领导提供进修机会的学院。国内物业管理统计起步阶段出现的经验不足、服务意识差、住户投诉多、制定的统计管理制度执行不了等现象，症结就在于统计管理人员的素质普遍较低。使用计算机可以提高统计管理人员处理事务的效率，从而促进统计管理人员素质的提高，特别表现在：①辅助处理各项事务：如财务、档案管理、费用计算等方面；②减少工作量，提高处理效率：利用数据库技术可以把诸如房屋、住户各项费用等各方面的资料有效地结合起来，减少重复性操作和出错概率；③提高统计管理的规范化程度：计算机是有步骤、按固定程序运行的，它势必要求统计管理人员按规范操作，而且计算机还可以有效地防止错误的数据输入系统以及根据系统中的资料自动提示有那些工作尚未处理完毕等。

国内与国外比较，在软、硬件的应用方面几乎是同步的；国外推出什么新机型，发行什么样的新软件，国内很短时间也就见到了。但是在软件的使用深度和网络覆盖程度方面要比国外差较远，这主要是基础教育和基础设施建设的不足所造成的。随着计算机应用的日益普及，国内各方面的应用也日益提高，与国外的差距也逐步缩短。

综上所述，物业管理统计在内容、办公效率、人员的素质和管理手段等方面都有可能也有必要引入计算机参与改进。

二、物业管理统计信息系统的建立

建立一套计算机统计系统需要综合考虑计算机业的发展变化趋势、硬件设备和网络环境的扩展能力、自由业务的发展需要等几个方面的实际情况，在目前的技术条件下，采用如下的方案具有适合计算机发展的先进性：

计算机参与物业管理统计的模型包括计算机设备、网络结构、计算机应用软件条件等三个部分。

（一）网络结构

由于Internet（国际互联网）在世界范围的迅速发展，从1995年开始，在Internet技术基础上发展而来的Intranet（企业内部智能网）以灵活的联接方式、畅通的信息交流、方便的使用等优势迅速取代客户/服务器方式成为企业网络发展的主流，各个计算机厂商纷纷推出新产品以适应用户的要求，仅1996年一年时间，全球排名前1000位的大型企业已有半数多转而使用Intranet网，我国许多意识先进的企业也纷纷开始建立自己Intranet网。对与统计分布在不同城区的多个住宅小区的大中型物业公司，局域网无法满足要求，广域网的成本又过高，而Intranet网的诞生恰好提供了一个物美价廉的解决方案。

文件/打印服务器用于保存、管理各种程序、文件、资料，协调打印机等设备的共享等。通过网络连接线把文件/打印服务器与各个工作站连接在一起，可以分摊系统负荷，使各工作站可以共享文件、数据库和各类设备资源，提高计算机的使用效率。

数据库服务器用于保存、管理数据库，可以按使用者的要求提供数据查询、更新等操作（文件服务器和数据库服务器可以并在一台计算机中）。

Web 服务主机提供有 Web 服务、信息查询、新闻发布、域名管理、主页制作、E-mail（电子邮件）等多项功能，可以为分布于各处的计算机协同工作提供服务。Web 服务主机和数据库服务器之间利用中间实现数据的查询和转换，从而及时把查询结果或更新后的信息发布出去。进一步，Web 服务主机还可以通过路由器连结到 Internet 上，从而建立更为广泛的信息息网。至于公司内部数据的安全，则可以通过防火墙（Firwall，软件或硬件）控制外界的访问使之得到保证。对于业务较多的物业公司，建立 Web 服务主机采用高档的设备为宜。

在网络操作系统的选择方面，WindowsNT、UNIX 和 NOVELL 都具有网络拓扑结构灵活、硬件兼容性好、运行速度快、数据安全性高、操作维护方便等特性，在支持大型机、小型机和微型机等多种计算机系统相互联接，建立不同的网络结构，提供广泛的网络服务功能方面具有非常强的能力，而且都提供了对 Internet/Intranet 的支持，从而可以建立适合不同用户需要的、广阔的网络计算机环境，为数据库的应用提供标准运行环境。目前这三个系统占据着市场的主导地位。

由于 Internte/Intranet 是近两年迅速成长起来的网络形式，而且正处于高速发展过程中，各类产品层出不穷，因而有非常广泛的选择余地。

另外，集成了强大的消息传送功能和应用程序开发环境的群件系统，如 Lotus Notes、Microsoft Exchange Server 和 Netscape SuiteSpot 等，提供了很好的协同工作能力，在建立系统时也值得考虑。此处不赘述。

（二）硬件设备选型

住宅小区或大厦：采用单机，通过 Modem＋电话线的方式与物业管理公司建立松散的网络：

Pentium133（16M 内存、1G 硬盘、光驱）以上的微机＋符合 V.34 标准 Modem＋宽行喷墨打印机（打印量不大的情况下）或针式打印机（打印量大、环境较差的情况下）

物业管理公司内部：建立内部网络系统，并利用网络电话线＋Modem 的方式与住宅小区或大厦管理处的计算机网络：

Pentium166（32M 内存、2G 硬盘、光驱）以上档次的文件兼数据库服务器一台＋Pentium166（32M 内存、2G 硬盘、光驱）以上档次的 Web 服务主机一台或者选用基于 RISC 体制结构的 Web 服务主机一台＋Pentium100（8M 内存、640M 硬盘）的工作站微机（台数）＋宽行激光打印机（一台，网络共用）＋喷墨打印机（数台，网络共用）＋联网设备（网卡、网线、集线器、Modem 等）

（三）办公应用软件

最基本要安装 Windows 操作系统、MS Office 或 Lotus SmartSuite 办公套件、浏览器、物业管理统计专用软件等。

Windows 是由美国 Microsoft（微软）公司开发的一套基于图形的操作系统。Windows 是随着计算机硬件的飞速发展应运而生成的，它以漂亮的"桌面"、统一的操作方式、并行多任务机制、OLE（对象链接与嵌入）和 DDE（动态数据交换）技术等优势成为一套真正易用的工具，结束了基于 DOS 操作系统呆板的行命令式界面占统治地位的日子。现在，不论是家庭系统还是商用系统，Windows 都成为一个标准。有成千上万种各式各样的应用软件运行于其上,代表了微机操作系统的潮流。其最新的版本是 Windows98,国内已有中文版。

浏览器是配合 Internet/Intranet 的一套应用软件,用于查询、下载 Internet 上的各种信息。Netscape Navigator 和 Microsoft Explorer 拥有这个领域的大部分用户。

Microsoft Office 办公套件和 Lotus SmartSuite 办公套件是办公应用软件领域的主要产品。Microsoft Office 是一套常用的共同工作的软件和文件的组合,运行于 Windows 环境下,由下列四部分组成：

Word：全功能文字处理器,可以完成从简单的日常应用到复杂的桌面印刷项目,如信件、报表、新闻、手册及其他各类文档；

Excel：电子表格软件,能够组织、分析并且图形化各种数据信息；

PowerPoint：图形展示软件,能够制作幻灯片、透明投影片、广告和标记；

Access：可视化的数据库管理系统,可以于小商务管理活动。

Office 使得应用软件之间传递信息变得非常容易,并可以把不同应用软件中创建的文本、数据以及图形等合并到一个复合的文档里,为日常办公提供了非常方便的处理工具。

Lotus SmartSuite 与 Microsoft Office 基本类似,此处不赘述。

三、物业管理统计系统的模型

目前一个比较理想的物业管理信息系统的模型：这个系统应该是建立在 Windows 环境下,利用可视化（visual）开发工具和数据库技术制作的。

1. 功能覆盖物业管理统计的所有环节,与其他软件相配合实现物业管理的办公自动化。包括：

（1）存储各类资料和数据,如各类数字、表格、制图、录像、声音等；

（2）记录每天发生的各项管理事务,如治安、投诉、房屋维修、设备保养及维护、工程施工等；

（3）计算、记录统计各类费用,实现财务电算化。

2. 采用方便灵活的输入方法,并与多种设备有接口：

（1）用户界面简洁,普通人稍加培训即可方便的使用；

（2）具有检测程序保证输入系统的数据的安全与正确；

（3）输入方法多样,如 IC 卡、信用卡、录像机、水电表扫描仪等设备采集的数据资料均可引入系统使用。

3. 高效的查询与输出手段：

（1）组合数据,多方面的反映统计状况,以表格、图像等方式输出；

（2）自动分类统计,绘制图形,纵横比较；

（3）在保证数据安全的基础上,实现共享；

（4）按管理人员思考和处理问题的习惯,横向、纵向查询各类相关信息；

（5）实现远程访问,并把对外公开的信息输出到 Internet/Intranet 网页；

（6）可以方便的把数据输出到打印机、电子邮件等多种设备和媒体；

（7）可以在全局图上自由定位,并可以放大局域部分查看细节部分和有关资料。

4. 与其他的软件有良好的互用能力：

（1）可以把系统中的数据输出到其他软件中,利用其他软件的特长进行处理或输出（如利用文字编辑工具输出系统中的资料、提供系统中的数据供图形处理软件使用等),也可以把其他系统中的资料输入本系统使用或直接调用其他系统的功能(如把制图软件中的建筑图等自动引入系统或调用三维图形制作软件,显示房屋状况);

(2) 管理统计信息系统没有必要具备太强的除数据统计处理之外的专业处理能力,但它必须具备与其他专业处理软件共享数据的能力,达到互相配合、发挥各自所长的功能,并具有功能扩展接口,方便使用人员进一步开发。

5. 建立与外界交流信息的网络系统:

(1) 连接 Internet/Intranet 等,建立与外界环境交流信息的渠道;

(2) 与住户相互沟通,住户的计算机可以访问到物业管理公司的计算机中向外界公布信息的部分;

(3) 办公基本达到无纸化作业,财务实现通过银行进行自动转账。

6. 辅助统计人员的日常工作:

(1) 全面而完整的计划与反馈系统;

(2) 根据设置的工作日程表,提示哪些工作需要完成,哪些需要统计;

(3) 根据累计的资料,分析统计各类设备的运行情况和问题,提供解决方案;

(4) 介入日常管理,承担记录每天的设备检测等工作,成为规范化统计的一部分;

(5) 分高层管理者和一般管理人员两个层次提供不同的统计材料,为决策提供初步的依据。

这个理想模型,按目前的技术水平已基本可以实现,但需要各部门的协调合作和统计人员素质的提高,才能达到比较理想的效果。其中,最为关键的问题是统计人员的素质和统计规范化的程度。

香港、新加坡等地的物业管理统计中使用的计算机硬件和软件工具都和国内处于同等水平,但计算机应用的水平却明显高于国内,一个重要的原因即在于应用基础上,他们的管理经验较国内丰富,已形成了成熟的操作规范,统计人员经过培训,素质普遍较高。国内要赶上他们的水平并非不可能,关键是要有意识地引进计算机参与实际应用,在实践中促进开发和应用的共同提高。

第二节 物业管理统计系统实例

目前,不少购买了计算机的物业管理公司只是用它来打字,没有充分发挥计算机统计的功能。近两年,广州、深圳陆续出现了几套物业管理统计系统,并在这两地的多个管理统计较先进的住宅小区中得到了广泛的应用,其中比较成功的一套是广州的"物业通"。下面我们以这套系统中的住宅小区管理统计系统为重点,对物业管理统计系统作一个书面介绍。并以此作为一份交流材料,供各物业公司在使用及开发物业管理统计系统时参考。

"物业通"是广州建设开发物业公司、广州市智海软件有限公司和中联实业股份有限公司根据广州和深圳物业管理公司的实际情况,在充分吸取国内外物业管理统计的先进经验和有关专家的意见的基础上,借鉴香港物业管理行业统计在计算机应用方面比较成功的例子,于1994年共同开发完成的。其后又经过2年多的多个住宅小区的使用——改进——使用的多次反复,成为功能全面、使用合理、而且使用于国内大多数物业管理公司的管理统计系统。这套物业管理统计系统的开发成功,为广州市的物业管理统计注入了现代化的活力。《城市开发》、中央电视台《经济半小时》节目等报刊、电视台均予以了专题报道。目前这套系统中的住宅小区以及广州的红棉苑、云景花园、广兴华花园、福莱花园等小区及高层楼宇中全面投入使用,在珠江三角洲、北京、天津、河北等地也得到了推广,得到了较好的管理统计效果。

"物业通"运行于 Windows 环境下,分为住宅小区管理统计系统和物业公司管理统计系统两大部分,基本上覆盖了我国物业管理的大部分职能。

图 10-1、图 10-2 为该软件的结构图。

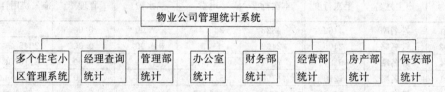

图 10-1　物业公司管理统计系统结构图（更详尽的下级结构略）

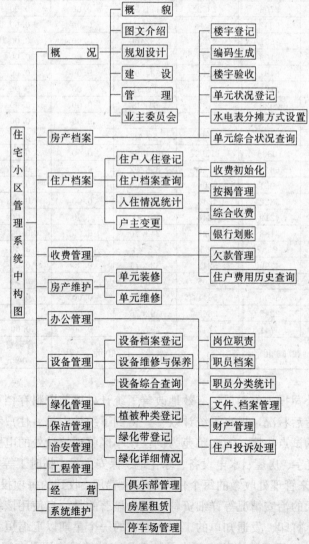

图 10-2　住宅小区管理系统结构图

电费收费统计表　　　　　　　　　　　　　　　　　　表 10-1

注1. 请您于11月20日以前到管理处交费或存入建设银行的账号内。
注2. 如对上述有疑问，请于11月25日前来管理处核对。
制表单位：名雅苑
制表日期：1996.12.18　页号：1
门牌号：华康街11号
楼名：雅趣阁3座—楼　　　工程编号：M007

序号	房号	户主姓名	上次行度	本次行度	电费	水费	管理费	拖欠费用合计	签收
1	101	姓名略	4462	4828	263.48	7.00	0.00		
2	102	姓名略	2400	2400	11.31	0.00	0.00	2045.24	
3	104	姓名略	6181	7854	1164.01	16.1	0.00	2116.30	
4	201	姓名略	1210	1753	373.04	16.8	0.00		
5	202	姓名略	9592	10237	455.72	0.00	0.00		
6	203	姓名略	8086	9716	1134.38	8.4	0.00		
7	204	姓名略	2706	2852	111.90	0.00	0.00		
8	301	姓名略	9097	11048	1355.55	0.00	0.00		
9	302	姓名略	2531	3723	832.60	0.00	0.00		
10	303	姓名略	5103	5791	485.34	0.00	0.00		
11	304	姓名略	6481	7241	534.95	0.00	0.00		
12	401	姓名略	2787	2787	11.31	0.00	0.00	2265.53	
13	402	姓名略	2020	2137	91.92	0.00	0.00	2111.39	
14	403	姓名略	3134	3134	11.31	0.00	0.00	1034.96	
15	404	姓名略	9502	9523	25.78	0.00	0.00	4835.76	
16	501	姓名略	10336	11502	814.68	0.00	0.00		
17	502	姓名略	6849	8130	893.92	0.00	0.00	289.94	
18	503	姓名略	8051	9304	874.63	0.00	0.00	2189.02	
19	504	姓名略	3322	4346	716.85	0.00	0.00	2802.42	
20	601	姓名略	4219	4246	29.91	0.00	0.00		
21	602	姓名略	3188	3525	243.50	0.00	0.00		
22	603	姓名略	759	765	15.44	0.00	0.00	14.63	
23	604	姓名略	4790	5242	322.74	0.00	0.00		
24	701	姓名略	3245	3705	328.25	0.00	0.00	318.98	
25	702	姓名略	5000	5341	246.26	0.00	0.00		
26	703	姓名略	2245	2668	302.76	0.00	0.00		
27	704	姓名略	6741	7147	291.04	0.00	0.00		
小计		电费　11942.58元			水费　48.30元		管理费 0.00元	欠款　20024.07元	

这套系统物业公司投入使用后，有效地改善了统计处以前资料存档不规范、收费计算繁琐、误差率高等落后状况，提高了统计效率，得到了统计人员、住户和有关专家的高度好评。以华南唯一的试点小区——名雅苑为例：该小区管理统计处的电脑中不断存放着该小区内所有住户、楼宇、房屋、水电设备、绿化地、保安人员、临时工等各项详细资料，而且记录着1994年以来管理处收缴的每个住户的各项费用，收到的每项投诉、每份文件、实施的每项维修、每天的治安情况等详细资料。更为显著的是：自使用该统计系统后，各项费用的登记、计算、打印、发通知单的工作由原来的一个星期以上缩短为一个下午即可完成，误差率低于0.5%，而且每个住户每个月的费用交纳情况均记录在案；以前需要拖延很

长时间的房屋交接的有关手续，也可以当场录入计算机完成了；在接待外界参观时，只需用鼠标在计算机中出现的小区全景图任意点选，就可以看到该小区的各幢楼宇的实景照片和详细统计资料、各块绿化地的树木状况以及各项附属设施的情况。自从计算机介入物业管理统计实际工作后，统计人员逐步认识到了计算机的优越性，已经开始自觉地使用计算机改变原有的工作方式，并对计算机管理统计系统提出了不少有益的改进意见。

住宅小区管理统计系统是物业管理统计系统的重要组成部分，覆盖了住宅小区的大部分统计内容，由安装程序和12个可分可合的子系统组成：

1. 小区概况

以图文并茂的方式介绍小区的总体情况，如规划设计、建设、管理实施、环境、业主委员会、各楼宇和景点的照片等资料，最具特色的是用鼠标在小区全景图上任意点击，即可看到该处所示的建筑物、绿化地、附属设施等的详细资料。

住 户 投 诉 单　　　　　　　　　　　　　　　表 10-2

编号：CX-14101-02
版本：A
NO：

投诉：　　年　月　日　　时　　投诉方式：　　亲临　　电话　　信函

投诉人：_____
地址：_____
住户编号：_____

投诉类别：　　质量　　服务
投诉内容：
接待人/记录人：_____　　　时间：　　年　月　日
主任批示：_____

执行人：_____　　处理执行时间：　　年　月　日至　年　月　日
处理结果：

投诉人意见：_____
投诉人签名：_____　　　时间：　　年　月　日

2. 房产管理统计

对应于物业公司实际工作中的发展商处接收楼宇、把房屋交接给住户和房屋日后的装修、维修及质量检验等有关房产的三大统计工作过程，重点在于房产的状况。这部分管理程序同样适用于房管所、宿舍楼管理、商业楼宇管理的租赁等部门统计：

（1）外观图、平面图、装修图等都可调入系统中查看、编辑；

(2) 记录房屋交接、装修和维修等各过程的变动情况；

(3) 采用全汉字编码方式，便于普通统计人员理解和查询。

3. 住户管理统计

包括住户档案、住户各项费用的收缴、投诉处理、房屋的装修与维修的统计等内容，并提供了多种选择以适应不同统计方式需要：

(1) 对楼宇、单元、住户、住户的有关费用进行统一管理，输入楼宇的资料，即会自动产生单元的有关情况；通过房屋的验收、交接，即会自动生成住户各项费用的基本情况，极大的降低了录入量和出错概率。

(2) 提供了简洁的录入方法与任意组合条件查询。

(3) 覆盖了住宅小区中涉及到的各种费用统计，包括：水电费、管理费、租金、停车费，以及用户自定义的各种费用。

(4) 提供了两种收费方式：现金＋预交金的方式，银行划账＋现金的方式。

(5) 针对境外售房、高层住宅和多层住宅的差别，综合管理费和租金均具有：①港币与人民币双重收费功能；②按户、平方米、平方英尺三种单位以及分楼层制定收费标准；③费用标准逐年按比例自动递增。

(6) 水电费的计算方法由使用者根据实际情况自行设定，计算完毕后，可以挑选表格打印计算表和费用通知单。

(7) 一个住户的多个单元费用可以合并收取，住户的各项费用可以一起收取。

(8) 本月收缴不到的费用自动转入下月，拖欠费用按用户设定的比例和天数计收滞纳金。

(9) 随时统计每天各项费用的收缴情况，并提供未交费的住户名单用户选择打印催交单。

(10) 住户发生的每笔费用及收费标准均记录在案，可以方便的分项、分住户、分期查询和统计。

4. 停车场管理统计

统计附属停车场车位的出租、出售、停车费的标准，费用收缴等方面的情况。

5. 住户会所管理统计

统计住户会籍登记，消费记账等方面的情况。

6. 绿化管理统计

统计小区内的植被分布情况、绿化工程实施情况等。

7. 办公管理统计

统计小区的人事、文件、档案、合同、会议纪要、财产等资料。

8. 治安管理统计

登记、分类统计小区内的公共秩序、治安等方面的情况，并按月、分类统计各项事务的发生率，绘制统计分析图。

9. 设备管理统计

统计储存各类水电、机械设备的档案，并记录和统计设备的维修、保养情况。

10. 保洁管理统计

统计小区的环境美化、清洁工作等情况。

11. 工程管理统计

统计小区内实施的各项工程等情况。

12. 系统维护

进行系统有关文件的维护工作：

(1) 分操作人员设置密码和相应权限；

(2) 自动检查、纠正数据错误；

(3) 自行选择要备份和恢复的数据库文件；

(4) 提供在线式帮助系统。

另外，还有运行于物业公司管理系统，由经理查询、办公室、财务部、管理部、工程部、经营部、保安部、售房部、房管部等几个按部门业务分类的子系统组成，这套系统是针对于大中型的物业公司设计的，负责对整个公司的财务、人事、文件、车辆、经营、房屋销售与出租、工程预（结）算等方面的内容进行，并在网络管理系统的支持下，和多种应用软件一起初步构成了办公自动化系统。公司的局域网利用电话线＋Modem 与各个小区连接起来，每个住宅小区的原始数据经过接口模块传入物业公司管理系统，经过更新、分类、汇总等处理，形成管理公司系统可用的数据，即实现了数据共享，又可以为公司的决策提供初步的依据。

这套物业管理统计系统具有如下特点：

(1) 人-机统计协调合作

人-机交互方面，率先在 Windows 平台下进行开发，充分发挥了 Windows 图形方式、多任务并行操作的特点，图片和文字并列显示于屏幕，各类统计图即时自动生成，并可同时查询多项资料；以统一、简洁的录入、查询界面提高系统的易用性，并提供了多种形式统一的统计表格，使得用户只需经过简单的培训，就可自如地打印出自己想要的统计资料。计算机与人的统计合作方面，这套系统把为使用者提供尽可能全面、方便、直观的统计信息作为系统的首要目标，在时间上合理分配统计者处理具体事物的操作与在计算机上输入信息的操作，使得统计人员的处理具体事务的灵活性与计算机运算速度、存储容量大的优点相得益彰。规范化操作方面，与科学管理相互配合、相互促进，为进一步探索物业管理统计的规范化打下了良好的基础。

(2) 统计数据流向合理

深入挖掘物业管理统计内部的数据流程，统一规划了数据结构，利用数据库技术把各个相关联的数据高效地组织起来，降低了数据冗余和数据录入量，实现了绝大多数数据只需输入一次的目标。例如：楼宇的状况、各单元房屋的装修与维修、住户各项费用的收缴，它们之间存在着很强的数据联系；楼宇是由一个个独立的单元房屋及公用设施组成的，每个单元房屋又对应着一家住户，每家住户的各项费用又可以合并在一起收取在该套统计系统的设计中，利用数据的依赖关系，通过统计过程自动生成实现的。楼宇——单元——住户——住户各项费用的收缴中的数据关系见图10-3，其他如投诉——维修——房屋完损状况、设备档案—设备巡检记录等等也都在这套统计系统中有效地联系在一起。

(3) 全面性

覆盖了物业管理统计方面的内容，并在系统设计初期就充分考虑到日后推广、维护和扩展的需要，采用更新、拆卸灵活的零件式模块组织方式，精心规划协调了各功能模块，为实现同一功能但操作方式不同的模块设置统一的接口，使得使用者可以根据自身的特点，选择组成适合本公司管理方式的系统。目前这套系统适用于综合住宅小区、别墅、高层住宅楼、职工宿舍、房管部门等多种物业形式的管理统计活动。系统的各部分可以拆卸，根据业务的大小选择功能模块。

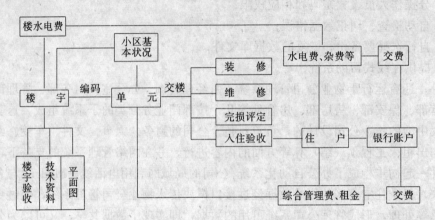

图10-3　楼宇——单元——住户数据联系图

（4）充分发挥了开发工具的特长

物业管理统计系统是在Windows环境下开发完成的，有效地发挥了Windows图形界面、多窗口并行操作、OLE和DDE技术等优势，并可以和Word、Excel等应用软件相互交换数据，Windows图片和以前输入文件经过转换为标准文件，可以自动引入本系统使用。

（5）功能齐备

这套系统把使用的方便性列在第一位。并为数据统计的安全使用提供了高度保证，为不同的操作员进行系统设置了统计权限和在线式帮助，并采用Windows通用的安装方式，已具备了一个商业统计软件的基本特征。

思 考 题

1．计算机在物业管理统计中应用的意义如何？
2．如何建立物业管理统计信息系统？
3．通过学习，你对计算机在物业管理统计中应用有哪些新的认识？

参 考 文 献

1. 中国建筑业协会主编．建筑企业经理手册．北京：中国建筑工业出版社，1994
2. 王玉龙主编．房地产问答 2000 例．上海：同济大学出版社，1998
3. 高等院校房地产经济专业主干课系列教材委员会主编．房地产开发经营．经济日报出版社，1995
4. 高等院校房地产经济专业主干课系列教材委员会主编．物业管理．经济日报出版社，1995
5. 曹春尧主编．房地产营销策划．上海：上海财大出版社，1999
6. 董逢谷主编．现代企业统计．东方出版中心，1998
7. 王志儒主编．住宅小区物业管理．北京：中国建筑工业出版社，1998
8. 丛培经主编．建筑企业统计．北京：中国建筑工业出版社，1998
9. 潘蜀健主编．物业管理手册．北京：中国建筑工业出版社，1999
10. 广东省房地产研究协会．物业管理研究\法规与实务．1998
11. 詹永印主编．物业管理操作与 ISO9002 实施．广州：海天出版社，1999
12. 冯利芳主编．物业管理规章制度汇编．北京：中国城市出版社，1998
13. 林鸿州，邹懿玉主编．新编统计原理．北京：高等教育出版社，1998
14. 钱伯海主编．企业经济统计学．北京：中国统计出版社，1997
15. 潘蜀健主编．物业经营与管理．北京：中国城市出版社，1999
16. 杜海鹏主编．房地产投资风险与防范．北京：经济科学出版社，1998
17. 国家建设部主编．中国建筑业年鉴．北京：中国建筑工业出版社，1998
18. 张元端主编．中国房地产业指南．黑龙江：黑龙江科技出版社，1992
19. 经济学院主编．95 房地产资料汇编．济南：山东经济学院统计系，1995
20. 卢成达主编．山东房地产企业大全．济南：山东省统计局，1998
21. 山东省统计局．山东统计年鉴．北京：中国统计出版社，1999
22. 王青兰主编．物业管理理论与实务．北京：高等教育出版社，1998
23. 吴德夫主编．国际房地产投资分析与物业管理．北京：中国建筑工业出版社，1997
24. 黄永安主编．物业管理实务．北京：中国建筑工业出版社，1999
25. 贺永良主编．中国物业管理．广州：文江出版社，1998
26. 田振郁主编．建筑施工企业管理实用手册．北京：中国建筑工业出版社，1999
27. 中国房地产估价师学会编．房地产开发经营与管理．北京：中国物价出版社，1996
28. 中国房地产估价师学会编．房地产基本制度与政策．北京：中国物价出版社，1996
29. 中国房地产估价师学会编．房地产估价理论与方法．北京：中国物价出版社，1996
30. 中国房地产估价师学会编．房地产估价师考试指南．北京：中国物价出版社，1996
31. 李法明，祁新娥主编．统计学原理．上海：复旦大学出版社，1995
32. 建设部建筑管理局主编．建筑企业统计工作手册．北京：中国建筑工业出版社，1988
33. 杨书综，刘喜英主编．房地产统计．北京：中国建筑工业出版社，1993
34. 《山东房地产》编委会．山东房地产．1998
35. 上海市物业管理协会．上海市物业管理及相关法规汇编．上海：上海市房屋土地管理局